THE ITALIANS OF SAN FRANCISCO
1850-1930

GLI ITALIANI DI SAN FRANCISCO
1850-1930

THE ITALIANS OF SAN FRANCISCO
1850-1930

GLI ITALIANI DI SAN FRANCISCO
1850-1930

DEANNA PAOLI GUMINA

1978, 1985
CENTER FOR MIGRATION STUDIES
NEW YORK

COLLEGE OF SO. NEVADA
Department of College Library Services
WEST CHARLESTON CAMPUS

*n Studies is an educational non-
1 New York in 1964 to encourage
......,............ ...., of sociodemographic, economic,
political, historic, legislative and pastoral aspects of human
migration and refugee movements. The opinions expressed
in this work are those of the author.

F 869 .S39 I83
Gumina, Deanna Paoli.
The Italians of San

The translation into Italian of *The Italians of San Francisco,
1850-1930* was done by Ennio T.F. Are, Social Editor of
Il Progresso Italo-Americano.

The Italians of San Francisco
1850-1930

Second Edition

Copyright © 1978, 1985 by
The Center for Migration Studies of New York, Inc.
All rights reserved. No part of this book may be reproduced
without written permission from the publisher

Center for Migration Studies
209 Flagg Place
Staten Island, New York 10304

ISBN 0-913256-28-5
Library of Congress Catalog Number: 77-89342
Printed in the United States of America

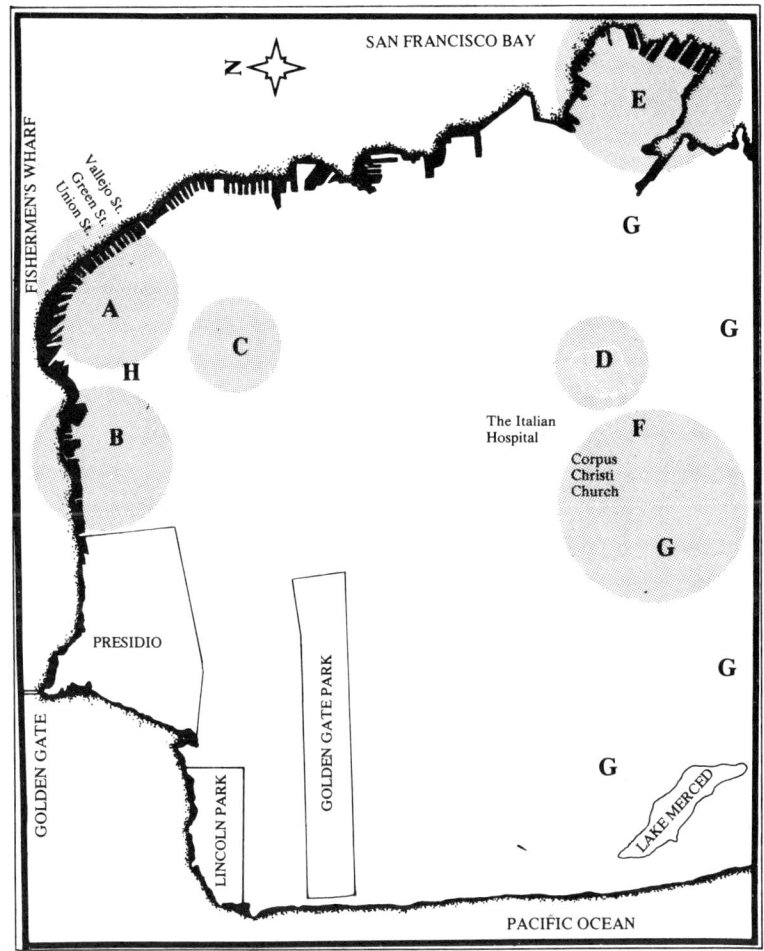

Reference Map of San Francisco
Districts of Settlement

A North Beach
B Marina district includes Washerwoman's Lagoon
C Hayes Valley
D Bernal Heights
E Nurseries of the "gardeners"
F Outer Mission District including the Excelsior District
G Gardens or truck farms
H Washerwoman's Lagoon

I dedicate this work to my immigrant grandparents:

RAFFAELLO PANELLI and ADA GIANNINI

> Raffaello was born in Capannori, Lucca, April 23, 1890 and died October 6, 1969. He migrated to San Francisco, California, in 1907 and was married in San Martino, Lucca, November 21, 1921.
>
> Ada Giannini was born in Bozzano, Lucca, July 21, 1895 and migrated to San Francisco, California, in November, 1921.

JACOPO PAOLI and MARIA ANNA LORENZI

> Jacopo was born in Camaiore, Lucca, July 30, 1892 and died December 28, 1973. He migrated to Chicago, Illinois, in 1910 and remigrated to San Francisco, California, in 1923. He was married at St. Michael's Italian Parish June 6, 1915.
>
> Maria Anna Lorenzi was born in Camaiore, Lucca, February 3, 1894. She migrated to Chicago, Illinois, in 1915 and remigrated to San Francisco, California, in 1923.

...and to my husband's grandmother:

MARIA AMATO MEGNA, born in Sant'Elia, Sicily, October 4, 1886 and died September 26, 1977. She migrated to Martinez, California, in 1931 and remigrated to San Francisco in 1942.

Dedico quest'opera ai miei nonni emigranti:
RAFFAELLO PANELLI e ADA GIANNINI

Raffaello nacque a Capannori, provincia di Lucca, il 23 aprile 1890 e morì il 6 ottobre 1969. Emigrò a San Francisco, California, nel 1907 circa. Si sposò a San Martino, provincia di Lucca, il 21 novembre 1921.

Ada Giannini nacque a Bozzano, provincia di Lucca, il 21 luglio 1815. Emigrò a San Francisco, California, nel novembre 1921.

JACOPO PAOLI e MARIA ANNA LORENZI

Jacopo nacque a Camaiore, provincia di Lucca, il 30 luglio 1892 e morì il 28 dicembre 1973. Emigrò a Chicago, Illinois, nel 1910 e a San Francisco, California, nel 1923 circa. Si sposò nella chiesa italiana di San Michele di Chicago, Illinois, il 6 giugno 1915.

Maria Anna Lorenzi nacque a Camaiore, provincia di Lucca, il 3 febbraio 1894. Emigrò a Chicago, Illinois, nel 1915, e a San Francisco, California, nel 1923 circa.

...e inoltre alla nonna di mio marito:

MARIA AMATO MEGNA, nata a Sant'Elia, in Sicilia, il 4 ottobre 1886 e morta il 26 settembre 1977. Emigrò a Martinez, California, nel 1931, e a San Francisco, California, nel 1942.

Introduction

The Italians of San Francisco, 1850 to 1930, does not pretend to be a definitive account of the development of the Italian settlement in San Francisco, but rather it is an attempt to begin to piece together a very poorly fragmented story concerning one of the largest groups of European immigrants to come to California. This work is an introduction to the further study of the economic and social progress of the Italians in California. It concerns the years from the admission of California to the Union in 1850 to the census of 1930, which acknowledged that the Italians outnumbered all other immigrant groups in the state.

I have approached the story of the Italian development from the point of view of the first generation of Italians who migrated to California and very proudly referred to themselves as "emigranti". This generation was responsible for the economic, social, and cultural formation of the San Francisco Italian Colony. The economic development of this Colony was deeply connected to the advancement of two of the most profitable industries in California, fishing and agriculture. The Italians quickly cornered the fishing industry and markets not only in the city, but throughout the state as well. In agriculture, the Italians controlled the commission, or produce markets and were the first group of newcomers to successfully cultivate the truck farms in and around San Francisco.

Those Italian immigrants who "made good" and remained in California were hard working and frugal people. They neither wasted their time in passing fancies, nor wasted their energies in useless pursuits, since both time and energy meant money. From the first moment that these immigrants had come to California, they had learned to put aside their earnings to the eventual purchase of a home or business. From these beginnings, the Italians in California became economically self-sufficient and achieved the reputation

Introduzione

The Italians of San Francisco, 1850 to 1930 non intende essere un resoconto definitivo dello sviluppo dell'insediamento italiano a San Francisco, bensì è un tentativo di cominciare a ricostruire la storia, estremamente frammentaria, di uno dei più numerosi gruppi europei migrati in California. Quest'opera è un'introduzione a ulteriori studi sul progresso economico e sociale degli italiani in California. Comprende il periodo che va dal 1850, anno dell'ammissione della California nell'Unione, al censimento del 1930 che classificò gli italiani come il più numeroso tra i gruppi immigrati nello Stato.

Ho considerato la storia della presenza italiana in California partendo dalla prima generazione di immigrati che, con estremo orgoglio, si autodefinirono "emigranti". A questa generazione si deve la formazione economica, sociale e culturale della comunità italiana di San Francisco. Lo sviluppo economico di questa comunità fu profondamente legato al progresso di due delle più redditizie industrie californiane: la pesca e l'agricoltura. Gli italiani ben presto si accaparrarono l'industria ittica e i suoi mercati, non soltanto della città ma di tutto lo Stato. In agricoltura, gli italiani acquisirono il controllo dei mercati e furono il primo gruppo di immigrati a coltivare con successo gli orti e i frutteti di San Francisco e del suo comprensorio.

Gli immigrati italiani che "fecero fortuna" e rimasero in California erano gente frugale e tenaci lavoratori. Poichè per loro tempo ed energie significavano denaro, non sprecarono il loro tempo in fantasticherìe, nè le loro energìe in futili scopi: fin dal loro arrivo impararono invece a metter da parte i loro risparmi, con l'intento di comprarsi infine una casa o un negozio. Da questi inizi, in California gli italiani divennero economicamente autosufficienti e acquisirono la reputazione di cittadini desiderabili: una fama

of being desirable citizens, a distinction from which the Italians who settled on the East Coast fell short. The legacy which this generation of Italian immigrants to California passed on to the second generation of Italian Americans was a legacy of hard work and determination.

In order to understand the Italian immigrants, their way of life, their goals and their temperament must be explained. Basically, the Italian Colony of San Francisco did not represent the efforts of an immigrant group to upraise themselves or to withdraw into themselves as an overreaction to being uprooted. Instead, these Italian immigrants hoped to recreate the way of life they had known in Italy in a more grandiose style. They meant to stay Italian. Within the community structure of the Italian Colony were the representatives from every region of Italy. These regional members kept to themselves and discriminated among their members and against the members of other regional groups. Yet, all of these regionals were capable of coming together when a non-Italian discriminated against one of the Italian regionals. In time, the regional barrier was broken down and a new word, "connazionali", fellow-countrymen, was introduced to express the bonds of affiliation between all the Italian regionals. From 1850 through the 1920s the strength of the Italian Colony was in the continuing number of "connazionali" who migrated and reinforced the traditions and customs of the old Italian world.

The research to *The Italians of San Francisco, 1850 to 1930*, has not been an easy task since this first generation of Italian immigrants did not take the time to record their achievements or shortcomings. Any records that might have been kept were undoubtedly destroyed in the earthquake and fire of 1906. As a result, this work has been written from scraps of information regarding an event or name from city directories, biographical compilations, general sources of San Francisco and California and a lot of good luck. Newspapers, in English and in Italian, as well as magazine articles furnished the bulk of primary source materials. Many topics have been touched upon only lightly because the sources have been meager and the Italian involvement in certain events was recorded only in passing by authors. Discrimination, labor, assimilation, education, welfare, and generalities concerning life in the Colony require much more research and time in the trek of these immigrants.

I owe thanks to the following individuals and institutions for their assistance: the American Italian Historical Association Archives, Western Regional Chapter, San Francisco Public Library; the Bancroft Library; the Bank of America Archives, NT&SA; the California Historical Society (Maude K. Swingle); the San Francisco History Room (Gladys Hansen and Pat Akre); the San Francisco Maritime Museum (the late Albert Harmon); the State University College at Buffalo, New York (the late Ernest S. Falbo, Ph.D.); the University of San Francisco (Frank L. Beach, Ph.D. and Rev.

Introduzione

mancata agli italiani stabilitisi sulla costa orientale. L'eredità che questa prima generazione di immigrati lasciò alla successiva generazione di italoamericani fu di laboriosità e di determinazione.

Per capire questi immigrati italiani, è necessario spiegarne il modo di vivere, gli scopi e l'indole. Fondamentalmente, la comunità italiana di San Francisco non rappresentò gli sforzi d'un gruppo di immigrati decisi a migliorarsi o a chiudersi in sè in reazione anòmala allo sradicamento subìto. Piuttosto, questi immigrati sperarono di ricreare, a livello più ricco, il tipo di vita vissuta in Italia. Intesero cioè rimanere italiani. All'interno della sua struttura, la comunità comprendeva emigrati provenienti da ogni regione d'Italia. Riunendosi secondo l'origine regionale, essi vissero vita separata, discriminando sia all'interno del proprio gruppo e sia contro membri di altri gruppi regionali. Ciò nonostante, furono capaci di far fronte unico quando fu necessario difendere un italiano dalla discriminazione d'un non-italiano. Col tempo, le barriere di regione e di campanile crollarono, e un nuovo vocabolo, "connazionali", entrò in uso a esprimere legami d'affinità tra italiani d'ogni regione. Dal 1850 alla fine degli anni 1920, la comunità italiana di San Francisco trasse la sua vitalità dal continuo affluire di "connazionali" che immigrando rafforzavano gli usi e le tradizioni del vecchio mondo italiano.

La ricerca svolta per completare *The Italians of San Francisco, 1850 to 1930* non è stata facile: gli immigrati italiani della prima generazione non persero tempo infatti ad annotare le loro conquiste o le loro sconfitte. Se documenti ci furono, senza dubbio andarono distrutti nel terremoto e nell'incendio del 1906. Risultato: quest'opera è nata da briciole di informazioni, da fatti o nomi tratti da annuari cittadini, da elenchi biografici, da fonti generiche su San Francisco e sulla California, infine da una buona dose di fortuna. Giornali e riviste in inglese e in italiano hanno costituito il grosso delle fonti d'informazione. Per povertà di dati disponibili o perchè la partecipazione italiana a determinati eventi fu annotata soltanto superficialmente dagli autori presi in considerazione, molti argomenti non sono stati approfonditi. Ricerche molto più vaste e più tempo sono indispensabili per trattare argomenti come la discriminazione, il lavoro, l'integrazione, il livello culturale e quello socio-economico della comunità e ricostruire così l'intera storia di questi immigrati.

Per l'assistenza offertami, desidero ringraziare le persone e gli enti seguenti: gli archivi della American Italian Historical Association (Capitolo Regionale Occidentale, Biblioteca Pubblica di San Francisco); la Biblioteca Bancroft; gli archivi della Banca d'America (NT&SA); l'Historical Society di California (Maude K. Swingle); la "San Francisco History Room" (Gladys Hansen e Pat Akre); il Maritime Museum di San Francisco (Albert Harmon, ora defunto); lo State University College di Buffalo, New York (dr. Ernest S. Falbo, ora defunto); l'Università di San Francisco (il dr. Frank L. Beach e il

John Bernard McGloin, S.J., the Department of History and Giacinto Matteucig, Ph.D., the Department of Italian).

I also wish to acknowledge the assistance of Giuliana Haight, Robert Hardin, Marlynn Lancelotti, Philip Montesanto, Josephine Moran and Janet Pellegrini, and Victor Perrotta for their aid, support and criticisms.

Finally, I must thank Joseph and Rita Paoli, my parents, who instilled in me a love for those "things Italian"; and, my husband, Peter, for his constant encouragement.

Deanna Paoli Gumina
San Francisco

rev. John Bernard McGloin, S.J., del Dipartimento di Storia, e il dr. Giacinto Matteucig del Dipartimento di Italiano).

Desidero pure ringraziare Giuliana Haight, Robert Hardin, Marlynn Lancelotti, Philip Montesanto, Josephine Moran, Janet Pellegrini e Victor Perrotta, per il loro aiuto e la loro critica.

In fine, devo ringraziare Joseph e Rita Paoli, i miei genitori, che hanno istillato in me l'amore verso le "cose italiane"; e mio marito, Peter, per il suo costante incoraggiamento.

Deanna Paoli Gumina
San Francisco

Contents

Introduction	viii
List of Photographs	xvii
1 California, Queen of the Pacific	1
2 The Italian Quarters of San Francisco	19
3 A Corner of the Mother Country	43
4 Fishermen and Truck Farmers	79
5 Where There's a Will, There's a Way	113
6 Institutions and Societies of the Colony	161
7 The Coming of a New Generation	189
Epilogue	207
Bibliography	212
Index	226

Indice

Introduzione	ix
Indice delle fotografie	xvii
1 California, regina del Pacifico	2
2 I quartieri italiani di San Francisco	20
3 Un angolo di madrepatria	44
4 Pescatori e ortolani	80
5 Volere è potere	114
6 Istituzione e associazioni della comunità	162
7 L'avvento d'una nuova generazione	190
Epilogo	208
Bibliografia	212
Indice dei nomi	226

List of Photographs

Map of San Francisco	v
Panorama of San Francisco's North Beach zone (Telegraph Hill to Russian Hill), ca. 1890. California Historical Society	17
Torino Bakery, ca. 1900. Courtesy of Philip Montesanto	18
Procession celebrating the dedication of the new Italian Church of Sts. Peter and Paul, 1924. Second cleric from left is Archbishop Hanna. Taken from *The New Italian Church of SS. Peter and Paul.* (San Francisco, ca. 1924)	41
Offices of *L'Italia — The Italian Daily News*, ca. 1925. Taken from *Attività Italiane in California* (San Francisco, 1929)	42
Fishermen's Wharf, ca. 1905. Courtesy of Alessandro Baccari	78
Early morning arrival of produce from the San Francisco truck farms, ca. 1910. Taken from Ettore Patrizi, *Gl'Italiani in California* (San Francisco, 1911)	78
Visit of the American Banker's Association to the Italian Swiss Colony in Asti (Sanoma County) California, ca. 1905. Taken from Eliot Lord, *The Italian in America* (New York, 1906)	112
Interior, Bank of America, ca. 1920. Taken from the booklet *Bankitaly Life* (San Francisco, 1921)	112
Italian Swiss Colony Wines trade mark, n.d. Taken from the brochure *The Italian-Swiss Colony, Asti, California* (San Francisco, n.d.)	160
First program of the Italian Theatre, April 9, 1905. Taken from Lawrence Estavan, editor, *The Italian Theatre in San Francisco* (San Francisco, 1939)	160
Italian American business firm label. Courtesy of Deanna Paoli Gumina	160
Italian billboard, n.d. Courtesy of Philip Montesanto	187
A view of the Italian Colony from the intersection of Kearny Street and Columbus Avenue, ca. 1908. Taken from Ettore Patrizi, *Gl'Italiani in California* (San Francisco, 1911)	188

1
California, Queen of the Pacific

> Your Excellency: His Majesty's faithful subjects beg to inform your Excellency that the woods belonging to both charitable institutions and private individuals are being cut down and land cleared for cultivation, to the detriment of our pastures. For lack of firewood the undersigned and all others will be compelled to emigrate to California.[1]

The villagers of Vasto in the Abruzzi region of central Italy sent the above petition to their Bourbon minister of the interior requesting an end to the stripping of their forests. The Vasto farmers knew that without the protection of the trees, their fertile lands would dry up and lie barren for another year.[2]

By 1853, the year of the Vasto petition, the news of the discovery of gold in California had spread throughout three continents. In the high stony hills of Abruzzi, the cry had become an echo. Some of the villagers who heard the echo responded. They had been told that for the price of the passage to California, a man could pick gold out from the crevices of the rocks with only his bare hands and his knife. When comparing the harsh reality of Abruzzi to the golden promise of California, they had little choice but to follow their dreams to the West.

Many of those who arrived "to see the elephant",[3] returned from the gold fields disillusioned and turned to the land as a means of subsistence. Near their diggings, they planted seeds which blossomed into fruits, flowers and vegetables. Small farms sprang up in the hard earth of the gold-mining country, an indication that the future of the economy of California was to be in agriculture. The Italian pattern of migration to California during the 1850s and the succeeding decade was principally influenced by the impact of the gold rush. The Italians, like most of the migrants to the state were concentrated in San Francisco, Sacramento, the Sacramento Valley, and

1
California, regina del Pacifico

Vostra Eccellenza, i sottoscritti fedeli sudditi di Sua Maestà si pregiano informare la Signorìa Vostra che stanno abbattendo i boschi, sia quelli dei pii istituti che quelli di proprietà privata, e che il terreno disboscato viene quindi arato, a danno dei nostri pascoli. Rimasti senza legna da ardere, i sottoscritti saranno costretti a emigrare in California.[1]

Gli abitanti di Vasto, paese degli Abruzzi, nell'Italia centrale, inviarono la supplica di cui sopra al loro ministro degli interni borbonico, chiedendo che mettesse fine alla distruzione dei loro boschi. Sapevano infatti che senza la protezione degli alberi, le loro terre fertili sarebbero inaridite rimanendo sterili almeno per un altro anno.[2]

Era l'anno 1853, e a quel tempo, voci sulla scoperta dell'oro in California s'erano diffuse attraverso tre continenti. Sulle alte e sassose colline d'Abruzzi, la voce era diventata eco. E dai villaggi molti risposero. Gli avevano raccontato che il prezzo del viaggio in California uno poteva pagarselo trovando l'oro tra i crepacci, che a estrarlo bastavano le mani e un coltello. E paragonando la dura realtà degli Abruzzi alla dorata promessa della California, essi non videro altra scelta se non quella di seguire al West i loro sogni.

Tanti di quelli giunti con la certezza di trovare l'Eldorado,[3] tornarono delusi dai giacimenti auriferi, e ripiegarono verso la terra a ricavarne mezzi per sopravvivere. Accanto ai loro scavi, piantarono sementi e ne raccolsero fiori, frutta e ortaggi. Dal duro suolo dei territori dell'oro sorsero così le prime modeste aziende contadine: a indicare che il futuro dell'economia californiana era da cercare nell'agricoltura. Nei due decenni compresi tra il 1850 e il 1870, fu soprattutto la febbre dell'oro che determinò l'andamento dell'emigrazione italiana verso la California. Così come la maggior parte degli altri immigrati, gli italiani si concentrarono a San Francisco, a

along the Sierra Nevada Foothills.[4] They made their camps mostly within the mining districts of Calaveras, Tuolumne, Mariposa, and Amador counties. Many found the work involved in the placer mines hard, tiring, and insulting. Some were not able to endure the stress of mining for too long a period, while others did not feel safe living in such dangerous localities.[5] Very few had made the expected quick fortunes hoped for and by the mid-1860s they had packed their belongings and had spread throughout the northern parts of California working in the lumber camps, silk farms, fruit ranches, farms, and fishing communities. Others returned to San Francisco to work long enough to earn the price of the ticket home.

The Italian miners who returned to San Francisco were welcomed by a small number of their countrymen who had migrated to California during the same period but who had chosen to settle in the city to serve the Italians in the placer mines.[6] They had opened grocery and dry goods stores, liquor firms, small hotels, boarding houses, and restaurants, all within the area known as the "Latin Quarter" at the foot of Telegraph Hill in the North Beach district. It was within this area, that the essential outline of an Italian Colony was formed by these Italian merchants such as Domingo Ghirardelli who manufactured chocolate in his Jackson Street Factory, and his neighbor Domenico di Domenconini who operated a macaroni factory by the name of Golden Grain.

Italian immigration to California can be divided into two major periods: 1850 through 1870, and 1880 to 1930. The first period began with the gold rush and was terminated during a transitional social and economic period for both California and San Francisco. The second period marks the years of the heaviest flow of Italian immigrants to California and San Francisco. During these first thirty years, the Italian immigrants came in steady, though small, numbers as they settled predominantly in the northern interior regions of California. There were 299 Italians in California in 1850, 2,987 in 1860, and 4,660 by 1870. At the close of the seventies 7,537 Italians resided in California.[7]

The trend of Italian settlement in California was evident in the 1870 census with the shift in the economic emphasis from mining towards the agricultural communities and manufacturing industries in and around San Francisco. The first Italian immigrants to settle in California were from the northern Italian provinces. Genoese seamen had been visitors to California when Spain and Mexico had jurisdiction over California. Ships from Genoa and Sardinia were among the first to establish passenger service to San Francisco during the 1850s, resulting in a predominance of northern Italians migrating to California. The Genovesi from Liguria came in numbers and were followed by the Piemontesi, Lombardi, Veneti, and Marchigiani. From the central region of Italy came the Toscani, principally from the province of Lucca. They were accustomed to living in an urbanized atmosphere and

Sacramento, nella Sacramento Valley e lungo le zone pedemontane della Sierra Nevada,[4] accampandosi specie nei distretti minerari delle contee di Calaveras, Toulumne, Mariposa e Amador. Molti trovarono il lavoro di miniera duro, faticoso e umiliante. Alcuni non riuscirono a resistere a lungo allo stress, altri stimarono poco prudente vivere in località tanto pericolose.[5] Pochissimi erano riusciti a trovare la rapida fortuna sperata e così, verso il 1865, avevano fatto fagotto, sparpagliandosi lungo la California settentrionale, trovando lavoro come tagliaboschi, bachicoltori, frutticoltori, contadini e pescatori. Altri fecero ritorno a San Francisco, a lavorare il tanto necessario per pagarsi il biglietto di ritorno a casa.

I cercatori d'oro italiani che tornarono a San Francisco furono accolti da un piccolo gruppo di connazionali che, pur immigrati in California durante lo stesso periodo, avevano però preferito stabilirsi in città, per fornire i servizi necessari a quelli andati in cerca d'oro.[6] Avevano aperto negozi di generi alimentari, mercerìe, rivendite di liquori, locande, pensioni e trattorie nel "Quartiere Latino", ai piedi di Telegraph Hill, nel distretto di North Beach. Fu in questo quartiere che prese forma il profilo essenziale d'una comunità italiana, iniziata da mercanti come Domingo Ghirardelli, padrone d'una fabbrica di cioccolato a Jackson Street, o come il suo vicino Domenico di Domenconini, padrone d'una fabbrica di maccheroni chiamata "Golden Grain".

L'immigrazione italiana in California può essere suddivisa in due grandi periodi: dal 1850 alla fine dei '70, e dal 1880 al 1930. Il primo periodo ebbe inizio con la febbre dell'oro, e si concluse in un tempo che fu di transizione sociale ed economica sia per la California che per San Francisco. Il secondo periodo segna gli anni del massimo flusso migratorio italiano sia verso la California che verso San Francisco. Nel corso dei primi trent'anni, gli italiani immigrarono in numero modesto ma costante, stabilendosi prevalentemente nelle regioni interne della California settentrionale. Nel 1850 vivevano in California 299 italiani; erano 2.987 nel 1860, e 4.660 nel 1870. Alla fine dei '70, erano diventati 7.537.[7]

La tendenza dell'insediamento italiano in California fu evidente nel censimento del 1870, che indicò lo spostarsi dell'interesse economico dall'attività mineraria verso quella agricola e manifatturiera in San Francisco e nel suo comprensorio. I primi italiani immigrati in California vennero dall'Italia settentrionale. Marinai genovesi erano giunti in California fin dai giorni del dominio spagnolo e, successivamente, di quello messicano. Inoltre, nel decennio compreso tra il 1850 e il 1860, prime a stabilire un servizio passeggeri tra l'Italia e San Francisco erano state navi di Genova e del Regno di Sardegna. Di conseguenza, gli immigrati italiani provennero in maggioranza dalle regioni settentrionali. Giunsero numerosi i genovesi, seguiti da piemontesi, da lombardi e da veneti. Dall'Italia centrale vennero marchigiani e toscani, questi ultimi soprattutto dalla provincia di Lucca. Usi a vivere in

they found San Francisco similar in appearance and mannerisms to their hometowns. They gave the San Francisco Colony a certain cosmopolitan flavor quite distinct from the impression created by their southern cousins who came after 1880.

From 1870 to 1880, there was a steady increase in the number of northern Italians who settled throughout California and in San Francisco. On a statewide basis, the Italian population of California rose from 4,660 in 1870 to 7,537 in 1880. Meanwhile, the San Francisco Colony grew steadily, increasing from 1,621 in 1870 to 2,491 by 1880. This even and accommodating pace was accelerated during the 1880s when the Italian immigration rate doubled from 7,537 in 1880 to 15,495 in 1890.

The reasons for this tremendous increase were due to the availability of rich farmlands, a two-season climate, plus the early achievements of the Italians in agricultural production. Even the San Francisco Colony reflected a stepped-up momentum in the Italian population figures from agricultural successes. The Italian population of the city rose from 2,491 in 1880 to 5,212 in 1890. By the turn of the century, the distribution of Italian immigrants was established in a definite pattern: either toward the commercial agricultural and manufacturing centers as San Francisco, Alameda, and Los Angeles, or toward the farming counties of San Joaquin, Santa Clara, and Sonoma.[8]

A significant change in the character of the Italian immigrants was noted during the second period of their migration with a preponderance of new arrivals from the southern Italian provinces of Calabria, Naples, and Sicily. Unfortunately, they came during a time of economic depression and labor unrest. Too few of these new arrivals possessed the skills needed by a developing economy and too many were unemployable and became a burden to the Italian Colony. In contrast to the northern Italians who had migrated during the first period of migration from the agricultural sections of Italy, the southern Italians for the most part did not generally possess the expertise in farming or in the cultivation of grapes for winemaking. Consequently, the new arrivals faced discrimination from American employers and from the established Italian immigrants in the Colony who regarded the new arrivals as a threat to the economy of the Italian Colony.

These new arrivals were lured to California by steamship and railroad agents who promised them jobs and land. These agents went into the small towns in Italy and excited the "contadini", the peasants, with tall tales of prosperity and good wages which awaited them in America.[9] For an initial investment of approximately $110 to $120, these immigrants were able to travel from Italy to California.[10]

The increase of unskilled Italian laborers meant an increase in the number of transient Italian residents in California, a contrast to the more settled nature of the first period Italian immigrants. It did not take long for the word to get

ambiente urbano, a San Francisco essi trovarono un ambiente affine a quello delle loro città, e diedero così alla comunità italiana di San Francisco un tono cosmopolita, dissimile da quello creato più tardi dai loro conterranei meridionali giunti dopo il 1880.

Dal 1870 al 1880, il numero di settentrionali italiani che si stabilirono in California e a San Francisco subì un aumento costante. Dai 4.660 censiti nel 1870 nell'intero Stato, la popolazione italiana salì fino a 7.537 nel 1880. Insieme crebbe stabilmente anche la comunità italiana di San Francisco che, dai 1.621 censiti nel 1870, salì a 2.491 nel 1880. Questo moto uniforme subì un'accelerazione nel decennio successivo, così che, duplicando i 7.537 del 1880, nel 1890 il totale era salito a 15.495.

Cause di questo forte aumento furono la disponibilità di terre fertili, il clima, caratterizzato da due sole stagioni, infine le conquiste agrarie dei primi immigrati italiani. Conquiste di cui giunse eco fino a San Francisco dove, dai 2.491 immigrati presenti nel 1880, la comunità italiana salì a 5.212 nel 1890. Al volgere del secolo, l'immigrazione italiana aveva ormai assunto andamento stabile, dirigendo verso i centri commerciali, agricoli e manifatturieri di San Francisco, Alameda e Los Angeles, o verso le contee agrarie di San Joaquin, Santa Clara e Sonoma.[8]

La struttura di questa migrazione subì un significativo cambiamento durante il secondo periodo, quando divennero maggioranza i meridionali emigrati dal Napoletano, dalla Calabria e dalla Sicilia. Sfortunatamente, la loro immigrazione ebbe luogo durante un periodo di depressione economica e di agitazioni operaie. Pochi di questi nuovi arrivati possedevano le capacità professionali necessarie ad una economia in fase di sviluppo, e troppi così non trovarono impiego e furono di peso al resto della comunità italiana. A differenza degli immigrati del primo periodo, che provenivano da zone agricole dell'Italia settentrionale, in genere i meridionali non erano sufficientemente esperti d'agricoltura o di vitivinicoltura. Di conseguenza, subirono non soltanto la discriminazione dei datori di lavoro americani, ma anche quella dei connazionali che li avevano preceduti, che considerarono i nuovi arrivati come una minaccia all'economia della loro comunità.

Questi nuovi immigrati erano giunti in California adescati da agenti di compagnie ferroviarie e di navigazione che usavano promettere lavoro e terre per tutti. Gli agenti usavano fare il giro dei paesi d'Italia, illudendo contadini e paesani con miraggi di prosperità, promettendo lauti salari che, stando a loro, erano ad attenderli in America. Bastavano allor centodieci, centoventi dollari, e chiunque dall'Italia poteva arrivare fino alla California.[10]

L'aumento di manodopera non qualificata significò in California un aumento del numero di italiani senza fissa dimora, in contrasto al carattere di stabilità posseduto dagli immigrati del primo periodo. Non passò molto,

back to Italy that unskilled Italians had better chances in the heavily industrialized eastern cities which were far more capable of employing cheap labor than the new urbanized areas of California. These unskilled and unsettled Italian immigrants alarmed the Italian leaders in San Francisco to the threat of discrimination against their growing Colony. Many Italians had been frank about their intentions to work for a few years in California to make enough money to return to Italy and live like a "signore". Ironically, those who did return to Italy were called the Americans by their townsmen.[11] This second period of Italian immigration ended during the 1920s due to the restrictive immigration laws which closed the doors to future Italian immigrants. By 1930, the Italians ceased to be the largest European immigrant group in California.

During both of these periods, each wave of Italian newcomers referred to themselves as members of an immigrant generation. They felt the pressures of living between two cultural worlds. Far removed from their homeland they no longer considered themselves simply as Italian nationals, and not completely adjusted in their new homeland they were undecided about accepting American ways. As a result, these Italian "emigranti" held onto the sentiments, attitudes, and customs they had brought from Italy. The social structure upon which they built their Colony in San Francisco was so designed that it reflected every feature of their Italianism. They shaped the social and economic structure of their Colony upon the two basic themes of regionalism and hard work.

Once settled in the Colony, the Italian immigrants were selective. They lived and worked among their own townspeople, spoke their regional dialects, and observed the religious and social traditions of their places of origin. The result was the formation of closely knitted sections of Italian regional groups within the larger Italian Colony. This was "campanilismo",[12] a regional loyalty, which Americans mistook for clannishness. Each regional bore the indelible mark of his native locale by the dialect he spoke[13] and by his social gestures.[14] These regional ties were so pronounced that they intimidated, at times, the solidification of a cohesive community. Even though there were petty bickerings among the different groups,[15] the strangeness of life in a new land bound all regionals together as one body of Italians. Regionalism often determined the choice of one's spouse and, in certain families, it was not uncommon for distant cousins to marry, or for several regionally related families to intermarry for a few generations. "Campanilismo" similarly influenced the economy and the work structure of the Italian Colony.

The second dominant characteristic of the Italian immigrants was their

così, e in Italia si diffuse la voce che per chi era senza mestiere, c'erano più probabilità d'impiego nelle città industriali della costa orientale che, più della California, erano in grado di assorbire manodopera a buon mercato. Nòmadi e senza mestiere, gli immigrati del secondo periodo allarmarono i leader della comunità italiana di San Francisco, che li videro come causa di discriminazione ai danni del loro gruppo ancora in fase di sviluppo. Molti italiani erano stati espliciti nel precisare le loro intenzioni: in California volevano lavorarci pochi anni, il tanto per farsi un gruzzolo sufficiente a tornare in Italia e vivere "da signori". Ironicamente, quelli che fecero ritorno in Italia furono soprannominati "americani" dai loro compaesani.[11] Questo secondo periodo dell'immigrazione italiana si concluse durante gli anni '20, con l'entrata in vigore di nuove, rigide leggi sull'immigrazione che chiusero le porte dell'America a tanti italiani. Nel 1930, gli italiani avevano cessato d'essere il gruppo di immigrati europei più numeroso della California.

Nel corso di entrambi i periodi, i "nuovi" di ogni successiva ondata migratoria usarono considerarsi parte d'una generazione di immigranti. Sentirono cioè le difficoltà del vivere tagliati a metà tra due diverse civiltà. Sradicati e lontani dalla loro terra, ormai non riuscivano più a vedere sè stessi come italiani e basta; disadattati nella loro nuova patria, neanche riuscivano a decidere se accettare o meno gli usi e le maniere americane. Risultato, questi "emigranti" conservarono le abitudini e le tradizioni apprese in Italia. La struttura sociale sulla quale essi costruirono la loro comunità a San Francisco crebbe riflettendo così ogni aspetto della loro italianità. Essi modellarono la struttura sociale ed economica della loro comunità su due temi fondamentali: regionalismo e duro lavoro.

Una volta sistemato all'interno della comunità, ogni immigrato faceva le sue scelte. Viveva e lavorava all'interno del suo gruppo paesano, parlava il dialetto del suo paese, ne osservava le tradizioni religiose e sociali. Ne risultò, all'interno della stessa comunità, la formazione di gruppi di quartiere divisi secondo l'origine regionale. Era "campanilismo",[12] o meglio, fedeltà alle origini, che però gli americani equivocarono, attribuendogli un deteriore significato tribale. Dal dialetto che parlava,[13] e dal suo comportamento in pubblico,[14] ogni immigrato denotava, indelebile, il marchio del quartiere di provenienza. Questi caratteri regionali erano così pronunciati che minacciarono, a volte, la formazione d'una comunità unitaria. Ma anche se tra i diversi gruppi ebbero vita banali lotte intestine,[15] il vivere da estranei in un paese nuovo infine legò tutti in una sola comunità italiana. L'origine regionale determinò spesso la scelta del coniuge: in certe famiglie non furono rare le nozze tra cugini; come anche, tra famiglie oriunde della stessa regione, nacquero vincoli matrimoniali che a volte si intrecciarono per successive generazioni. Il "campanilismo" influenzò inoltre l'economia e la struttura produttiva della comunità italiana.

La seconda caratteristica dominante degli immigrati italiani fu l'industriosità

industriousness and frugality. Federico Biesta, acting Sardinian consul in 1857, testified to this in a glowing report on the state of the Italians in California that he sent to his government.

But what I can say... with a feeling of national pride, is that the Italian population is one of the best, most active and hard working in California. Strong, industrious, and accustomed to suffering and toil, our nationals tend to their own affairs without taking part in those regrettable disorders that the heterogeneous people of the state give vent to from time to time. Generally, whether in San Francisco or in the interior, the Italians thrive and prosper in their businesses, and there is probably not a village in all California in which Italian business is not well represented, just as there is not a mining district where companies of Italian miners are not noted for their good conduct, their fraternal harmony, and for the energy which they bring to their work.[16]

Throughout the history of the settlement, the Italian ambition and hard work was noted by all those who dealt with them. Their drive was motivated by their desire to share in the opportunities accessible to them in California. They had been tempted by immigrant letters and by an emerging popular literature which advertised the physical beauties of the state and the potential of the natural resources. Descriptions of California with rolling hills, high mountains with dense forests, deep valleys, and golden fields surrounded by blue waters all in a temperate climate reminded these immigrants of the home they left behind. Even the Italian patriot, Leonetto Cipriani,[17] impressed by such a description was inspired to visit California in 1852.[18]

By the turn of the century, emigration from the northern regions of Italy to California had become a common experience. For most Italians, California was synonymous with independence, high adventure, wealth, unlimited advantages, and it was filled with interesting people.[19] California satisfied a psychological need for these Italian immigrants when it offered to them the chance of giving wing to their own creative and pioneer spirits.[20] It was a land in which a man could feel free to live as he pleased and it was a land to which an unruly son could be sent before he disgraced his family.[21] Perhaps Giacomo Puccini had this theme in mind when he composed his opera "La Fanciulla del West" and glamorized California as the land of opportunity.

California not only was the fulfillment of the promise of America, but it possessed all the natural beauty of Italy. The most precious documents these Italian immigrants held were their passports and admission papers, which had become symbols of freedom from poverty and letters of introduction to a way of life denied them in Italy.

In 1929 the children of the first generation of Italian immigrants, the Italian American generation, evaluated the accomplishments of their grandfathers and fathers in the development of California. They listed them as having been more productive than any other immigrant race in California; economically independent earlier than other groups; loyal and faithful to

e la frugalità. Federico Biesta, addetto consolare del Regno di Sardegna, ne diede vivida testimonianza nel seguente rapporto sulla condizione degli italiani in California inviato al suo Governo nel 1857:

> Ma ciò che posso dire...con senso d'orgoglio nazionale, è che la popolazione italiana è una delle migliori, delle più attive e laboriose della California. Forti, industriosi, e abituati alla sofferenza e alla fatica, i nostri connazionali curano i loro interessi senza prender parte a quei deprecabili disordini ai quali l'eterogenea popolazione di questo Stato dà sfogo di tanto in tanto. In genere, sia a San Francisco che all'interno, gli italiani riescono e prosperano nei loro affari, e probabilmente non c'è paese in tutta la California in cui il commercio italiano non sia ben rappresentato, così come non esiste un distretto minerario dove squadre di cercatori d'oro italiani non siano notate per la loro buona condotta, il loro cameratismo, e per l'energia con cui svolgono il loro lavoro.[16]

Attraverso l'intero corso dell'insediamento, l'ambizione e la laboriosità degli immigrati italiani furono riconosciute da chiunque ebbe a che fare con loro. La loro spinta motivazionale nasceva dal desiderio di voler godere anch'essi la loro parte delle ricchezze della California. Erano giunti attratti da lettere di altri emigrati e da una nascente narrativa popolare che propagandavano le bellezze naturali dello Stato e il potenziale delle sue risorse. Descritta come una terra dal clima mite, di dolci colline, di montagne alte e fitte di foreste, di campi dorati circondati d'acque azzurre, la California ricordava a questi immigrati la patria perduta. Affascinato da tali descrizioni, nel 1852 anche il patriota italiano Leonetto Cipriani[17] visitò là California.[18]

Al volgere del secolo, nelle regioni dell'Italia settentrionale, emigrare in California era diventato un fatto comune. Per la maggioranza degli italiani, la California era sinonimo di indipendenza, avventura, ricchezza e possibilità senza fine, oltre tutto una terra popolata da gente affascinante.[19] Perchè ne esaltava lo spirito d'inventiva e d'avventura, la California assolveva per questi immigrati una necessità psicologica:[20] era una terra dove un uomo poteva sentirsi libero di vivere come voleva; dove poter spedire la pecora nera di casa prima che diventasse la vergogna di tutti.[21] Forse Giacomo Puccini ebbe questo in mente quando compose "La Fanciulla del West" e cantò la California come una terra promessa.

La California era non soltanto la realizzazione delle promesse dell'America, ma possedeva anche le bellezze naturali dell'Italia. I documenti che questi immigrati conservarono più gelosamente furono i passaporti e i visti d'entrata, divenuti per loro simbolo di riscatto dalla miseria, lettere di presentazione a un livello di vita che in Italia gli era stato negato.

Nel 1929, i figli di questi immigrati, cioè gli italo-americani di prima generazione, fecero un bilancio delle conquiste fatte in California dai loro nonni e dai loro padri. Trovarono che i loro padri avevano prodotto più di ogni altro gruppo etnico immigrato in California; che avevano raggiunto indipendenza economica prima di altri; che erano stati uomini moralmente

their adopted land; morally sound; and totally obligated to further the development of California.[22] The key word there, obligated, denotes the intensity of the relationship of the Italian immigrant to the progress of the state. These immigrants migrated in search of a better life and they found it in the bounty of the farmlands and waters of California.

The success of their labors in the agricultural fields gave them a great sense of satisfaction in overcoming discrimination. The way had not been easy, but the cultivation of the land was in their aim.[23] The land had given them the initial push necessary to establish an Italian Colony. Because of their indebtedness to California, the Italian immigrants bestowed upon the state the title of "Queen of the Pacific", *La Regina del Pacifico*. In time, this feeling of gratitude and obligation gave way to an expression of loyalty on the part of the Italian immigrants for their adopted state. As their attachment to California deepened, the Italian immigrants created for themselves a new national identity as Italian Californians or Italo-Californians. They combined their old world Italian cultural heritage and skills with the freshness of life in the new world of California. The keys to the success of the Italo-Californians rested upon several factors. Initially, they applied the working habits and ways of living acquired in Italy to California and San Francisco. This was particularly true of those Italians who came during the first period of migration. Rather than abandoning their former life style, they recognized the need in an emerging land for the basic industries necessary for development.

Secondly, they were slow to become Americanized, preferring instead to Italianize their surroundings. In this way, they introduced their Italian culture and heritage throughout California. The attitude that they were on a temporary journey possibly best explains their slowness in assimilation. Being an immigrant was a transitional period, and as soon as they attained whatever goals they sought in this new land, they would return to Italy to the life style they always claimed they preferred.

Another reason for their success was that California offered the Italian immigrants, and all migrant groups who came, the greatest of all opportunities. That is, California offered immigrants a share in the process of building, molding, developing, and institutionalizing a new state that bore the stamp of Italianism. The Italians felt they were competing on a par with their American counterparts, with an equal chance for advancement. They considered that the population of the state was so diverse that the "Anglo-Saxons" would be in no position to control the course of the future without including all the immigrant groups which comprised the population.

The fact that California was relatively free from the threat of large-scale immigration common to the eastern United States was another plus in the Italian immigrants success story. Because only a few could afford the additional travel expenses to California, the impoverished immigrants stayed

integri, leali e fedeli alla loro patria d'adozione; che si erano prodigati senza riserve per espandere lo sviluppo della California.[22] Prodigati è parola chiave, perchè sottolinea l'intensità della partecipazione italiana al progresso dello Stato. Erano uomini emigrati alla ricerca d'una vita migliore, e l'avevano trovata nell'abbondanza di terre e di acque della California.

Il successo delle loro fatiche nei campi, diede loro un gran senso di sicurezza, che li aiutò a superare la discriminazione. La strada percorsa non era stata facile, ma il loro fine ultimo era coltivare la terra.[23] Ed era stata la terra a dar loro la spinta iniziale necessaria per fondare una comunità. Per questo debito di riconoscenza, gli immigrati italiani diedero alla California il titolo di "Regina del Pacifico". Col passare del tempo, questo senso di gratitudine e di riconoscenza verso la California si trasformò in fedeltà. Con l'approfondirsi di questo sentimento, gli immigrati italiani inventarono per sè stessi una nuova identità: si autodefinirono italo-californiani, e al retaggio culturale e alle esperienze acquisite nel vecchio mondo aggiunsero la freschezza del nuovo mondo californiano. Le chiavi del successo degli italo-californiani ebbero origine da diversi fattori. Anzitutto, essi seppero adattare alla California e a San Francisco i sistemi di lavoro e il tipo di vita appresi in Italia. Questo si verificò particolarmente con gli italiani immigrati durante il primo periodo, che invece di abbandonare il loro originario stile di vita, svilupparono le industrie base necessarie allo sviluppo d'un paese in espansione.

In secondo luogo, essi si americanizzarono lentamente, preferendo invece italianizzare l'ambiente intorno a loro. Così facendo, essi diffusero in tutta la California la loro cultura e la loro civiltà. La loro attitudine nel considerarsi espatriati soltanto temporaneamente, spiega meglio forse la lentezza della loro integrazione. Vivere da emigrati era per loro una condizione transitoria, in quanto, non appena avessero conseguito il loro scopo, qualunque fosse, essi avrebbero fatto ritorno in Italia, a un tipo di vita che non smisero mai di preferire.

Un'altra ragione del loro successo fu che la California offrì agli italiani, e a tutti gli altri immigrati, le più grandi opportunità di successo, vale a dire partecipazione nel fondare, formare, sviluppare e consolidare un nuovo Stato che aveva anche stampo italiano. Gli italiani seppero infatti di competere alla pari con la controparte americana, e con le stesse probabilità di successo. Contarono sul fatto che la popolazione dello Stato era eterogenea al punto che gli "anglosassoni" non sarebbero stati in grado di determinarne il corso futuro senza far partecipare tutti i gruppi immigrati che ne costituivano la popolazione.

Il fatto che la California fosse relativamente immune dalla minaccia d'una immigrazione su vasta scala come quella comune alla costa orientale degli Stati Uniti, costituì un ulteriore vantaggio nell'affermazione degli immigrati italiani. Siccome soltanto pochi potevano affrontare le addizionali spese di

behind in the East. It cost approximately between $110 to $120 to travel from Italy to California, and only one with substantial means could afford the expense. Some of the Italians who settled in San Francisco had migrated with enough capital to establish private businesses shortly after their arrival in the city. Perhaps this is one reason why the Italian who migrated and settled in the western United States gained economic and social mobility earlier than the Italians who remained in the eastern United States.

viaggio necessarie per proseguire fino alla California, i più poveri rimasero all'est. Viaggiare dall'Italia alla California costava da 110 a 120 dollari, e soltanto chi aveva molti mezzi poteva affrontare tale spesa. Alcuni degli italiani stabilitisi a San Francisco, erano emigrati con capitali sufficienti a iniziare un commercio in proprio subito dopo l'arrivo. È questa, forse, una delle ragioni per cui gli italiani migrati verso le regioni occidentali degli Stati Uniti raggiunsero mobilità economica e sociale prima di quelli rimasti nelle regioni della costa orientale.

1

Chapter Notes

[1] C. Levi, "Italy's Myth of America", *Life*, 23:84. July 7, 1947.
[2] R. F. Forester, *The Italian Emigration of Our Times*. Cambridge: Harvard University Press, 1924. Pp. 108, 115.
[3] E. L. Egenhoff, ed., *The Elephant As They Saw It*. Supplement issue: Sacramento: *California Journal of Mines and Geology*, introduction, Oct., 1949.
[4] W. S. Thompson, *Growth and Changes in California's Population*. Los Angeles: Haynes Foundation, 1955. P. 14.
[5] "Two Letters by an Anonymous Friulian Merchant During the Gold Rush", *One Hundred Anniversary of the Unification of Italy*. In deposit, California Historical Society, San Francisco, p. 16. I. B. Cross, *A History of the Labor Movement in California*. Berkeley: University of California Press, 1935. P. 17.
[6] E. Patrizi, *Gl'Italiani In California*. San Francisco: L'Italia Publishing Co., 1911. P. 17.
[7] Thompson, *California's Population*. P. 70.
[8] *Twelfth Census of the United States Taken in the Year 1900: Population, Part I*. Washington: Government Printing Office, 1901. Pp. 738-739.
[9] A. Mangono, "The Effect of Emigration Upon Italy: Hard Lives of the Peasants the Reasons for Emigration, Misery, Misery, Misery", *Charities and Commons*, 19:1480-1481. Feb. 1, 1908.
[10] "Gl'Italiani in California ed altri stati della costa del Pacifica", *Bolletino dell'Emigrazione*, 1902, pp. 34-54 as quoted from Hans Christian Palmer, "Italian Immigration and the Development of California Agriculture". Unpublished Ph.D. dissertation, University of California at Berkeley, 1965. P. 102.
[11] Levi, *Life*, 17:89. July 7, 1949.
[12] P. M. Rose, *The Italians in America*. New York: George H. Doran Co., 1922. P. 38.
[13] L. Atkins, *If This Be My Harvest*. New York: Crown Publishers, 1943. P. 17. A. Turano, "The Speech of Little Italy", *The American Mercury*, 26:357. July, 1932.
[14] Patrizi, *Gl'Italiani In California*. P. 10.
[15] "Italian Unity", *Daily Alta California*, p. 1. October 24, 1870. "The Unification of Italy", *S. F. Call*, p. 2. Sept. 26, 1892.
[16] E. S. Falbo, translator and editor, "State of California in 1886: Federico Biesta's Report to the Sardinian Ministry of Foreign Affairs", *California Historical Society Quarterly*, 42:325. Dec., 1963.
[17] _____, *California and the Overland Diaries of Count Leonetto Cipriani: From 1853 to 1871*. Portland: Champoeg Press. P. 1.
[18] *Ibid*. P. 29.

[19] L. F. Byington, ed., *The History of San Francisco, II*. Chicago: The S. J. Clarke Publishing Co., 1931. Pp. 158-162.
[20] G. Marvin, "De-Bunking Banking", *Sunset*, 60:14-15. Feb., 1928.
[21] E. Peixotto, "Italy in California", *Scribner's*, 48:76. July, 1910.
[22] "Il Contributo Italiano allo Svilluppo della California", *Attività Italiane in California*, ed. by G. M. Tuoni and G. Brofelli. San Francisco: Mercury Press, 1929. P. 15.
[23] A. A. Drennan, "Italians in California", *ibid*. P. 42.

Panorama of San Francisco's North Beach zone (Telegraph Hill to Russian Hill), ca. 1890.

Torino Bakery, ca. 1900.

2

The Italian Quarters of San Francisco

La Colonia va dal polo sud del Montgomery Block al polo nord del Molo dei Pescatori...[1]

The excitement generated in San Francisco by that army of men anxious to discover a bonanza of gold in the early 1850s has probably never been accurately described. Nor have the number of individuals who came to San Francisco during that decade been accurately determined. No matter which route one chose to the gold fields, whether it was by sea or over land, San Francisco was the point of debarkation and the only place where one gathered mining supplies and provisions.

The area of greatest concentration in the young city extended from the shorefront along Montgomery Street to Stockton Street, and from California Street to the Bay. This was the busiest and the most colorful section of the town, and it was the area within which the Italian immigrants were to establish their Colony. At the same time that they settled in the heart of the City, the Italian immigrants also spread throughout the City into such districts as Washerwoman's Lagoon, the Hayes Valley, Hunter's Point, throughout the Mission District, Bernal Heights, and beyond the City and County boundary into the neighboring communities of Colma and Half Moon Bay.

Economics dictated the pattern of their settlement. Because the City was undeveloped and unsettled, the Italian immigrants were free to move wherever they could employ their skills, talents and occupations to support themselves. In the area of Washerwoman's Lagoon (today the Marina District) in the Hayes Valley; throughout the Mission District and down into the neighboring towns of the Peninsula, the Italian truck farmers and horticulturists settled. A few Italian fishermen settled in the Hunter's Point and Bernal Heights Districts. It was within the Telegraph Hill/North Beach

2
I quartieri italiani di San Francisco

La Colonia va dal polo sud del Montgomery Block al polo nord del Molo dei Pescatori...[1]

L'euforìa generata a San Francisco, agli inizi degli anni 1850, dall'invasione d'un'orda di uomini in preda alla febbre dell'oro, probabilmente non è mai stata descritta del tutto. Neppure è noto il numero di quanti giunsero a San Francisco durante quel decennio. A prescindere dal cammino percorso da ognuno di loro per arrivare ai giacimenti d'oro, via mare o via terra, San Francisco fu l'approdo di tutti, l'unico luogo dove poter fare provvista di attrezzi e di viveri.

Nella nuova città, la zona più popolata si estendeva dal lungomare di Montgomery Street fino a Stockton Street, e da California Street fino alla baia. Era il quartiere più animato e vivace della città, il luogo dove gli immigrati italiani avrebbero fondato la loro comunità. Pur attestandosi nel cuore della città, gli italiani si distribuirono anche nei quartieri Washerwoman's Lagoon, Hayes Valley, Hunter's Point, Mission e Bernal Heights e, aldilà dei limiti urbani e di contea, nei vicini centri di Colma e di Half Moon Bay.

Il disegno del loro insediamento fu dettato da motivi economici. Siccome la città era ancora in via di sviluppo, gli italiani furono liberi di trasferirsi ovunque potessero trovare impiego le loro abilità e capacità di lavoro, per guadagnare di che vivere. Gli ortolani e i frutticoltori si stabilirono nella zona di Washerwoman's Lagoon (odierno distretto di Marina), nella Hayes Valley e nel distretto di Mission, giù fino alle città confinanti della penisola. Il distretto di Black Diamond, odierno distretto di Hunter's Point, attrasse

District, however, that the majority of Italian immigrants settled who were engaged in all occupations.

When the Italian immigrants arrived in San Francisco Bay and debarked from the vessels docked at the wharves along the Embarcadero, the walk from the piers into the heart of San Francisco took them straight through the infamous red-light district of the Barbary Coast. For those who came off the passenger steamers and onto Broadway Street, there was no escape from the sights, sounds, and the smells of the Barbary Coast. As they walked along Broadway Street past Battery, Sansome, Montgomery, Kearny, Dupont, and Stockton Streets, they passed through the notorious Sydney Town. Some might have even strayed into the depressing Little Chile Town where marauding gangs harrassed and frightened them. Both of these sections, including the Barbary Coast[2] area, were known for their saloons, dance halls, and houses of ill-repute.[3] It was within this shadow of degradation that the first Italian Colony took shape.

Because of the dangers within this area, San Franciscans, including the newly-arrived Italians, moved towards the north of Broadway to Dupont Street at the southern base of Telegraph Hill. It was along Dupont Street, from Vallejo Street to Filbert Street, that an embryonic Little Italy was formed.

Off Broadway Street at the base of Telegraph Hill was the Latin Quarter which boasted of a mixture of Basque, French, Italian, Mexican, Portuguese, and Spanish peoples, whose romance languages and cultures gave the area a unique and eclectic appearance. They all lived side by side, families crammed together in cheap rented rooms. Perhaps the families were not terribly congenial towards each other, but then the gold rush had produced a spirit of toleration and mutual respect among certain national groups which enabled them to coexist within one geographical district and share the necessary amenities of living. A most notable example of this was the sharing of community newspapers.[4]

The major streets of Telegraph Hill were Vallejo, Green, Union, Filbert, Greenwich, Lombard, Chestnut, and Francisco. The five cross streets were Battery, Sansome, Montgomery, Kearny, Dupont, Stockton, and Powell. With the exception of Battery, Sansome, Montgomery, and Kearny, all the other streets crossed not only through the Hill, but led into the North Beach District. These streets became more important as the Italians gained economic stability which gave them the via to break out of the confinement of a neighborhood in which their ethnic identity was mixed with other Latin groups into a section of their own where their provincial cultures and economic characteristic created an Italian Colony.

Telegraph Hill was described by one of its best known promoters, Frederick O. Layman, as "a rocky bluff, about three hundred feet in height,

una piccola comunità di pescatori siciliani. Infine, in maggioranza, italiani di tutti i mestieri si stabilirono nel distretto di Telegraph Hill-North Beach.

Una volta giunti nella baia di San Francisco e sbarcati dalle navi attraccate ai moli dell'Imbarcadero, per raggiungere il centro di San Francisco gli immigranti italiani dovevano attraversare la Barbary Coast, il malfamato quartiere delle "luci rosse". Per chi, sbarcato dalle navi a vapore, s'incamminava su Broadway Street, non c'era scampo dalle sue scene, i suoi clamori e i suoi miasmi. Man mano che risalivano Broadway Street, superando Battery Street, Sansome Street, Montgomery Street, Kearny Street, Dupont Street e Stockton Street, i nuovi giunti traversavano quindi la famigerata Sydney Town. E magari qualcuno di loro si sarà perduto nel deprimente ghetto di Little Chile Town, dove bande di tagliaborse e di rapinatori erano in attesa, al passo, per attaccare e terrorizzare i malcapitati. Entrambi questi due quartieri, inclusa la Barbary Coast,[2] erano noti per i loro saloon, le loro balere, i loro postriboli.[3] Fu all'ombra di questa presenza che prese forma la prima comunità italiana.

A evitare i pericoli di questa zona, gli abitanti di San Francisco, inclusi i nuovi giunti italiani, si trasferirono verso l'estremità settentrionale di Broadway, fino a Dupont Street, alle pendici meridionali di Telegraph Hill. Fu lungo Dupont Street, da Vallejo Street fino a Filbert Street, che si formò l'embrione d'una Little Italy.

Oltre Broadway Street, alle pendici di Telegraph Hill sorgeva il Quartiere Latino, abitato da un miscuglio di baschi, francesi, italiani, messicani, portoghesi e spagnoli che con le loro diverse culture e lingue romanze conferivano alla zona un'apparenza eclettica e unica. Vivevano uno a ridosso dell'altro, intere famiglie pigiate assieme in povere stanze in affitto e presumibilmente non del tutto gradite l'una all'altra, ma comunque la febbre dell'oro aveva generato un certo spirito di tolleranza e di reciproco rispetto tra diversi gruppi etnici, sufficiente a consentirne la coesistenza nello stesso quartiere, a condividere le stesse condizioni di vita. L'esempio più notevole di questo spirito fu costituito dai giornali comunitari in compartecipazione.[4]

Le strade principali di Telegraph Hill erano Vallejo, Green, Union, Filbert, Greenwich, Lombard, Chestnut e Francisco Street, che erano attraversate da Battery, Sansome, Montgomery, Kerny, Dupont, Stockton e Powell Street. Ad eccezione di Battery, Sansome, Montgomery e Kearny Street, tutte le altre vie attraversavano l'intera collina arrivando fino al rione di North Beach. Queste strade crebbero d'importanza man mano che gli italiani acquisirono stabilità economica, conquista che li incoraggiò a uscire dai confini d'un vicinato dove la loro identità etnica era confusa a quella di altri gruppi latini, e li spinse a formare un loro quartiere, dove le loro caratteristiche economiche e culturali crearono infine una comunità italiana.

Uno dei suoi fautori più noti, Frederick O. Layman, descrisse Telegraph Hill come "un promontorio roccioso, alto circa un centinaio di metri, sito a

situated north of Vallejo, east of Dupont Streets".[5] The slopes of this rocky bluff were rounded, rising to a sharp peak and were so abrupt on the north and east sides that they gave the appearance of being cliffs. Squatters had built the huts and nest-like cottages on these cliffs to the north and east side of the hill.[6] These two slopes descended into the deep waters of the Bay beneath without benefit of a beach. From the steep slopes, blasters obtained the needed fill for the tide lands and water lots which were being filled along the waterfront.[7] The remaining western and southern slopes that faced the city were much more gentle and far more conducive to the building of homes.[8]

Dupont Street was the most fascinating street of the entire Colony and the most characteristic of Little Italy.[9] The entrance to Little Italy within Telegraph Hill was at the corner of Dupont and Vallejo Streets, an intersection marked by the brown church of St. Francis of Assisi surrounded by a few wooden houses which had been brought around the Horn.[10] Beginning at Dupont and Vallejo Streets, Italian shops would eventually line both sides of this long, narrow street. The grocery stores were filled with yards of spaghetti and macaroni which hung like golden cords in the windows. Sausages were displayed in dazzling clusters.[11] Each shop featured a specialty and based its reputation on the excellence of that product. Small eating houses, "trattorie", which served straw-covered "fiaschi" or red Chianti wine[12] were scattered along Dupont Street. On the sidewalks, vendors peddled their fresh fruits and vegetables, while the pedestrians ate "semense", or pumpkin seeds, or the like. The carts of these vendors zigzagged up and down the unpaved hilly streets to the residences of the Hill.[13] As the Italian Colony grew out of the confines of Telegraph Hill into North Beach, wholesalers joined the retail stores. This became the commercial area of the Colony for Italian businesses, while the small neighborhood shops became the social gathering places for the Italian residents.[14]

From Dupont Street, short windy streets led San Franciscans to the homes of the "hill people", as the residents of Telegraph Hill occasionally referred to this community.[15] Along these streets the smells of garlic, red wine, strong cheese, and baking bread lured those who would stroll there on Saturday evenings.[16] As the Italians climbed closer to the summit of Telegraph Hill, they occupied the once comfortable homes belonging to the well-to-do families who had since moved away to better and more accessible parts of the city. The Germans, one of the first large dominant foreign immigrant group in the city, had built their homes on the easier slopes of Telegraph Hill and had planted quaint gardens.[17] The Irish had followed the Germans up the Hill, but they left when real estate developments and more solidly Irish Catholic parishes attracted them to Bernal Heights and the Mission District.[18] Meanwhile, the Italians had crept out from the lower areas of Telegraph Hill around the wharves and the lower end of Broadway to

nord di Vallejo Street e a est di Dupont Street".[5] Le coste di questo promontorio avevano profilo circolare, e salendo finivano a scogliera, con i versanti nord ed est che cadevano quasi a picco, senza spiaggia, nelle acque profonde della baia. Da queste pareti rocciose, sulle quali, come nidi d'uccello, degli abusivi avevano costruito le loro baracche,[6] con le mine fu ricavato materiale di colmamento che servì a bonificare i bassi arenili del porto.[7] La pendenza più dolce degli altri due versanti del promontorio, quello occidentale e quello meridionale, che fronteggiavano la città, favorì invece lo sviluppo edilizio urbano.[8]

La via più fascinosa dell'intera comunità, la più caratteristica di tutta Little Italy, fu Dupont Street.[9] L'entrata al quartiere era l'incrocio tra Dupont Street e Vallejo Street, un crocevia contraddistinto dalla chiesa marrone di San Francisco d'Assisi, che era attorniata da poche case di legno giunte a San Francisco via mare, trasportate cioè via Capo Horn.[10] A partire dall'incrocio con Vallejo Street, Dupont Street era una stretta e lunga via di negozi italiani, quelli di generi alimentari zeppi di maccheroni, di spaghetti stesi ad asciugare nelle vetrine addobbate con festoni di salsicce.[11] Ogni negozio offriva una specialità sua, fondando la sua reputazione sull'eccellenza di tale prodotto, e lungo la via s'aprivano numerose trattorie che usavano servire Chianti rosso[12] nei caratteristici fiaschi impagliati, e lungo i marciapiedi, le bancarelle dei venditori ambulanti offrivano frutta e verdura ai passanti che strada facendo usavano consumare "semenze", semi di zucca cioè e d'altri ortaggi. I carretti di questi ambulanti navigavano su e giù, zigzagando lungo le vie non lastricate, fino alle case in cima alla collina.[13] Via via che la comunità cresceva di numero e s'allargava oltre i confini di Telegraph Hill fino a North Beach, ai negozi al dettaglio s'aggiunsero i depositi dei commercianti all'ingrosso. Il rione divenne centro dei commerci della comunità e, man mano, i piccoli negozi furono trasformati in centri di ritrovo sociale per gli italiani del luogo.[14]

Da Dupont Street, corte strade battute dal vento conducevano alle case della "gente della collina", così venivano chiamati gli abitanti di Telegraph Hill.[15] Odori d'aglio, di vino, di formaggi forti e profumo di pane fresco attiravano a queste vie le passeggiate del sabato sera.[16] Migrando man mano verso le grandi case sulla cima di Telegraph Hill, gli italiani sostituirono le famiglie bene, che via via si trasferivano verso quartieri migliori e più accessibili. I tedeschi, primo grosso gruppo di immigrati a San Francisco, avevano costruito le loro case sui pendii più dolci di Telegraph Hill, circondandole di bizzarri giardini.[17] Ai tedeschi erano seguiti gli irlandesi che però, in seguito allo sviluppo edilizio e alla formazione di parrocchie cattoliche soltanto gaeliche, s'erano poi trasferiti verso Bernal Heights e verso il distretto di Mission.[18] Per ereditarne le case di legno e i palazzi, gli italiani avevano di conseguenza abbandonato le zone più basse di Telegraph Hill, quelle attorno agli scali e all'estremità meridionale di Broadway. Le

inherit these wooden houses and tenements. The residences of Telegraph Hill consisted of old sea captain's cottages, cramped shacks, wooden shanties and back water flats which had once belonged to the Irish longshoremen and dock workers. These were not occupied by Italians. The Hill had been left mostly to these Italian immigrants and a few Mexican, Spanish, and Chinese families. On the lesser slopes of the Hill dwelt the Mexican and Spanish people in squat houses with balconies, giving their section a semblance of old Spain. Above these homes were the Italian shanties so closely jammed against each other and perched at such steep angles that one went from house to house by wooden ladders, which served as the stairs along the hillside.[19] Nevertheless, the Italians attached a sentimental value to the Hill. The steepness and roughness of the Hill reminded them of the Mediterranean cliffs back home.

These homes and tenements consisted of two or three rooms which accommodated four to six persons. The buildings frequently lacked heating, plumbing, and strong windows. Since these homes had no back yards, the children played in the streets. In spite of this, there were those who worked and saved to obtain their own homes if for no other reason that the sense of security they achieved by the simple possession of their own property. The desire to become economically independent drove them to work harder than they had ever dreamed of working. Enterprising Italian immigrants had coined an expression which noted that the smaller the room a man lived in the larger his bank account would be.[20] This drive to make money and to pay cash for a home, a boat, or a business kept the immigrants together in one district long enough to achieve a certain amount of self-sufficiency[21] before moving on to the next community.

Based upon its geographic location, Telegraph Hill was important in the development of the Italian Colony for two reasons. First, it was convenient and accessible to the waterfront and commercial district in which most of the Italians worked. The walk down from the Hill to either of these two areas took approximately fifteen minutes. By living close to the streets where they worked, the Italians invested in and built their Colony thereby gaining economic stability and mobility.

As Telegraph Hill accommodated more residents, it overflowed into the North Beach District directly adjacent to it and expanded Little Italy, bringing the Italians into closer contact with the rest of San Francisco. The same streets which led the Italians onto Telegraph Hill brought them down in the 1880s and 1890s, and merged both Telegraph Hill and North Beach into the Italian Quarter of San Francisco.

The nerve center of this enlarged Italian Quarter was now at Broadway Street and Montgomery Avenue. These were the two main streets of the Colony which the Italians regarded with pride since they were the widest streets in the Colony. On the first four blocks of Broadway leading away

abitazioni di Telegraph Hill erano un assieme di villette di vecchi capitani di mare, di strette e anguste baracche di legno, di poveri appartamenti già proprietà di scaricatori e portuali irlandesi, che però gli italiani preferirono non abitare. La collina era stata lasciata, quasi totalmente, agli immigrati italiani e a poche famiglie messicane, spagnole e cinesi. Nei versanti più bassi, in basse case adornate di balconi che conferivano al quartiere un volto da vecchia Spagna, s'attestarono i messicani e gli spagnoli. Più in su sorsero le baracche degli italiani, così a ridosso l'una all'altra e arrampicate su terreno tanto ripido che la gente andava dall'una all'altra usando scale a pioli, che servivano anche da gradinate per salire e scendere la collina.[19] Ciò malgrado, gli italiani s'affezionarono al luogo: così aspra e scoscesa, la collina era per molti un ricordo delle patrie scogliere mediterranee.

Ogni abitazione consisteva di due o tre stanze in cui vivevano in genere da quattro e sei persone. Gli edifici mancavano spesso di riscaldamento, d'acqua corrente, di servizi igienici, e di finestre sufficientemente robuste. Siccome erano abitazioni prive di cortile o di giardino, i bambini giocavano nelle strade. Ciò malgrado, c'era chi lavorava e risparmiava per acquistarsi ognuno la sua povera abitazione, se non altro per il senso di sicurezza che derivava dal possesso d'una casa propria. Il desiderio di acquisire indipendenza economica, spinse gli italiani a lavorare più forte di quanto loro stessi avessero mai sognato. I più intraprendenti di loro avevano coniato un detto secondo il quale più piccola era la stanza dove uno viveva, più grande era il suo conto in banca.[20] Questa spinta a far quattrini e a pagare in contanti la casa, la barca, o il negozio, li tenne assieme nello stesso quartiere il tempo necessario a raggiungere il grado d'autosufficienza[21] indispensabile per trasferirsi in altro quartiere.

Conseguenza della sua ubicazione geografica, Telegraph Hill fu importante nello sviluppo della comunità italiana per due motivi. Anzitutto era di facile accesso al fronte del porto e alla zona commerciale dove lavoravano gran parte degli italiani. Dalla collina, ognuna delle due zone si poteva raggiungere a piedi in circa quindici minuti. Vivendo vicini al lavoro, gli italiani furono indotti a investire i loro capitali e a costruirsi una comunità, guadagnando così stabilità e agibilità economiche.

Man mano che Telegraph Hill si popolava, gli abitanti in eccesso muovevano verso il quartiere adiacente di North Beach, espandendo così Little Italy e avvicinando gli italiani al resto di San Francisco. Le stesse strade che li avevano portati a Telegraph Hill, guidarono gli italiani giù dalla collina e, nei decenni 1880 e 1890, riunirono Telegraph Hill a North Beach formando il Quartiere Italiano di San Francisco.

Il centro nevralgico di questo più grande quartiere italiano era ora all'incrocio tra Broadway Street e Montgomery Avenue, le due strade più importanti della comunità e motivo d'orgoglio per gli italiani in quanto erano più spaziose di tutte le altre. A partire dal fronte del porto e andando

from the waterfront area toward the Montgomery Avenue intersection was the commercial area. Beginning at about Sansome and Broadway were located the social gathering halls and places of amusement for the Italian Colony. The Garibaldini Guards, Bersaglieri Guards and Italian Sharpshooters were a few of the organizations which had their headquarters on the four hundred block of Broadway Street. The Garibaldini Guards were especially wealthy with a magnificent hall decorated with large pictures of Vittorio Emanuele, Umberto and Margherita, Garibaldi, Cavour and Mazzini. The hall was designed for large balls and reunions which the Italians excelled in giving during the holiday seasons. In later decades, Fugazi Hall on Green Street and the Roma Hall were noted for weekend festivities including dances and wedding parties.[22] Scattered throughout these four blocks and beyond, into what was the heart of the fishermen section on Davis Street and Pacific Avenue, were the inexpensive Italian restaurants.

Aside from being a center of social activities, Broadway Street functioned as a boundary separating the Italian Quarter from Chinatown south of Broadway and Little Mexico to the north of Broadway, along Vallejo and Powell Streets. Italian parents instructed their children to stay away from these areas for fear that the children would be shanghaied to China. The settlement of both the Chinese and the Mexicans so close to the Italian Colony directed the future growth of the Italian Quarter northwestward toward North Beach, the Bay, Russian Hill, and the Marina District.

Three main events occurred to bring the Italian Colony closer to the heart of San Francisco and unite the Colony with the economics of the City. In 1870, Montgomery Avenue was cut at the intersection of Montgomery Street and Washington Street and extended towards the Bay terminating at Beach Street. The cutting of Montgomery Avenue was mainly responsible for the building up of the Italian Colony within the North Beach District.[23] From this intersection towards the Bay, Italian businesses, offices, benevolent societies, and recreational halls stretched along "The Avenue"[24] as the Italians referred to the street. There were great hopes that this new street would develop into a magnificent boulevard.

The introduction of the Powell Street cable car line in the early 1880s made North Beach even more accessible to the rest of the City, and stimulated the further construction of an industrial center along the North Beach waterfront which was a source of employment for the Italians.[25] By the turn of the century, factory workers lived in the row houses along North Point Street[26] within walking distance of their jobs.

The third innovation to affect the development of the Italian Colony of North Beach was the opening of the Stockton Street tunnel in 1915 which brought the Italians within walking distance of San Francisco's retail shopping district.

verso l'incrocio di Montgomery Avenue, i primi quattro isolati di Broadway ospitavano la zona commerciale. Più o meno dall'incrocio con Sansome Street, sempre su Broadway avevano sede le sale di riunione e i ritrovi della comunità. La "Guardia Garibaldina", la "Guardia dei Bersaglieri" e "Il Tiro a Segno" erano alcune delle tante associazioni che avevano sede lungo il quinto isolato di Broadway Street. La "Guardia Garibaldina" era l'associazione più ricca, e possedeva un magnifico salone decorato con grandi ritratti di re Vittorio Emanuele, di re Umberto con la regina Margherita, di Garibaldi, Cavour e Mazzini. Il salone era stato progettato per ospitare grandi feste danzanti e riunioni, attività nelle quali gli italiani eccellevano, specie durante le festività. Nei decenni successivi, per le feste di fine settimana, incluse le feste nuziali e quelle danzanti, divennero famose la "Fugazi Hall", su Green Street, e la "Roma Hall".[22] Sparse su questi quattro isolati, e più oltre, in quello che, su Davis Street e Pacific Avenue, era il cuore del quartiere dei pescatori, sorgevano trattorie italiane a buon mercato.

Broadway Street fu non soltanto centro di attività sociali, ma anche confine che, lungo Vallejo Street e Powell Street, separava a sud il quartiere italiano da quello di Chinatown, e a nord, dal quartiere di Little Mexico. I genitori italiani ordinavano ai loro figli di tenersi lontani da queste zone nel timore che venissero rapiti e deportati in Cina. La presenza, così vicina alla comunità italiana, dei cinesi e dei messicani, spinse il successivo sviluppo del quartiere italiano in direzione nord ovest, cioè verso North Beach, Bay, Russian Hill e verso il distretto di Marina.

Tre importanti eventi contribuirono a spingere la comunità italiana verso il centro di San Francisco e a unirne le attività economiche a quelle della città. Anzitutto, nel 1870, Montgomery Avenue fu tagliata con una nuova intersezione all'incrocio tra Montgomery Street e Washington Street, ed estesa in direzione della baia, fino a Beach Street.[23] Il taglio di Montgomery Avenue causò il fluire della comunità italiana verso l'interno del distretto di North Beach. Da questa intersezione, lungo "La Avenue",[24] come la chiamarono gli italiani, andando verso la baia sorsero negozi italiani, uffici, sedi di associazioni e luoghi di ritrovo. Tanti sperarono che la nuova arteria un giorno sarebbe diventata un magnifico boulevard.

La posa in opera, all'inizio degli anni 1880, d'una linea tranviaria lungo Powell Street, rese North Beach ancora più accessibile al resto della città e stimolò sul suo lungomare l'ulteriore sviluppo d'un centro industriale che divenne fonte di lavoro per gli italiani.[25] Al volgere del secolo, numerosi operai s'erano stabiliti nelle case allineate lungo North Point Street,[26] a pochi passi dalle loro fabbriche.

La terza innovazione che influì sullo sviluppo della comunità italiana di North Beach fu, nel 1915, la costruzione del tunnel di Stockton Street, che mise gli italiani a pochi passi di distanza dal centro commerciale di San Francisco.

Four blocks up The Avenue from Montgomery Avenue and Broadway Street was Washington Square, situated at Union and Filbert between Powell and Stockton Streets. The Square was a rectangular Victorian garden with trees and shrubs precisely arranged with two wide paths which criss-crossed. It had been enclosed with a high white picket fence which was closed at night to protect the growing shrubs.[27] As more and more Italians settled in North Beach proper, this Square became the central social gathering place for the "connazionali". They referred to it as "il giardino", the garden, a place where all could sit and talk and pass the time of day. It was also the scene of many festive occasions such as the celebration of Discovery Day, Italian National Unity Day, or the Fourth of July. Toward the turn of the century, the Italian theatre groups presented diverse dramatic performances on the streets opposite the garden. The most well known of these groups was the Pisanelli Circolo Famigliare which offered nightly entertainment.[28] The beauty of the garden was enhanced in 1924 when the Italian church of Sts. Peter and Paul was built directly across from Washington Square.

The Colony filled the streets of North Beach, Vallejo, Union, Green, Filbert, Greenwich, Powell, Stockton, and Mason up to Russian Hill. Before the turn of the century, there had been a hazy division between the residential and semi-residential areas of the Colony from the commercial areas. It was along Green, Union, Filbert, and Greenwich Streets that the prosperous and socially conscious Italians resided in homes or large flats away from the lower areas of North Beach.

Some of these homes and flats had rounded bay windows, a sign of prosperity which the Italians were proud to possess.[29] For the most part, the dwellings built in North Beach before and after 1906 were simple structures, adequately designed to raise a family and give the occupants a certain degree of privacy and comfort. Looking down from the top of Russian Hill towards Meiggs' Wharf, these rows of flats and apartments composed a monotonous picture of the district.[30]

"Campanilismo" influenced the pattern of settlement within the Colony. Along Francisco Street near the fishermen's wharves lived the Sicilian fishermen. The wealthy Italians tended to live around Union and Green Streets above Powell Street. While some of the Calabrians and Neapolitans lived in the alleys around Filbert to Broadway. Others moved away into the Bernal Heights and Excelsior Districts. The Piedmontese and Tuscani occupied the Russian Hill area, and later moved into the fashionable residential district of the Marina.

Both the city and the Italian Colony were progressing steadily when the 1906 earthquake and fire struck. San Francisco had been razed by fires six times from 1849 to 1851, and each time the ruins had been swept away and the city rebuilt in a much finer fashion. This time, however, the damage was far too extensive. The tragedy was compounded by the great numbers of

Quattro isolati oltre l'incrocio tra Montgomery Avenue e Broadway Street, lungo "La Avenue" sorgeva Washington Square, limitata da Union e Filbert Street, e da Powell e Stockton Street. La piazza era un giardino vittoriano di disegno rettangolare, con alberi e siepi disposti in bell'ordine e divisi da due ampi viali disposti a croce. Il giardino era circondato da un alto steccato bianco e di notte veniva chiuso a proteggerne piante e fiori.[27] Man mano che a North Beach aumentava la presenza italiana, il luogo divenne centro di riunione sociale per i "connazionali". "Il giardino", così lo chiamarono, fu luogo dove ognuno poteva sedere a scambiare quattro chiacchere e passare il tempo. Fu anche teatro di tante festività, come la celebrazione della scoperta dell'America, del "Giorno dell'Unità Nazionale Italiana", o del 4 luglio, giorno dell'Indipendenza. Verso il volgere del secolo, le vie confinanti ospitarono le rappresentazioni di gruppi teatrali italiani. Il più noto di questi gruppi fu il "Circolo Familiare Pisanelli", che dava spettacolo ogni sera.[28] Il luogo divenne ancora più bello quando, di fronte alla piazza, venne eretta la chiesa italiana dei Santi Pietro e Paolo.

Gli italiani saturarono le vie North Beach, Vallejo, Union, Green, Filbert, Greenwich, Powell, Stockton e Mason, fino a Russian Hill. Prima del volgere del secolo, la separazione tra i quartieri residenziali e le zone commerciali era stata approssimativa. Fu lungo Green, Union, Filbert e Greenwich Street che vissero gli italiani benestanti e più sensibili ai simboli dello stato sociale, stabiliti in case o grandi appartamenti lontani dai quartieri bassi di North Beach.

Alcune di queste abitazioni ostentavano grandi vetrate a veranda, un segno della prosperità che tanti italiani erano orgogliosi di possedere.[29] In massima parte, le abitazioni costruite a North Beach prima e dopo il 1906, ebbero semplice struttura, adeguate il tanto per crescerci una famiglia e dare agli inquilini un minimo di intimità e di comfort. Guardandole dall'alto di Russion Hill, giù verso Meiggs' Wharf, queste file di case e di palazzi componevano il monotono panorama del quartiere.[30]

Il disegno dell'insediamento italiano fu influenzato dal campanilismo. Lungo Francisco Street, vicini ai moli, vivevano i pescatori siciliani. Gli italiani più facoltosi vivevano invece oltre Powell Street, attorno a Union e Green Street. Mentre pochi calabresi e napoletani vivevano nei vicoli tra Filbert Street e Broadway, altri si trasferirono nei distretti di Bernal Heights ed Excelsior. I piemontesi e i toscani occupavano la zona di Russian Hill, e più tardi si trasferirono nel distretto residenziale di Marina.

San Francisco e la sua comunità italiana stavano progredendo a passo costante quando su entrambi s'abbatterono il terremoto e l'incendio del 1906. In passato, dal 1849 al 1851, San Francisco era stata distrutta dal fuoco già sei volte; e ogni volta le rovine erano state spazzate via e la città ricostruita più bella di prima. Stavolta però, il danno fu di gran lunga più grave. Con tanta gente e tanti edifici concentrati lungo lo squarcio aperto

people and buildings which were concentrated along the path of the fault.[31]

The destruction caused by the earthquake and the ensuing fire in the Italian Quarter resulted in the complete loss of the district. The Italian Quarter, as other parts of the city hit hard by the disaster, had been reduced to a knotted, tangled mass of bent steel frames, charred bricks, and ashes. In North Beach, only a small part of the community remained. The Italians on Telegraph Hill had been luckier than most, although they suffered losses since insurance companies were not interested in insuring remote areas of the Hill. The scattered fire hydrants and water cisterns were not to be found east of Dupont Street and the insurance companies were not willing to gamble. It was reported in the Italian press that some 20,000 Italians lost their homes in the conflagration.[32]

One of the priests from the church of Sts. Peter and Paul had managed to save the consecrated host, vestments, and holy vessels[33] and said Mass under the inflamed sky. After the fires had died, the Italians quietly returned to North Beach and tried to find the confidence to rebuild Little Italy.[34]

Approximately five to six hundred Italians had definitely left San Francisco due to this tragic event, while over six thousand new immigrants arrived and helped the survivors clear the ruins. Seven hundred building permits were granted to North Beach Italian residents and businessmen[35] to expedite the construction of the Colony. Several real estate firms, such as the J. Cuneo Company in North Beach, demonstrated their confidence in the determination of the Italians by investing $400,000 in the reconstruction of apartments, stores, flats, and business offices.[36]

Temporary buildings were cheaply erected for immediate occupancy, while the leaders of the Colony were busily engaged in drawing up plans for a modern Little Italy. The buildings would be simple, small, neat, and airy which combined both functional and classical lines.[37] One writer described this new architecture as a reflection of the Italian immigrants' acceptance of American ways.[38] The most picturesque feature of the flats and apartments were the roof-top sun decks with flower gardens.[39] Part of the planning for the new Colony included the renaming of two of the main thoroughfares of the Italian Quarter. In 1907, one-half of Dupont Street was renamed Grant Avenue, and by the end of 1908 all of Dupont became Grant Avenue. By 1910, Montgomery Avenue was renamed Columbus Avenue and still retained its fame as "The Avenue".[40] The changes in these street names denoted a change in the geographic character of the Italian Quarter. Although Grant Avenue housed a good portion of the Italian "connazionali" and their businesses, it was a street incapable of further development. The street cut along the bottom of Telegraph Hill and ended several yards from the waterfront. Columbus Avenue, as Montgomery Avenue, brought the Italians into the flat lands of North Beach up to Broadway, Vallejo, Green, Union, Filbert, and the parallel streets of Stockton and Powell. These streets

dal sisma, la tragedia divenne incubo.[31]

La rovina provocata dal terremoto e dal successivo incendio, cancellò totalmente il quartiere italiano. Così come altre zone della città colpite duramente dal disastro, il quartiere era stato ridotto a un cumulo di lamiere contorte, di mattoni calcinati, di ceneri. A North Beach sopravvisse soltanto uno scheletro di comunità superstite. Gli italiani di Telegraph Hill erano stati più fortunati di tanti altri; anche loro però pagarono in quanto le compagnie d'assicurazione avevano rifiutato di assicurare gli immobili delle zone più remote del quartiere: a est di Dupont Street, infatti, mancavano gli idranti e le cisterne d'acqua, e le compagnie assicurative non erano in vena di scommesse. Secondo i dati riportati della stampa italiana, circa ventimila italiani persero le loro case nel disastro.[32]

Uno dei preti della chiesa dei Santi Pietro e Paolo, che era riuscito a trarre in salvo l'ostia consacrata, i paramenti e i calici sacri,[33] celebrò messa sotto il cielo in fiamme. Spenti gli incendi, quietamente gli italiani fecero ritorno a North Beach, a ritrovare la fiducia necessaria per ricostruire Little Italy.[34]

In seguito al tragico evento, circa cinque seicento italiani abbandonarono definitivamente San Francisco. Al loro posto giunsero però seimila nuovi immigranti, ad aiutare i sopravvissuti a sgombrare le rovine. Per accelerare l'opera di ricostruzione, ai residenti e ai commercianti italiani di North Beach[35] vennero concesse d'urgenza settecento diverse licenze edilizie. Numerose società immobiliari, come la "J. Cuneo Company" di North Beach, dimostrarono la loro fiducia negli italiani investendo 400 mila dollari nella ricostruzione di appartamenti, negozi e uffici.[36]

Mentre i senzatetto trovavano rifugio in baracche temporanee erette alla menpeggio, i leader della comunità si impegnarono nel progetto d'una nuova e moderna Little Italy i cui edifici sarebbero stati semplici, di modeste dimensioni, puliti e ariosi, di disegno funzionale e al tempo stesso tradizionale.[37] Qualcuno ebbe a scrivere che la nuova linea architettonica rifletteva l'accettazione dello stile di vita americano da parte degli immigrati italiani.[38] Caratteristica pittoresca di queste nuove case furono le loro terrazze e altane, che vennero adibite a giardini pensili.[39] Il piano di ricostruzione cambiò nome a due delle arterie più importanti del quartiere italiano. Nel 1907, una metà di Dupont Street fu ribattezzata Grant Avenue e, verso la fine del 1908, l'intera via divenne Grant Avenue. "La Avenue", cioè Montgomery Avenue, nel 1910 fu ribattezzata Columbus Avenue.[40] Le modifiche nella toponomastica di queste strade segnalavano il cambiamento del carattere geografico del quartiere italiano. Benchè Grant Avenue fosse casa a tanti "connazionali" e ai loro negozi, tuttavia era ormai una strada senza ulteriori possibilità di sviluppo. Tagliava infatti la base di Telegraph Hill, finendo a pochi metri dal fronte del porto. Columbus Avenue e Montgomery Avenue avevano portato gli italiani nella piana di North Beach, su fino a Broadway, Vallejo, Green, Union, e Filbert Street e alle vie

led the Italians up onto Russian Hill and then down into the Marina. As a result, North Beach ceased to be the extension of Telegraph Hill rather, it became the dominant district of the Italian Quarter which included within its reach the entire Telegraph Hill area and the Latin Quarter. Living in North Beach was to live in a self-contained community. Within the neighborhoods of the Colony, the Italians lived, worked, and played. Few could find reasons to venture beyond their Colony. San Francisco, instead, came to them to share the hospitality of good friends, good food, and entertainment. The sense of community found in the Italian Quarter of North Beach was not likely to be duplicated in other Italian sections of San Francisco.

It took the Italian "connazionali" approximately four years to rebuild their homes and businesses and to geographically expand. They were proud that their district was the first to be completed among those destroyed in the city. By 1910 the increased number of Italian immigrants caused congestion in the Italian Quarter which resulted in the wealthier Italians moving into the Marina District. It was after the City's hosting of the Panama-Pacific International Exposition in 1915 that the Marina District was properly developed as a fashionable residential area with a view of the Bay and other inducements for home owners.[41] For an Italian to live in the Marina, as others had on top of Russian Hill, meant that one was in a special social class and higher economic bracket far superior to those Italians who lived above their shops in North Beach. To live there also indicated that these Italian immigrants and their children had accepted the American way of living and were quite desirous of showing off their newly acquired American mannerisms.

At the opposite end of San Francisco, in the Outer Mission District, there was another Italian Colony which had formed during the 1850s as a truck farming community. Many Italian truck farmers had settled around the City Hall in the Hayes Valley, but due to the increased population and the rise in the value of property, they moved out to the Bayview, Visitation Valley, Noe Valley, Lake Merced along Ocean Avenue, and beyond the city and county line to Colma.[42] They were expert farmers from the coast province of Liguria[43] who were at home in the damp climate of the Mission District.

In contrast to the busy and expanding North Beach Italian Colony, the Italians in the Outer Mission created an almost insular community of truck farmers, mostly Ligurians, Tuscans, and Neapolitans, and some Italian-Swiss dairymen. The challenge of cultivating and irrigating the hilly sand dunes lured these farmers into a rather desolated area.[44] They successfully turned these sandy hills into acres of lettuce, cabbage, and artichoke fields which gave the district the name of the gardens,[45] and the farmers were known as gardeners. By 1874, this agricultural community organized its

parallele Stockton e Powell Street che, a loro volta, avevano portato su fino a Russian Hill e quindi di nuovo giù fino al distretto di Marina. Risultato: North Beach cessò d'essere l'estensione di Telegraph Hill per divenire il cuore del quartiere italiano, che includeva l'intera zona di Telegraph Hill e il Quartiere Latino. Vivere a North Beach era vivere all'interno d'una comunità autonoma. All'interno dei suoi confini, gli italiani vivevano, lavoravano, trascorrevano il tempo libero. Pochi, così, trovavano motivi per avventurarsi oltre questi limiti immaginari. Era invece il resto di San Francisco ad andare da loro, per goderne l'ospitalità amica, la buona cucina e i passatempi. Lo spirito comunitario presente nel quartiere italiano di North Beach era infatti assente negli altri quartieri italiani di San Francisco.

I "connazionali" italiani impiegarono circa quattro anni per ricostruire le loro case e i loro negozi e, insieme, per espandersi oltre i limiti antecedenti il terremoto. Di tutti i quartieri distrutti di San Francisco, il loro fu il primo ad essere ricostruito: una conquista di cui furono orgogliosi. Verso il 1910, l'aumentato numero di immigrati italiani provocò il sovraffollamento del quartiere, col risultato che i più facoltosi di loro si trasferirono nel distretto di Marina. Fu dopo che la città ebbe ospitato la "Panama-Pacific International Exposition" del 1915 che Marina subì un vero e proprio sviluppo, divenendo elegante zona residenziale, le case dotate di diversi comfort e costruite con panorama sulla baia.[41] Così come quelli che avevano vissuto in cima a Russian Hill, per questi italiani vivere a Marina significava appartenere ad una élite, a un livello economico molto più elevato di quello dei connazionali rimasti nelle case-negozio di North Beach. Significava inoltre che insieme ai loro figli avevano accettato ormai le maniere americane e che morivano dalla voglia di ostentare questa recente "americanità".

Alla parte opposta di San Francisco, nel distretto di Outer Mission, s'era stabilita un'altra comunità italiana, formata durante gli anni 1850 da un gruppo di agricoltori. Numerosi ortofrutticoltori italiani s'erano stabiliti attorno al municipio, nella Hayes Valley, ma in seguito all'incremento della popolazione e al conseguente aumento di valore dei terreni, s'erano poi trasferiti a Bayview, Visitation Valley, Noé Valley, a Lake Merced lungo Ocean Avenue e, oltre i limiti municipali e conteali, fino a Colma.[42] Erano esperti agricoltori, emigrati dalle zone costiere della Liguria,[43] che quindi si trovavano a loro agio a vivere nel clima marittimo del distretto di Mission.

In contrasto a quella di North Beach, attiva e in espansione, gli italiani di Outer Mission avevano creato una comunità insulare e contadina, in gran parte composta di liguri, toscani, napoletani e pochi italo-svizzeri allevatori di bestiame da latte. Irrigare e coltivare le dune sabbiose della zona fu la sfida che impegnò questi contadini,[44] che trasformarono colline di sabbia in campi di lattughe, cavoli e carciofi, che alla zona guadagnarono l'appellativo di giardini[45] e a loro quello di giardinieri. Nel 1874, questa comunità aveva

own association and distributed their produce from their own market within the city's commission district.

Truck farming was only one of the immigrant occupations active in the Outer Mission District. By the turn of the century, the Mission had attracted a great many industrial and commercial firms whose factories, forges, and marble cutting houses hired many unskilled laborers. The Southern Pacific Railroad also employed inexpensive immigrant labor for construction work. Because these jobs were so plentiful, by 1898 there were enough Italians living in the Mission to warrant the establishment of a second Italian national parish in the city. Corpus Christi Church started as the auxiliary, or missionary church to Sts. Peter and Paul which were both under the guidance of the Salesian Fathers.[46] The parish had a small but willing congregation.[47]

By the turn of the century, the congested living conditions in the North Beach Italian Quarter brought many of the "connazionali" out into the open spaces of the Mission. From 1900 to 1910, the Italian population of San Francisco more than doubled from 7,508 to 16,918.[48] By 1920 there were 45,599 Italians who resided in the city. Those who moved away from North Beach either rented or bought lots in the new tracts which were being developed in the Outer Mission, Richmond, Bernal Heights, and other sparsely settled areas. For the first time, these Italians were able to enjoy their own backyards and adequate light and air.[49] The 1906 earthquake and fire caused the biggest trend among the Italians to move out to the Mission which they considered to be a much less sensitive earthquake area than North Beach. By 1907, the Italians had become numerous enough to support the first branch of the Bank of Italy within their own Mission District.[50]

From Santa Rosa Avenue as far out as Geneva Avenue, along Mission Street and Ocean Avenue, the Italians established a replica of stores, eateries, and organizations similar to those which their fellow-countrymen operated in North Beach. Beyond this point, the similarity between the two Italian Colonies ends. From the beginning, the Italians were scattered in pockets over the entire Mission District from the south of Market to Colma. These concentrated settlements of Italians retarded the development of the Outer Mission colony lacking the firm basis of ethnic solidarity founded in North Beach. The Italian Colony in the Mission originated as an isolated truck farming area and later as a manufacturing center which lacked the cosmopolitan nature of the North Beach Italian Quarter so close to the center of the commercial and social activities of the city. The Mission did not possess the charm of the North Beach topography and the homes bore the "severe and reserved" appearance typical of an industrial district built to accommodate the blue-collar workers who moved to the Mission after the 1906 earthquake.[51] The Italian Quarter in the Mission took shape and achieved continuity during the second period of Italian immigration when a

già costituito una sua cooperativa agraria con un mercato proprio che ne distribuiva i prodotti a tutto il distretto.

L'ortofrutticoltura era soltanto una delle attività esercitate dagli immigrati di Outer Mission. Al volgere del secolo, il distretto aveva attratto anche numerose ditte industriali e commerciali, aveva fabbriche, fonderìe e botteghe per la lavorazione del marmo che davano lavoro a numerosi operai non specializzati. Anche le ferrovie Southern Pacific offrivano lavoro a poco prezzo agli immigrati, impiegandoli in lavori di costruzione. Richiamati da tanta offerta di impiego, nel 1898 a Mission vivevano tanti italiani da consentire la formazione d'una seconda parrocchia italiana: dopo la chiesa dei Santi Pietro e Paolo, nacque così la chiesa del Corpus Christi che, come la prima, fu affidata ai Padri Salesiani[46] ed ebbe pochi ma fedeli parrocchiani.[47]

Al volgere del secolo, il sovraffollamento creatosi nel quartiere italiano di North Beach costrinse molti verso gli spazi aperti di Mission. Dal 1900 al 1910, la popolazione italiana di San Francisco era più che raddoppiata: da 7.508 unità era salita a 16.918.[48] Nel 1920, gli italiani residenti nella città erano 45.599. Coloro i quali andavano via da North Beach, affittavano o acquistavano aree fabbricabili lungo le nuove direttive di sviluppo urbano di Outer Mission, Richmond, Bernal Heights e altre zone. Per la prima volta, questi italiani poterono godersi un proprio giardino dietro casa e luce e aria a volontà.[49] Il terremoto e l'incendio del 1906, avevano dato agli italiani la spinta decisiva per emigrare verso Mission, che essi ritenevano zona sismica molto meno attiva di North Beach. Nel 1907, a Mission gli italiani erano diventati abbastanza numerosi da dar lavoro alla prima filiale di zona della Banca d'Italia.[50]

Da Santa Rosa Avenue fino a Geneva Avenue, lungo Mission Street e Ocean Avenue, gli italiani di Mission avevano riprodotto negozi, trattorie e organizzazioni simili a quelle dei loro connazionali a North Beach. A parte questo, la similitudine tra le due comunità finiva qui. Fin dall'inizio, infatti, gli italiani di Mission s'erano sparsi in sacche isolate su tutto il territorio, dal sud di Market fino a Colma. Assente il tessuto di solidarietà etnica creato a North Beach, questo nuovo tipo di insediamento ritardò lo sviluppo della comunità di Outer Mission. Nata come zona ortofrutticola a sè stante, e più tardi divenuta centro manifatturiero, la comunità italiana di Mission non ebbe l'atmosfera cosmopolita del quartiere italiano di North Beach, così vicino al centro delle attività commerciali e sociali della città. Inoltre, Mission mancava delle pittoresche bellezze naturali di North Beach, e le sue case avevano l'aspetto "severo e sostenuto" tipico d'un quartiere industriale costruito soltanto per ospitare gli operai trasmigrati dopo il terremoto del 1906.[51] Il quartiere italiano di Mission prese forma e si consolidò durante il secondo periodo dell'immigrazione italiana, allorquando moltissimi lavoratori

great many of the unskilled Italian laborers found jobs in the industries of the district.

Within the geographic boundaries of these Italian Quarters the "connazionali" gave life to a closely woven community within which the Italian way of life flourished.

non qualificati trovarono occupazione nelle industrie del distretto.

Entro i confini geografici di questi quartieri italiani, i "connazionali" diedero vita a un fitto tessuto comunitario all'interno del quale fiorì uno stile di vita all'italiana.

2

Chapter Notes

[1] "The boundaries of the Colony extend from the north pole of the Montgomery Block to the south pole of the Fishermen's Wharf..." "L'Ospitale Italiano è un fatto compiuto", *Il Corriere del Popolo*, p. 1. Feb. 22, 1921.

[2] B. E. Lloyd, *Lights and Shades in San Francisco*. San Francisco: A. L. Bancroft and Co., 1876. P. 178. A. S. Evans, *A La California: Sketches of the Life in the Golden State*. San Francisco: A. L. Bancroft and Co., 1873. Pp. 133-134. H. Asbury, *The Barbary Coast: An Informal History of the San Francisco Underworld*. New York: Garden City Publishing Co., Inc., 1933.

[3] T. H. Hittel, *History of California, III*. San Francisco: N. J. Stone and Co., 1898. Pp. 311-312.

[4] O. Lewis, *This Was San Francisco*. New York: David McKay Co., 1962. P. 249. J. M. Scanland, "An Italian Quarter Mosaic", *Overland Monthly*, 47:327. April, 1906.

[5] F. O. Layman, "The Telegraph Hill Cable", *Call*, Feb. 11, 1883, in F. O. Layman Papers, California Historical Society Collection. "Telegraph Hill Railroad", *San Francisco Real Estate Circular*, 19:4. March, 1884.

[6] G. Tays, *Telegraph Hill*, California Historical Landmark Series. Edited by V. A. Nesham. Berkeley: W.P.A., 1936. P. 20.

[7] R. O'Brien, "Riptides: The Story of Telegraph Hill, Part III", July 18, 1947, California Historical Society Scrapbook, No. 2, Article 224.

[8] Tays, *Telegraph Hill*. P. 9.

[9] E. Patrizi, *Gl'Italiani in California*. San Francisco: L'Italia Publishing Co., 1911. P. 19.

[10] Hogan, *The Californian*, 5:64. Dec., 1893.

[11] E. Peixotto, "Italy in California", *Scribner's*, 48:80. July, 1910.

[12] Hogan, *The Californian*. P. 64.

[13] O'Brien, "Riptides, Part II", book 2, Article 223. July 16, 1947.

[14] K. Thompson, "Aux Italiens", *Overland Monthly*, 44:604-607. Dec., 1904.

[15] E. Kellogg, *The Awakening of Poccalito: A Tale of Telegraph Hill and Other Tales*. San Francisco: The Unknown Publisher, 1903. Pp. 9-39.

[16] Dickinson, *San Francisco Is Your Home*. P. 252.

[17] Lloyd, *Lights and Shades in San Francisco*. P. 58.

[18] D. Moore, "The Saving of Telegraph Hill", *Proceedings of the National Conference of Charities and Corrections*. 32nd Annual Session: Portland, pp. 376-377. July 15-21, 1905.

[19] O'Brien, "Riptides, Part IV", Art. 225. July 21, 1947.

[20] Moore, *Proceedings*. P. 378.

[21] L. Atkins, *If This Be My Harvest*. New York: Crown Publishers, 1948.

[22] F. G. Bohme, translator and editor, "Vigna Dal Ferro's Un Viaggio Nel Far West Americano", *California Historical Society Quarterly*, 41:158. June, 1962.
[23] M. Scott, *The San Francisco Bay Area: A Metropolis Perspective*. Berkeley: University of California Press, 1959. P. 58.
[24] "Growth of San Francisco", San Francisco *Evening Bulletin*, p. 2. May 24, 1870.
[25] L. Kinnaird, *History of the Greater San Francisco Bay Region, III*. New York: Lewis Historical Publishing Co., 1966. P. 102.
[26] "Christmas at Ghiradelli Square", *Rassegna Commerciale*, pp. 6-7. Dec., 1968.
[27] F. Marini, *Short Autobiography of Frank Marini*. Aug. 17, 1946. In deposit, Italian Welfare Agency, San Francisco.
[28] Scanland, *Overland Monthly*, 47:327. April, 1906.
[29] M. James and Rowland-James, *Biography of a Bank: The Story of the Bank of America*. New York: Harper Bros., 1954. P. 6.
[30] M. Whitefield, "Two Girls and the 'Gracie E' ", unpublished paper, Maritime Museum, San Francisco.
[31] _____, "San Franciscans Who Died April 18, 1906", compiled by G. Mansen, Department of Rare Books and Special Collections, San Francisco Public Library, 1965. Unpublished manuscript.
[32] "La Infernale Catastrofe di San Francisco", *L'Italia*, p. 1. April, 1906.
[33] "The Frightful Calamity on the Pacific Coast", *Leslie's Weekly*, 102:418. May 3, 1906.
[34] "La Riconstruzione di San Francisco", *La Voce del Popolo*, p. 1. May 12, 1906.
[35] "Facts and Figures Worthy of Consideration", *L'Italia*, p. 1. April 28, 1906.
[36] "J. Cuneo Co.", *L'Italia*, July 2, 1906. In deposit, Bank of America NT&SA Archives, San Francisco.
[37] "Curious Tour of City Leaves Telegraph Hill for Fishermen's Wharf", San Francisco *Chronicle*, p. 12. Feb. 16, 1932.
[38] Peixotto, *Scribner's*, 48:82. July, 1910.
[39] J. M. Scanland, "On the Roofs of the Latin Quarter", *Overland Monthly*, 57:330. March, 1911.
[40] *Crocker-Langley San Francisco Directory for 1907*. San Francisco: H. S. Crocker, 1907. P. 81; 1908. P. 90; 1910. P. 103.
[41] F. M. Todd, *The Story of the Exposition, I*. G. P. Putnam's Sons, 1921. P. 282.
[42] H. C. Palmer, "Italian Immigration and the Development of California Agriculture", unpublished Ph.D. dissertation, University of California at Berkeley, 1965, p. 221.
[43] R. S. Dondero, "The Italian Settlement of San Francisco", unpublished M.A. thesis, University of California at Berkeley, 1953, p. 61.
[44] C. C. Dobie, *San Francisco: A Pageant*. New York: D. Appleton-Century Co., 1953. Pp. 185-186.
[45] "The Salesians in America", *The Monitor*, 53:61. Sept. 23, 1911.
[46] "I Salesiani a San Francisco — The Salesians in San Francisco", *New Italian Church of SS. Peter and Paul*, Dedicatory pamphlet, San Francisco, p. 41. 1924.
[47] Interview, G. M. Salbec, S.B.B., Pastor of Corpus Christi Church, San Francisco, July 21, 1969.
[48] U.S. Department of Commerce, Bureau of the Census, *Fourteenth Census of the United States, 1920: Population*, 2:891.
[49] Scott, *San Francisco Bay Area*. Pp. 111-112.
[50] James and James, *Biography of a Bank*. Pp. 36-37.
[51] M. Filippi, "I Distretti Italiani di San Francisco", in *Attività Italiane in America*, ed. by G. M. Tuoni. San Francisco: Mercury Press, 1930. P. 181.

Procession celebrating the dedication of the new Italian Church of Sts. Peter and Paul, 1924. Second cleric from left is Archbishop Hanna.

Offices of *L'Italia* — *The Italian Daily News*, ca. 1925.

3
A Corner of the Mother Country

I may see my mistress Italy embowered in a belfry, a [sic] *fresco*, the scope of a piazza, the lift of a stornello, the fragrance of a legend. If I don't find a legend to hand I may, as lief as not invent one.[1]

The process of settling in a new land is not an easy one. Economic and social assimilation is a slow and tedious task. There is the matter of learning a new language, making new friends, understanding new laws and customs, and adjusting to the differences in the weather and the terrain. The Italian immigrants, as all immigrants, came to the new world bearing the customs, attitudes, likes, and dislikes of the old world. They deliberately nurtured their old world cultural roots in their new colony and took pride in things Italian.

In order to maintain their Italianism, a "programma d'italianità"[2] was initiated to mold the Colony into a "corner of the mother country", "un angolo di madrepatria". Through the celebration of holidays, religious feast days, the publication of at least thirty-three known Italian newspapers and the issue of about seven periodicals,[3] as well as the cultivation of an Italian variety theatre, the Italian Colony shared their way of life with San Franciscans.

Holidays

Since the first Italian immigrants had little money to spend on entertainments and little time to spend on frivolities, their social activities were simple ones and were mostly family oriented. For them, Sunday was a special day marked by a variety of activities from collecting eggs of the "murre"[4] in the early morning of the Farallones Islands to sitting around in the evening reminiscing about life in the old country. Everyone dressed in

3

Un angolo di madrepatria

"Vedo l'Italia amante mia cinta di verde in un campanile, in un affresco, nello spazio d'una piazza, nel levarsi d'uno stornello, nel profumo d'una leggenda. E se leggende non ho, posso inventarne una."[1]

Stabilirsi in una nuova terra non è facile. L'assimilazione economica e sociale è impresa lenta e tediosa. Bisogna imparare una nuova lingua, fare nuovi amici, capire leggi e usanze nuove, adattarsi alle differenze del clima e del paesaggio. Così come tutti gli altri immigrati, gli italiani giunsero nel nuovo mondo portando con sè abitudini, atteggiamenti e gusti del vecchio continente: radici culturali che con orgoglio vollero trapiantare nella loro nuova comunità.

Per conservare tale identità, nacque un "programma d'italianità":[2] a plasmare la comunità in "un angolo di madrepatria". E attraverso la celebrazione di feste civili e religiose, attraverso la pubblicazione in lingua italiana di almeno trentatrè giornali e di sette riviste,[3] e inoltre dando vita a un teatro italiano di varietà, la comunità diffuse la sua italianità in tutta San Francisco.

Le feste

Siccome i primi immigrati italiani avevano pochi soldi da spendere in divertimenti e poco tempo da sprecare in frivolezze, le loro attività sociali furono semplici, in massima parte di carattere familiare. La domenica era per loro un giorno speciale, contraddistinto da una serie di attività che andavano dal raccogliere uova di ùrie,[4] di primo mattino sulle Farallones Islands, al riunirsi di sera per ricordare insieme la vita vissuta in Italia.

his best and treated the day as though it were a special holiday, or "festa". The streets of the Colony, filled with people and throbbed with life and color. Even the Sunday visitors who strolled about the Latin Quarter and Telegraph Hill were impressed by the Latin residents,[5] whose distinctive characteristics were the friendliness and light heartedness of the Italian and French residents.[6] Down by the fisherman's wharf, families gathered in the morning to repair the nets and boats, and sometimes they sang familiar operatic songs.[7] When the weather permitted, the fishing fleet pulled out with their families on board and headed for the shores of Marin County for a picnic. The Italians were extremely fond of picnics which they considered as a typical American custom.[8] The Bersaglieri and Garibaldini Guards, both military drill teams and benevolent fraternal organizations, were well renown for their picnics which they held on all great occasions and national holidays.[9] The most important of all Sunday events was the noonday meal. This, more than any other event, emphasized the tremendous importance of family unity in the Colony. On Saturdays, a housewife prepared for the meal, first by setting her house in order and doing all her shopping for the next day.[10] On Sunday, between high noon and no later than 1 o'clock, the family sat down to a two-hour dinner. Afterwards, the men walked up to Washington Square to sit and talk, or they gathered in the "osterie", or inns, social halls, reading rooms, or smoke shops along Stockton, Broadway, Dupont, and Montgomery Avenue. Down by the wharf, Sunday afternoon "bocce" ball teams went into action, while in other parts of North Beach and in the empty lots in the Marina District, the Toscani played "pallone", rolling the cheese. A leather strap was placed around a Pecorino cheese, a hard round Tuscan cheese, and was sent rolling down a flat course. The winner of this contest was the one who could send the cheese farthest in a straight line.[11] Bets were placed and the winner took home the winnings and the cheese.

By 5 o'clock, while some families gathered again for a light supper, other families went for Sunday dinner to their favorite restaurant or "trattoria" which specialized in selective regional dishes. Afterwards, they might attend a theatre in the Quarter which featured Italian and French performances,[12] or spend the evening talking with friends and drinking homemade wines.[13]

An interesting and colorful part of the Italian Colony social calendar were the various religious feasts, particularly those celebrated by the different regionals. The major religious holidays such as Christmas and Easter entailed detailed preparations, and the Italians celebrated both holy days similar to other Latin Catholic groups. The regional feast days were just as important as Christmas and Easter. No matter how long ago these Italian immigrants had migrated, and they never failed to hold a fair or festival in honor of the

Ognuno vestiva l'abito buono, facendo festa per l'intera giornata. Gremìte di gente, le vie del quartiere italiano pulsavano di colore e di vita. Passeggiando nelle vie del Quartiere Latino e di Telegraph Hill, anche i turisti della domenica[5] rimanevano conquistati dalla cordialità e dalla bonomìa degli abitanti italiani e francesi.[6] Al mattino, intere famiglie usavano riunirsi sul molo dei pescatori, per riparare reti e barche, lavorando insieme e cantando celebri brani d'opera.[7] Tempo permettendo, con le rispettive famiglie a bordo, la flottiglia dei pescherecci prendeva il largo, dirigendo per un picnic verso le spiagge della contea di Marin. Gli italiani furono particolarmente attratti da questa forma di svago, che considerarono tipicamente americana.[8] La "Guardia dei Bersaglieri" e la "Guardia Garibaldina", che erano organizzazioni paramilitari e insieme confraternite laiche, furono famose per i loro picnic con i quali usarono celebrare feste nazionali e altre grandi occasioni.[9] Il più importante degli eventi domenicali era il pranzo di mezzogiorno, avvenimento che più d'ogni altro sottolineava l'enorme importanza che la comunità attribuiva all'unità familiare. Ogni padrona di casa ne iniziava i preparativi fin dal sabato, riordinando casa e facendo la spesa per il giorno successivo.[10] La domenica, tra mezzogiorno e l'una, mai più tardi, la famiglia era riunita a tavola per un pasto che durava almeno due ore. Dopo pranzo, gli uomini uscivano a passeggio, fino a Washington Square dove sedevano a chiacchierare; oppure affollavano le osterie, i club, le sale di lettura, le sale per fumatori di Stockton, Broadway, Dupont e Montgomery Avenue. Giù al molo, di domenica pomeriggio entravano in azione le squadre dei giocatori di bocce; mentre in altre zone di North Beach e nei lotti ancora vacanti del distretto di Marina i toscani giocavano "a pallone": attorno a una forma rotonda e stagionata di pecorino toscano veniva avvolta una cinghia di cuoio che srotolando lanciava il formaggio su una pista piana: vinceva chi lo lanciava più dritto e più lontano.[11] Si facevano scommesse, e il vincitore si portava a casa le vincite e il formaggio.

Verso le cinque di sera, mentre alcune famiglie si riunivano ancora a casa per consumare una cena leggera, altre andavano a cenare fuori nelle loro trattorie favorite che offrivano piatti tipici regionali. Dopo cena, l'alternativa era o uno dei teatri di quartiere, che davano spettacoli in italiano o in francese,[12] oppure una serata tra amici, a chiacchierare e a bere vino fatto in casa.[13]

Una interessante e colorita caratteristica del calendario sociale della comunità italiana era costituita dalle diverse festività religiose, specie quelle a carattere regionale. Le feste più grandi, come il Natale e la Pasqua, comportavano complessi preparativi, e gli italiani usavano celebrarle entrambe in modo simile a quello degli altri gruppi latini di rito cattolico. Le feste regionali erano celebrate con la stessa importanza del Natale e della Pasqua e, anche dopo tanti anni di lontananza, gli immigrati non mancarono

patron saint of their birthplace.[14] This, too, proves the importance of "campanilismo".

The most popular of these regional feasts was the blessing of the fishing fleet in October. The Sicilian fishermen carried a picture of "La Madonna del Lume di Porticello" down to the fishermen's wharf for a religious ceremony highlighted by the blessing of the fishing fleet, a tradition which is still honored in the Italian Colony. Many of them painted their boats in the traditional blue and white colors of the Madonna specifically for the occasion. Other regionals from the vicinity of Lucca in Tuscany held a fair in September in honor of "Santa Croce". They were also instrumental in the formation of the society dedicated to a Tuscan woman who had attained sainthood, Gemma Galgani. There were numerous devotions to the Blessed Mother, such as the Madonna della Guardia and the Madonna della Grazia. Other than these festivities which held special meaning for the "connazionali" as reminders of their native Italian roots, the Colony participated wholeheartedly in local civic celebrations. One of the earliest of these was the parade which celebrated the laying of the Atlantic cable. On September 27, 1850, a group of fishermen mounted one of their feluccas on wheels and had it drawn through the streets by four horses.[15] Evidently, feluccas were symbolic of the growing presence of the Italians in the city, and again in 1867 the Italian fishermen's union contributed another boat for the Fourth of July parade.[16]

As time went on, and the Colony increased in residents, it developed a list of community social activities which were typically Italian and distinct from the rest of the Latin Quarter. The most outstanding was the celebration of Columbus Day, or as it was first called, Discovery Day.[17] One of the first Columbus Day celebrations sponsored by the "Italian citizens" was on Sunday, October 17, 1869. They formed a procession at noon time and treated the city to a parade.[18] As Discovery Day became somewhat of an annual social event in the Colony, it acquired an elaborate program of its own. In the morning, there were church services followed by a long parade which included the reenactment of the landing of Columbus,[19] speeches, banquets, and dancing, all of which were planned and hosted each year by a different Italian fraternity. In 1876, Angelo Noce, assistant to the General Marshall of the Columbus Day planning in San Francisco, wrote of the excitement with which the Italians looked forward to the event:

At that time all the Italians were enthusiastic at the coming of that memorable event. Every Italian resolved to make the day most happy and the most cordial feeling manifested itself. Petty bickerings and sectional strife were unknown or laid aside.[20]

mai di ricordare, con una fiera o con un festival, il santo patrono del loro paese.[14] Anche questo prova l'importante funzione svolta del "campanilismo". La più popolare di queste feste regionali era, a ottobre, la benedizione delle barche da pesca. I pescatori siciliani portavano giù fino al molo in processione l'immagine della "Madonna del Lume di Porticello", in una celebrazione religiosa che culminava con la benedizione di tutte le barche: una tradizione viva ancora oggi tra la comunità italiana di San Francisco. In tale occasione, molti pescatori usavano dipingere le loro barche di bianco e d'azzurro, i tradizionali colori della Madonna. Altri, toscani oriundi della provincia di Lucca, a settembre celebravano la fiera di Santa Croce. Furono questi lucchesi a costituire un'associazione religiosa che diffuse il culto della santa toscana Gemma Galgani. Erano inoltre numerosi i riti mariani dedicati alla Madonna della Guardia e alla Modonna della Grazia. A parte queste festività che, in quanto ricordo delle loro radici, rivestivano per gli italiani speciale significato, la comunità partecipava con trasporto anche alle celebrazioni civiche locali. Una di queste prime manifestazioni fu la parata che celebrò la posa del cavo atlantico. In tale occasione, il 27 settembre 1850, alcuni pescatori montarono su ruote una delle loro feluche e con un tiro di quattro cavalli la fecero sfilare attraverso le vie del quartiere.[15] Evidentemente, le feluche furono un simbolo della crescente presenza italiana nella città; di nuovo, infatti, nel 1867, il sindacato dei pescatori italiani partecipò con un'altra imbarcazione alla parata del 4 luglio.[16]

Con l'andar del tempo e con l'aumentare della comunità, crebbe anche il numero delle manifestazioni sociali tipicamente italiane, diverse da altre feste celebrate nel Quartiere Latino. La più importante fu, in omaggio a Cristoforo Colombo, la celebrazione del Columbus Day, chiamato in principio Discovery Day,[17] cioè giorno anniversario della scoperta dell'America. Una delle prime celebrazioni del Columbus Day promosse da "cittadini italiani" ebbe luogo la domenica del 17 ottobre 1869, a mezzogiorno, con una parata che sfilò attraverso le vie di San Francisco.[18] Diventato pubblica manifestazione annua, il Discovery Day acquisì via via un suo elaborato cerimoniale. Al mattino venivano celebrate le funzioni religiose, seguite quindi da una grande parata, che includeva la rappresentazione simbolica dello sbarco di Colombo;[19] seguivano discorsi, banchetti e feste danzanti, il tutto promosso e organizzato ogni anno da una diversa associazione italiana. Nel 1876, un certo Angelo Noce, assistente del "General Marshall", cioè del maggior responsabile delle celebrazioni del Columbus Day, così descrive lo stato d'eufòria presente tra gli italiani alla vigilia della manifestazione:

"A quel tempo, l'approssimarsi del memorabile evento entusiasmava tutti gli italiani. Ognuno era intenzionato a farne il giorno più felice, e tale sentire era manifesto nella cordialità generale: per un giorno, liti e lotte di fazione erano ignorate o messe da parte."[20]

Thus far, Columbus Day festivities had been completely in the hands of the Italians who extended to the rest of the city an invitation[21] to attend and honor Columbus along with the Colony. Eventually, the day took on a special meaning for all participants. For the Italians, it was the commemoration of the founding of America by an Italian, while for the Americans it marked the observance of the discovery of the new world.

The celebration grew to be so popular in San Francisco that in 1892[22] the Americans virtually took over the planning of the events due to the inefficiency and disorder among the bickering Italian fraternities, leaving the Italians as onlookers. Thus, a popular Italian holiday eventually became an American holiday, not by virtue of any assimilation program, but by the conscious efforts of an immigrant group who sought some means to uplift their morale which was being tested by the experience of immigration and adjustment. The pomp, pageantry, color, and excitement which these simple Italian people brought to this gathering reflected not only their attempt to recapture a measure of the way of life they left behind in Italy, but to blend the old world traditions with the newness and individuality of their life in America.

The Italian Press

The Italian Colony considered the establishment of their own Italian press as the vital bond of communication for all Italians living throughout California.[23] In order to accomplish this purpose, the Italian press also served to instruct the "connazionali" in the usage of the proper Italian language, discouraging the dependency upon the dialects. If for no other reason, the Italian press, despite the clumsiness of writing style, was important as a teaching medium which lent to the Italian Colony a sense of unity.

The first two Italian newspapers published in the Colony were one page news-sheets which appeared on the backs of the Spanish Colony's newspaper, *La Cronica*, and the French Colony's newspaper, *Le Phare*. From the beginning, the Italian press faced three difficulties: the lack of money and equipment, and an insufficient number of literate readers to support a newspaper. *La Cronica Italiana*, printed on the fourth page of *La Cronica*, was begun with the Spanish paper in August 1854 and continued publication until October 1855 when the Spanish paper closed.[24] Meanwhile, the Franco-American paper, *Le Phare*, which had started operation in July 1885 as a semi-weekly, allowed the Italians to print their news-sheet, *Cronica Italiana*, on the back side. Exactly when the Italian Colony began this paper is not known. Both *La Cronica Italiana* and *Cronica Italiana* reported mainly local news concerning Italian activities in the city and in those counties with

Fin qui, le celebrazioni del Columbus Day erano state esclusivamente in mano agli italiani, che usavano invitare[21] il resto della cittadinanza a partecipare e a onorare Colombo insieme alla loro comunità. Alla fine però, la data assunse speciale significato per tutti: per gli italiani rimase commemorazione della scoperta italiana dell'America, per gli altri divenne invece celebrazione della scoperta del nuovo mondo.

La celebrazione divenne così popolare a San Francisco che, nel 1892,[22] conseguenza anche dell'inefficienza e del disordine presenti tra le associazioni italiane in dissidio tra loro, gli americani subentrarono virtualmente nell'organizzazione della manifestazione, lasciando agli italiani il ruolo di semplici spettatori. Così, in virtù non d'un preciso programma, ma grazie all'impegno consapevole d'un gruppo di immigrati che attraverso la festa avevano cercato mezzi con cui sollevare il loro morale messo a dura prova dalle difficoltà dell'immigrazione e del trapianto, una festa popolare italiana divenne festa americana. La pompa, il fasto, il colore e l'entusiasmo che questi italiani avevano conferito alla manifestazione, riflessero così non soltanto il loro tentativo di riprodurre una dimensione del modo di vivere lasciato in Italia, ma anche quello di fondere assieme le tradizioni del vecchio continente con la novità e l'individualità della loro vita in America.

La stampa italiana

La comunità italiana di San Francisco vide lo sviluppo d'una stampa propria come un legame vitale di comunicazione tra tutti gli italiani residenti in California.[23] Nel conseguire tale scopo, la stampa italiana servì anche a insegnare ai connazionali l'uso corretto della madre lingua, scoraggiando l'uso dei dialetti. Se non altro, malgrado la goffaggine del suo stile, questa stampa fu importante mezzo educativo, che conferì spirito unitario alla comunità.

I primi due giornali italiani pubblicati a San Francisco furono notiziari d'una sola facciata, stampati sull'ultima pagina sia del giornale della comunità spagnola, *La Cronica*, e sia di quello della comunità francese, *Le Phare*. Fin dai suoi inizi, la stampa italiana fu costretta ad affrontare tre difficoltà: mancanza di denaro, mancanza di attrezzature e, infine, d'un numero sufficiente di italiani in grado di leggere. *La Cronica Italiana*, pubblicata in quarta pagina dalla *Cronica*, uscì in simbiosi col giornale spagnolo per la prima volta nell'agosto del 1854, e visse in tale veste fin quando, nell'ottobre del 1855, l'organo di stampa spagnolo chiuse i battenti.[24] Nel frattempo, uscito nel luglio 1855 come bi-settimanale, il giornale franco-americano *Le Phare* aveva dato ospitalità, sempre in ultima pagina, a un altro notiziario italiano intitolato *Cronica Italiana*. La data di nascita di questa seconda pubblicazione non è nota. Entrambi i notiziari, *La Cronica Italiana* e *Cronica Italiana*, pubblicavano soprattutto notizie locali inerenti ad attività

heavy Italian settlements. These piggyback Italian newspapers were published under their own editorial staff separate from the editorial staff of the host newspaper.

The first full-fledged independent Italian newspaper in San Francisco was *L'Eco della Patria*, established in 1859 as a semi-weekly and boasted of an extensive circulation beyond California into Nevada, Oregon, Washington, Idaho, Colorado, Arizona, Mexico, Peru, British Columbia, and even Japan and China.[25]

L'Eco della Patria was a four-page newspaper issued as a semi-weekly on Wednesday and Saturday. It was the first Italian paper to push advertising as a means of financial support. In 1870, the paper's circulation reached 800 readers and stood still in the face of strong competition from a new Italian newspaper, *La Voce del Popolo*, which was established in December of 1867.[26] The reason for the decline of *L'Eco della Patria* was probably due to the political views of Biesta who fully supported the monarchical Italian government. During this period, many of the Italian immigrants, especially those who were sympathetic to Mazzini and the creation of a republican Italian government, switched to the more republican newspaper, *La Voce del Popolo*. As a result, the circulation figures of *L'Eco della Patria* dropped significantly and ended its publication as one of the Colony's newspapers. In 1872, *L'Eco della Patria* closed and merged with *La Voce del Popolo*.[27]

Biesta eventually lost the editorship of *L'Eco della Patria*, but he managed to begin two other newspapers in the city: *Italian Illustrated News* of which there are no longer any records,[28] and *La Patria* which he founded in 1885.[29] The masthead of *La Patria* claimed that the paper was the voice of all the Italians living on the Pacific Coast, "Organo Degli Italiani Della Costa Del Pacifico". The aim of *La Patria* was to keep the Italian prestige and morale high in the face of a growing spirit of nativism. Biesta remained a dedicated journalist to the end of his life. At his death, Biesta was translating an article for *L'Elvezia*, a newspaper of the Italo-Swiss community. The style of reporting typical to these papers is not known since copies of them are rare. Nevertheless, it is safe to assume, judging from those which have been preserved, that the content of news reporting concerned itself with descriptions of local events within the San Francisco Colony. As Italian settlements throughout northern California sprang up, these newspapers expanded their news reporting to include the activities of Italians in the farming, fishing and mining counties. In addition to straight news reporting, special feature articles descriptive of the natural resources of California became guides for the newly-arrived immigrants and introduced to them the areas in need of skilled manpower, keeping San Francisco free from congestion.

The complete list of Italian newspapers would be endless since their comings and goings have been lost in a maze of mergers and suspensions.

italiane in San Francisco e nelle contee dov'era più numerosa la presenza italiana. Anche se pubblicati "a cavalcioni" di altre testate, i due notiziari furono editi a cura d'una redazione diversa da quella del giornale ospite.

Il primo vero e proprio giornale italiano di San Francisco fu *L'Eco della Patria*, fondato come bi-settimanale nel 1859 e distribuito oltre che in California, in Nevada, Oregon, Washington, Idaho, Colorado, Arizona, Messico, Perù, Columbia Britannica e perfino in Giappone e in Cina.[25]

L'Eco della Patria era un giornale di quattro pagine, pubblicato due volte alla settimana, il mercoledì e il sabato. Fu il primo giornale italiano a considerare la pubblicità come mezzo di auto-finanziamento. Nel 1870 aveva raggiunto una tiratura di 800 copie ed era in grado di sostenere la forte concorrenza d'un nuovo giornale italiano, *La Voce del Popolo*, fondato nel dicembre del 1867.[26] Cause del declino dell'*Eco della Patria* furono probabilmente le convinzioni politiche del suo direttore, Biesta, acceso sostenitore del governo monarchico italiano. Durante questo periodo, molti immigrati italiani, specie quelli sostenitori di Mazzini e della causa repubblicana, optarono infatti per *La Voce del Popolo*. Risultato: *L'Eco della Patria* subì un notevole calo di tiratura e infine, nel 1872, fu costretto a chiuder bottega e a fondersi con *La Voce del Popolo*.[27]

Biesta perse la direzione dell'*Eco della Patria*, ma in un qualche modo riuscì a fondare altri due giornali: l'*Italian Illustrated News*, di cui non esiste più nessun esemplare,[28] e *La Patria*, fondato nel 1885.[29] Nella sua testata, *La Patria* si autoproclamava *Organo degli Italiani della Costa del Pacifico*. Il suo indirizzo era quello di mantenere alti il prestigio e il morale degli italiani di fronte al crescente affermarsi d'una coinè culturale autoctona. Biesta visse da giornalista impegnato fino alla fine della sua vita. La morte lo sorprese al lavoro, mentre stava traducendo un articolo per il giornale delle comunità italo-svizzera, l'*Elvezia*. Scomparse o rare le copie di questi giornali, lo stile del loro scrivere non è noto. Ciò malgrado, almeno a giudicare da quelli giunti fino a noi, è lecito presumere che i loro notiziari furono dedicati in gran parte ad avvenimenti locali inerenti alla comunità italiana di San Francisco. Man mano che attraverso la California settentrionale sorgevano nuovi insediamenti italiani, questi giornali espansero l'orizzonte dei loro notiziari, includendo anche notizie dei connazionali immigrati in altre contee. In aggiunta alla cronaca vera e propria, pubblicarono anche servizi speciali sulla California e sulle sue risorse naturali, e ciò servì a guidare i nuovi arrivati verso le zone dove c'era richiesta di manodopera specializzata, evitando così che si riversassero tutti su San Francisco.

Siccome le singole vicende dei giornali italiani pubblicati in quel tempo sono andate perdute in un labirinto di fusioni e di interruzioni, il loro elenco

Some were such short-lived ventures that newspaper directories have not kept accurate listings.

Although a great many immigrants may not have been literate beyond their signature, they were opinionated and quick to feel the sting of discrimination. An example of their retaliation against prejudice came in the early 1870s when the Irish community press condemned the actions of the new Italian government in their ethnic organ, *The Monitor*, which was also the official Catholic voice in the city. The editorial staff of *The Monitor* described Italy as being ruled by a "treacherous...government" which was "increasing its forces on the borders of the Pope's dominions".[30] The Italian community vehemently favored Rome as the capital of Italy. Meanwhile, A. D. Splivalo explained to the crowds gathered for the Italian National Unity Day celebration a year after the taking of Porto Pia on August 7, 1871, that the Italians were not opposed to the Holy Father as the head of the Church, but as the political leader who had been "the cause of wars and discord among the people of Italy" for years.[31]

Fuel was added to the fire which stirred in the Irish press office when the Italian Masons were granted permission to form their own lodge, "Speranza Italiana Loggia".[32] These events were not the only ones which played on the nerves of the Irish press. Correspondents sent to Italy by *The Monitor* reported back stories of murders, political incompetencies, and an increase of crimes. *The Monitor* warned Irish parents to send their children to parochial schools so that they would be safe from the infidel Italian children in the San Francisco public schools.

The harshness of *The Monitor* caused the Italians to establish their own religious newspaper. The earliest was *La Verita* which was published from 1889 to 1892 as the official Italian Catholic paper under the editorial guidance of Luigi Muzio.[33] However, from 1892 until 1903, when another Italian-Catholic paper, *Tribuna*, appeared, the Colony was without a religious voice. *Tribuna* was issued on Saturdays and edited by C. Martini until 1922 when it merged with *L'Unione* to form *L'Unione e la Tribuna*. For convenience, the title was shortened to *L'Unione* in 1931.[34] If nothing else, the publication of these Catholic papers exhibited the diversity of the Colony's reading tastes.

By 1889, the only major Italian newspaper to achieve the status of a daily was *La Voce del Popolo*. In 1887, *L'Italia*[35] established itself as a tri-weekly newspaper issued on Tuesday, Thursday, and Saturday. Politically, *L'Italia* was listed as an independent-republican paper, and it was successful enough that by 1890 it was the Colony's evening paper, while *La Voce del Popolo* was the morning edition.[36] The founding editor was G. Almagia and the

completo sarebbe interminabile. Alcuni di essi, infine, ebbero vita tanto breve che non ne esiste traccia neppure negli annuari dell'epoca.

Sebbene il livello di tanti immigrati italiani non andasse oltre il saper scrivere la propria firma, tuttavia, in fatto di opinioni essi furono spesso intransigenti ed estremanente sensibili alle punzecchiature discriminatorie. Un esempio della loro capacità di rappresaglia contro il pregiudizio anti-italiano si verificò all'inizio del 1870 quando sul *Monitor*, voce ufficiale dei cattolici di San Francisco, la stampa irlandese locale condannò l'azione del nuovo Governo italiano: secondo i redattori del *Monitor*, l'Italia era dominata da un "governo traditore", che stava "ammassando le sue truppe ai confini dello Stato Pontificio".[30] La comunità italiana reagì con energia, schierandosi a favore della causa di Roma capitale d'Italia. A quasi un anno di distanza dalla presa di Porta Pia, il 7 agosto 1871, arringando una folla riunita per celebrare il "Giorno dell'Unità Nazionale Italiana", un certo A. D. Splivalo dichiarò che gli italiani non opponevano il Santo Padre in quanto capo della Chiesa, ma come leader politico che per anni era stato "causa di guerre e di discordie tra il popolo italiano".[31]

Altro olio sul fuoco che covava nella redazione del giornale irlandese fu versato allorquando ai massoni italiani di San Francisco fu concesso di formare una loro loggia alla quale fu dato il nome di "Speranza italiana".[32] Questi episodi non furono i soli a dare sui nervi della stampa irlandese: corrispondenti del *Monitor* in Italia riferirono storie di assassinii, d'incompetenza politica, di criminalità in aumento. Il giornale ammonì i genitori irlandesi, invitandoli a mandare i loro figli nelle scuole di parrocchia dove sarebbero stati al sicuro dagli "infedeli", cioè dai bambini italiani che frequentavano le scuole pubbliche di San Francisco.

Gli attacchi del *Monitor* costrinsero gli italiani a fondare un loro giornale religioso. Il primo a nascere fu *La Verità*, che fu pubblicato dal 1889 al 1892 come voce ufficiale dei cattolici italiani, e fu diretto da Luigi Muzio.[33] Dal 1892 al 1903, anno in cui fece la sua comparsa *Tribuna*, un altro giornale cattolico italiano, per circa dieci anni la comunità rimase tuttavia senza una voce religiosa. *Tribuna* veniva pubblicato il sabato, edito a cura di C. Martini, e visse fino al 1922, anno in cui si fuse con *L'Unione* per formare *L'Unione e la Tribuna*. Più tardi, nel 1931, per brevità la testata divenne *L'Unione*.[34] Se non altro, la pubblicazione di questi organi di stampa cattolici dimostrò la diversità delle esigenze culturali della comunità italiana.

L'unico importante giornale italiano che nel 1889 riuscì a conquistare la condizione di quotidiano del mattino fu *La Voce del Popolo*. Nel 1887 era nato *L'Italia*,[35] che usciva tre volte alla settimana, il martedì, il giovedì e il sabato; d'indirizzo repubblicano-indipendente, ebbe tanto successo che nel 1890 divenne il giornale della sera della comunità, mentre *La Voce del Popolo* continuò a essere quello del mattino.[36] Fondatore e primo direttore

publisher was Ettore Patrizi. In 1909 Patrizi became both editor and publisher of *L'Italia*, a post he retained for a number of years. Patrizi was a man of broad, sincere convictions who was constantly called upon to preside at the Italian social functions. He actively supported women suffrage, although Italian custom and male temperaments held views to the contrary.[37] Before long, *L'Italia* had outstripped its competitors and had added a weekly supplement, *La Vita*, plus the formation of its own publishing company. By the time of the San Francisco fire and earthquake in 1906, *L'Italia* proudly boasted a circulation rate of 7,000 while *La Voce del Popolo* claimed 5,000.[38]

In 1911, another major Italian newspaper was published, *Il Corriere del Popolo*, edited by Carlo Pedretti, a "liberal". Pedretti had formerly edited *L'Eco della California*[39] beginning in 1895, but due to a poor circulation rate, it was absorbed by *La Voce del Popolo* in 1906 as the weekly edition.[40] *Il Corriere del Popolo* was a semi-weekly issued on Tuesday and Friday which described itself to be a political information newspaper, "Giornale Politico-Notiziario". On its masthead, *Il Corriere del Popolo* did not claim to be the largest circulating Italian newspaper or the oldest, but rather it committed itself to democratic principles characteristic of a pro-labor paper. By 1926, there were many in the Colony who were flirting wth fascism and Pedretti was considered to be the offical anti-fascist spokesman.

Each of these papers followed a general pattern of assigning the first page to international events, particularly those concerning Italy. Some of the Italian papers reported on the events within each region of Italy in a special column. Since these papers circulated in the northern counties of the state, they dwelt at length on the conditions of agriculture and mining. As far as San Francisco news, there were columns set aside to give the gossip of the Colony such as births, deaths, marriages, and tragedies which the Italians called "disgrazie". By-laws of the various Italian societies took up a good portion of the papers, while popular romances and short stories were serialized weekly. One of the most important functions of the newspapers was the advertisements of the Italian merchants, some of whom published their own journals as promotional enterprises. These were not competitive listings, but rather informative business directories.

The use of competitive advertising came at a later date and a most exciting example of this was when A.P. Giannini, founder of the Bank of Italy, started an advertising war between his bank and John Fugazi's Banca Popolare. Both banks ran large and highly decorative advertisements, each insisting to be the largest and the best. Eventually, other Italian American

dell'*Italia* fu G. Almagià, e ne fu editore Ettore Patrizi, che più tardi, a partire dal 1909, per diversi anni ne fu anche direttore. Patrizi era uomo di larghe vedute, che fu chiamato spesso a presiedere alle funzioni della comunità italiana, e che, in opposizione alle consuetudini e alle idee del suo tempo, sostenne con impegno il diritto della donna al voto.[37] Non passò molto, e *L'Italia* riuscì a battere i suoi concorrenti, pubblicando anche un supplemento settimanale intitolato *La Vita* e formando inoltre società editoriale in proprio. Nel 1906, al tempo del terremoto e dell'incendio di San Francisco, contro le 5 mila della *Voce del Popolo*, *L'Italia* vantava una tiratura quotidiana di 7 mila copie.[38]

Il 1911 vide la nascita d'un altro importante giornale italiano, *Il Corriere del Popolo*, diretto dal "liberale" Carlo Pedretti. A partire dal 1895, Pedretti aveva già diretto un altro giornale, *L'Eco della California*,[39] che però, per la sua bassa tiratura, nel 1906 era stato assorbito dalla *Voce del Popolo* in veste di supplemento settimanale.[40] Bisettimanale edito il martedì e il venerdì, *Il Corriere del Popolo* si autodefiniva "Giornale Politico-Notiziario" e rinunciando ad essere il primo giornale italiano o quello con maggior tiratura, nella sua testata affermava invece il suo impegno in difesa dei principi democratici propri ad un giornale a favore della classe operaia. Nel 1926, cioè in un tempo in cui nella comunità italiana erano in molti a esprimere simpatie per il regime fascista, Pedretti fu considerato portavoce ufficiale dell'antifascismo.

Ognuno di questi giornali seguiva l'uso comune di dedicare la prima pagina alle notizie internazionali, specie a quelle da"Italia. Queste ultime, alcuni usarono suddividerle secondo l'origine regionale, ad ogni regione la sua rubrica. Siccome erano giornali distribuiti nelle contee settentrionali dello Stato, le loro notizie dall'interno davano particolare rilievo all'attività agricola e a quella mineraria. Quanto alla cronaca di San Francisco, rubriche separate davano notizie delle nascite, dei matrimoni, dei decessi avvenuti all'interno della comunità e degli avvenimenti di cronaca nera, o "disgrazie", come usarono definirli. Notevole spazio era dedicato alla pubblicazione degli statuti e dei regolamenti interni delle diverse associazioni e, inoltre, alle novelle e ai romanzi popolari a puntate. Una delle più importanti funzioni svolte da questi giornali fu quella di fare pubblicità ai commercianti italiani, alcuni dei quali stamparono ognuno un suo giornale per promuovere le vendite in proprio. Lo stile di questa pubblicità non fu però quello di tipo concorrenziale ma simile piuttosto a quello delle guide commerciali.

L'uso della pubblicità concorrenziale cominciò più tardi, e uno degli esempi più vivaci ebbe vita quando Amadeo Peter Giannini, il fondatore della Banca d'Italia, iniziò una guerra pubblicitaria tra la sua banca e il Banco Popolare di John Fugazi, ed entrambe le banche usarono far ricorso a grandi inserzioni di elaborato disegno, ognuna per asserire d'essere la più grande e la migliore. Dopo di loro, però in modo meno vistoso, altre banche

banks joined the advertising world and ran moderately sized ads. Basically, the Italian newspapers gave a capsuled type of information to their readers, preferring to give the news recently received from Italy along with the activities within the Italian Colony. In this way, the papers kept the ties to the mother country strong. By 1930, the following Italian newspapers were influential within the Colony: *La Colonia-svizzera, Il Corriere del Popolo, L'Italia, L'Unione, La Voce del Popolo*. Before the close of the decade, *L'Italia* consolidated with *La Voce del Popola* as *L'Italia e La Voce del Popolo* until 1965 when the paper ended publication. The following year, on Columbus Day, 1966, a new Italian paper was born, *L'Eco d'Italia*, serving Italians throughout California, Nevada, Oregon, and Washington.

The Italian Theatre[41]

From its inception, San Francisco has been considered a good theatre town. The culture-starved populace crowded the pioneer playhouses wherein San Franciscans could momentarily forget the mining and rugged life for a few hours. During the 1850s and sixties, eminent actors and actresses made the long and arduous trip out West.[42] In the midst of a gold rush, San Francisco was the only cradle of culture on the Pacific Coast which satisfied the tastes of its heterogeneous population. Visiting Italian companies contributed to the cultural and social potpourri with operatic performances which seemed to suit the intense and melodramatic tempo of life in the bustling city.

By the end of the 1860s, opera had become a passing fancy in San Francisco even among the social elite of the city. Ex-gambler Tom Maguire, the greatest benefactor of grand opera in San Francisco, was matched in his enthusiastic love of a good performance only by the Italian fishermen. Johnny Ryan, a call boy in Maguire's opera house, described San Franciscans as a group of people whose tastes did not run up into the high class of entertainment. The veteran scene-shifter summed up the situation rather simply:

Opera, opera, opera, people yell all the time for opera, but the only ones who come is [sic] the four hundred and the Iy-talian [sic] fishermen. Most people haven't the price for even two dollars in the gallery, while the four hundred come only for a few nights till their curiosity is satisfied and the Iy-talian [sic] fisherman can't pay at all. The four hundred go to just rubber and talk, to see and be seen. The stage manager ordered all the lights out one night in the house just to keep 'em from rubberin' and talkin'. After a night or two they don't come no more.[43]

It was common knowledge in San Francisco that the Neapolitan "red-shirted, black-bearded [Italian] fishermen" knew their opera very well.[44]

italo-americane s'aggiunsero a questo orizzonte pubblicitario. Fondamentalmente, i giornali italiani offrirono ai loro lettori notizie brevi e sintetiche, preferendo dare spazio alle notizie più recenti dall'Italia e a quelle della comunità italiana locale. Così facendo, mantennero stretti i legami con la madrepatria. Nel 1930, i giornali italiani più influenti della comunità erano *La Colonia svizzera, Il Corriere del Popolo, L'Italia, L'Unione* e *La Voce del Popolo*. Prima della fine del decennio, *L'Italia* e *La Voce del Popolo* si fusero nell'unica testata *L'Italia e La Voce del Popolo* e insieme continuarono fino al 1965, anno in cui il giornale cessò d'esser pubblicato. L'anno successivo, in occasione del Columbus Day del 1966, fu fondato un nuovo giornale italiano: *L'Eco d'Italia*, al servizio degli italiani residenti in California, Nevada, Oregon e Washington.

Il teatro italiano[41]

Fin dalle sue origini, San Francisco è stata considerata una città con del buon teatro. Platee assetate di cultura gremirono i suoi primi teatri dove, almeno per qualche ora, era possibile dimenticare la miniera e l'asprezza della vita di frontiera. Dal 1850 al 1870, attori e attrici di grido s'imbarcarono così nel lungo e difficile viaggio verso il West.[42] Durante il periodo della febbre dell'oro, San Francisco fu l'unica culla di civiltà della Costa del Pacifico in grado di appagare i gusti dell'eterogenea popolazione del tempo. Compagnie italiane in tournée contribuirono al guazzabuglio culturale e sociale con rappresentazioni liriche che parvero particolarmente adatte all'intenso, melodrammatico ritmo della città.

Sul finire degli anni 1860, a San Francisco l'opera era diventata il passatempo di tutti, anche tra l'élite. La passione per il bel canto di Tom Maguire, un ex giocatore d'azzardo considerato il più gran mecenate dell'opera lirica a San Francisco, ebbe rivali soltanto tra i pescatori italiani. Secondo un certo Johnny Ryan, buttafuori e macchinista del teatro lirico di Maguire, in fatto di spettacolo gli abitanti di San Francisco erano di bocca buona. Ecco come Ryan riassunse la situazione:

Opera! Opera! Opera! La gente non strilla altro, ma gli unici a venire è [sic] i "quattrocento" e i pescatori ai-taliani [sic]. La maggioranza non ha neanche i due dollari del loggione, mentre i "quattrocento" vengono soltanto per poche sere, finchè la loro curiosità non è soddisfatta, e il pescatore ai-taliano [sic] non ha un soldo. I "quattrocento" vanno soltanto per lo struscio e per la chiacchera, a guardare e a farsi guardare. Una sera, il direttore di scena ordinò di spegnere tutte le luci del teatro proprio per fargliela piantare di strusciarsi e di chiaccherare. Dopo una o due sere, loro non si fanno più vedere.[43]

Che i pescatori napoletani "dalla camicia rossa e dalla barba nera" fossero grandi intenditori d'òpera, a San Francisco lo sapevano tutti.[44]

The greatest butters-in on grand opera are the Iy-talian [sic] fishermen. They know their music, but haven't the price. Whenever we wanted singers for the chorus and hadn't time to train them, we used to go down to the wharf and get Iy-talian [sic] fishermen. You'd find every one of 'em knowing their scores and singing "Ernani" and "Traviata". You could use a limited number, but every evening they'd crowd in at the stage door. 'I'm in the chorus! I'm in the chorus!' they'd say. We'd know they wasn't but we'd let them in when no one was looking.[45]

The Italian colonial theatre did not have its roots in these Italian opera companies, but rather in the "compagnie filodrammatiche", the popular amateur drama groups of the various clubs and societies in the Colony. These groups performed at intervals before the patient and charitable audiences within the Italian Colony.[46] The development of the theatre of the Italian Colony began with a mixture of small productions of opera, comedies, and tragedies which culminated in the creation of an Italian variety theatre. Entertainment was the aim of these groups. They did, however, serve a more important function in the instruction and perpetuation of the Italian language. For many of the "connazionali", these performances were the only times they heard the proper Italian spoken. These groups were quite successful and packed the inadequate Italian theatres to their full seating capacity. The performances were limited due to lack of finances, a good theatre, and an able director.

On Sunday evening, April 9, 1905, crowds of excited Italian "connazionali" jammed San Francisco's Apollo Hall, renamed for that evening Teatro Apollo, to hear the acclaimed Neapolitan "canzonettista", Antonietta Pisanelli, and a troupe of hastily-gathered amateur performers sing their way through a varied program of songs and sketches. The performance, highlighted by the Signora's portrayal of the character "Santuzza" from the one-act drama, *Cavalleria Rusticana*, and followed by her role in the one-act farce, *Prestami Tua Moglie Per Dieci Minuti (Lend Me Your Wife For Ten Minutes)*, had lived up to its billing which promised an extraordinary grand evening. The exciting performance also marked the debut of the Italian colony's first impresario, and under her direction, the emergence of the professional *Teatro Italiano* that was to become, for a time, a central social institution in the half-century-old San Francisco Italian community.[47]

Until Signora Pisanelli's presentation, Italian theatre-goers had been entertained by "compagnie filodrammatiche". Although sporadic, their performances were well-received by Italian audiences anxious to hear their favorite operatic arias and folk songs sung in the melodic mother tongue. Plagued by a paucity of funds and uneven talent, however, these "compagnie filodrammatiche" were destined for extinction unless a director with a quick head for finances and a sharp ear for talent took the reins.

San Francisco variety theatre found its impresario in the person of Antonietta Pisanelli, a vivacious, shrewd, and altogether remarkable

I più grandi patiti d'opera lirica sono i pescatori ai-taliani [sic]. Conoscono la loro musica, ma non hanno i soldi del biglietto. Ogni volta che cercavamo cantanti per il coro e non avevamo avuto tempo per le prove, usavamo andare giù al porto a ingaggiare pescatori ai-taliani [sic]. Li trovavi magari cantando l'"Ernani" o "La Traviata", e ognuno di loro che già sapeva la parte. Te ne servivano solo pochi, ma ogni sera alla porta di proscenio erano una folla, ognuno a dirti 'Io canto nel coro! Io canto nel coro!' Lo sapevamo benissimo che non era vero, ma quando non ti vedeva nessuno, li facevi entrare ugualmente.[45]

Il teatro italiano locale non ebbe le sue radici da queste compagnie liriche, ma invece dalle "compagnie filodrammatiche", cioè dai gruppi di dilettanti dei club e delle associazioni della comunità che di tanto in tanto si producevano davanti a platee pazienti e generose.[46] Il teatro della comunità italiana nacque come un guazzabuglio di opere liriche, di commedie e di drammi che infine suggerirono la nascita d'un teatro di varietà. Unico scopo di questi gruppi era quello di far divertire la gente, ma essi svolsero comunque una funzione più importante: quella di insegnare e tramandare l'uso della lingua italiana. Per tanti connazionali, infatti, queste rappresentazioni erano le sole occasioni dove poter ascoltare l'italiano parlato con proprietà. I gruppi filodrammatici ebbero notevole successo e il pubblico italiano gremì le loro recite, i cui limiti furono la mancanza di denaro, di teatri e di registi capaci.

La sera di domenica 9 aprile 1905, una folla di euforici connazionali gremì l'Apollo Hall di San Francisco, ribattezzata per l'occasione Teatro Apollo, per ascoltare la nota canzonettista napoletana Antonietta Pisanelli, e con lei una troupe improvvisata di dilettanti interpreti d'un varietà di canzoni e di macchiette. Dominata dall'interpretazione della Pisanelli prima nel ruolo della "Santuzza" della *Cavalleria Rusticana*, quindi in una farsa intitolata *Prestami tua moglie per dieci minuti*, la rappresentazione fu all'altezza delle promesse della vigilia, e segnò non soltanto il trionfo della Pisanelli come attrice, ma anche il suo debutto nella veste di primo impresario teatrale della comunità italiana. Sotto la sua guida nacque così un *Teatro Italiano* professionale che, per qualche tempo, era destinato a svolgere un ruolo sociale centrale in seno alla comunità italiana in esistenza ormai da mezzo secolo.[47]

Fino al debutto della Pisanelli, gli italiani patiti di teatro avevano conosciuto soltanto le compagnie filodrammatiche locali. Pur sporadiche, le rappresentazioni di questi gruppi furono ben accolte dalle platee italiane, avide di sentire arie d'opere celebri o canzoni popolari cantate nella loro madrelingua. Vessate però da pochezza di fondi e di talenti, e prive d'un impresario dotato di fiuto finanziario e artistico, le compagnie filodrammatiche in genere erano votate all'estinzione.

Il teatro di varietà di San Francisco trovò il suo impresario nella persona di Antonietta Pisanelli, una donna vivace, scaltra e di forte personalità, la cui

personality whose knowledge of Neapolitan songs and whose energy for new enterprises were just what was needed in the Italian community. Pisanelli had emigrated to America as a child and had made her debut in New York in 1895. Her love for theatre carried her to Philadelphia, Chicago, and New Haven where she sang and acted, and back to New York where she helped organize four or five theatres. A series of personal tragedies which included the loss of her mother, her husband, and her youngest child plagued her personal life. In a desperate move she fled the East for California in 1904. Encouraged by the response to her brilliant performance at the Teatro Apollo, she decided to settle in San Francisco and accepted the challenge of molding the amateur drama clubs of the city into a professional Italian popular theatre company.

Leased for ten years, the new Teatro Bersaglieri became the social gathering place in the colony. Originally built as a theatre, the Bersaglieri underwent a major renovation within twenty-four hours when city fire officials ordered it closed unless Pisanelli complied with fire safety regulations. Compelled by this show of muscle, Pisanelli reconverted her theatre into a combination cafe-chantant, theatre, opera house, and club. Renamed the Circolo Famigliare Pisanelli, the theatre was divided into two sections. The neat rows of theatre seats were removed and replaced with tables and chairs in the fashion of a cafe-chantant. In lieu of an admission fee, refreshments were served in this area. Overlooking the family circle, observed opera buff J. M. Scanland in the *Overland Monthly*, was the balcony where the gallery gods sat and ate their rock candy and almond confections.[48]

The lengthy repertoire offered by the Circolo changed every evening to satisfy the melodramatic tastes of the audience. As American theatre lovers who ventured into the Circolo noted, the Italian audiences exhibited not only an inherent love of music but were natural-born performers who knew their music note for note. At approximately 8 p.m., or whenever the theatre was filled, the evening performance commenced. The show consisted of an endless potpourri of opera, comedy, farce, tragedy, duets, solos, and song fests. Between the featured acts of entertainment ran intermissions which were shows in themselves. Usually, Signora Pisanelli sang operatic arias or the favorite Neapolitan folk songs of the "connazionali", while members of the cast waited nervously to grab back the spotlight from her long enough to charm the audience with their own voices. On the nights when drama replaced "Gems From The Opera", the musical interlude was enhanced with short burlesque skits or one-act character sketches.

To expect the unexpected from both the audience and performers was the cardinal rule of the *Teatro Italiano*. After work, Italian audiences were too restless to sit through any performance which did not allow them the pleasure of active participation in the festivities. Throughout the history of

conoscenza di canzoni napoletane e il cui senso d'avventura furono esattamente quanto ci voleva per la comunità italiana. La Pisanelli era immigrata in America ancora bambina, e aveva fatto il suo debutto a New York nel 1895. La sua passione per il teatro l'aveva portata quindi a Filadelfia, a Chicago e a New Haven, a cantare e recitare, quindi di nuovo a New York dove aveva preso parte alla formazione di quattro o cinque teatri. Una serie di tragedie, cioè la morte della madre, poi del marito e quindi del suo ultimogenito, l'avevano costretta alla disperazione e quindi, nel 1904, a fuggire verso la California. Incoraggiata dal successo ottenuto al Teatro Apollo, l'attrice decise di stabilirsi a San Francisco e di accettare la sfida di trasformare l'attività dei gruppi filodrammatici locali in un teatro popolare stabile.

Con un contratto d'affitto di dieci anni, nacque così il Teatro Bersaglieri, che divenne centro d'incontro della comunità. Pur nato come teatro, il locale fu bersaglio però d'una ingiunzione municipale che, pena l'immediata chiusura, ne ordinava la ristrutturazione in obbedienza alle vigenti norme di sicurezza anti-incendio. Piegandosi alla prova di forza, nel giro di ventiquatt'ore la Pisanelli fece trasformare il locale in un insieme di caffè chantant, teatro e club. Ribattezzato "Circolo Familiare Pisanelli", il teatro fu diviso in due settori: nel primo, le file delle poltrone vennero rimosse e sostituite con sedie e tavolini da caffè chantant, e qui, invece di pagare l'ingresso, lo spettatore pagava una consumazione; al disopra di questo settore, che era destinato ai gruppi familiari, c'era quindi una balconata dove — come ebbe a scrivere su *Overland Monthly* il critico teatrale J. M. Scanland — "sgranocchiando i loro torroni, usavano sedere gli dei del loggione".[48]

Per soddisfare gli esigenti gusti del suo pubblico, il Circolo Pisanelli cambiava ogni sera il suo lungo repertorio. Come ebbero a osservare dei patiti di teatro americani che s'avventurarono nel Circolo, le platee italiane dimostravano non soltanto amore innato per la musica ma anche d'esser gremite di cantanti-nati che conoscevano le partiture nota per nota. Più o meno alle otto di sera, o non appena i posti erano esauriti, la rappresentazione aveva inizio. Lo spettacolo era un minestrone senza fine di brani d'opera, di commedie, di farse e di tragedie, di duetti, di a solo e di canzoni. Inoltre, tra un atto e l'altro avevano vita degli intermezzi che erano spettacolo a sè. Di solito, interpretando arie celebri o le canzoni napoletane favorite dai connazionali, mattatrice di questi intermezzi era la stessa Pisanelli, mentre in nervosa attesa dietro le quinte, gli altri della troupe aspettavano il loro turno alla ribalta. Le notti in cui il dramma sostituiva la lirica, gli intermezzi musicali s'arricchivano anche di brevi scene di vaudeville e di varietà.

Prevedere l'imprevisto sia da parte del pubblico che da parte degli interpreti, fu regola cardinale del *Teatro Italiano*. Al termine d'una giornata di lavoro spesso ingrata, le platee erano troppo irrequiete infatti per poter accettare supinamente fino alla fine una rappresentazione che vietasse loro

Italian theatre, the most stimulating moments came when the audience, thoroughly aroused by the performance, energetically participated in the program.

Spontaneity, vitality, variety, and outbursts of boisterous enthusiasm dominated the entertainment, as the audience never permitted the actors to forget that they were the final judges of the soiree. Memorization of lines, strict attention to format, and display of elaborate stage sets were not considered essential to the nature of the Italian theatre. Instead, the most noteworthy requisite possessed by an actor or singer was his ability to improvise lines and create the necessary scenic effects through gesture and pantomime.[49]

Then, less than a year after its opening, the flowering of the Circolo was interrupted on the morning of April 18, 1906, when an earthquake and fire destroyed North Beach. Three days prior to this historic event, Pisanelli had sold her Circolo for $20,000 and was on her way to the city of Saint Louis in the hopes of furthering her own career. By 1907 her fling in the Midwest had ended, and she returned to San Francisco to gather and rebuild the shattered remnants of her beloved theatre.

With the help of her young protege, Mario Scarpa, the two singers opened three small nickelodeon-type theatres: the Iris Theatre on Broadway Street, the Bijou Theatre on Montgomery Avenue (later Columbus Avenue) and Stockton Street, and the Beach Theatre on the corner of Vallejo Street and Montgomery Avenue across from St. Francis of Assisi Catholic Church. Eager to restore the Italian theatre to the vitality it possessed prior to the earthquake, the Italian "connazionali" flocked to see the featured nickel and dime shows.[50]

Small, inadequate, and obviously lacking the prestigious appearance of the former theatrical houses of the Italian Colony these three theatres with their flickering movies and vaudeville acts introduced a new dimension to Italian variety theatre. Because Italians placed great social emphasis upon their provincial origin, the presentation of a regionally-oriented style of comedy in these new theatres was so appealing that it rivaled the performances of the most celebrated opera.

While the main parts of a tragedy or comedy were spoken in Italian, i.e., in the Tuscan dialect, idiomatic expressions and slang terms spoken in one of the many Italian dialects were added to amuse the members of the audience from that region.[51] The focal point of each play was the entrance of a special character representative of one of the Italian regions. From Naples came the caricature mimic, Pulcinella, while from Rome hailed the nasty satire of Pisquino. The Piedmontese regionals laughed at their Gianduja, the Milanese at their Meneghino, the Venetians at their Zacometto, and the Tuscans at their Stenterello.

il piacere d'una partecipazione attiva. Nell'intera storia del teatro italiano di San Francisco, i momenti più stimolanti s'ebbero allorquando, trasportato dall'azione scenica, il pubblico partecipò alla rappresentazione. Spontaneità, vitalità, varietà ed esplosioni di chiassoso entusiasmo dominavano lo spettacolo, e il pubblico non permise agli attori di dimenticare che era lui, non loro, il giudice ultimo della serata. Nè la fedeltà ai testi, nè l'elaboratezza delle scene furono considerati essenziali alla fisionomia del teatro italiano. Il più valido requisito d'un attore o d'un cantante fu invece la sua abilità di improvvisare e creare con la sua mimica i necessari effetti scenici.[49]

A neanche un anno dal suo inizio, il fiorire del Circolo fu bruscamente interrotto quando, la mattina del 18 aprile 1906, il terremoto e l'incendio distrussero North Beach. Tre giorni prima di questo storico evento, la Pisanelli aveva venduto il suo Circolo per 20 mila dollari e, con l'intenzione di sviluppare ancor più la sua carriera, era partita per Saint Louis. Nel 1907 la sua fuga nel Midwest era finita, e l'attrice aveva fatto ritorno a San Francisco per riunire e ricostruire i resti sparsi del suo adorato teatro.

Con l'aiuto del cantante Mario Scarpa, suo giovane protetto, la Pisanelli aprì tre locali popolari: l'Iris Theatre, su Broadway Street, il Bijou Theatre, all'angolo tra Montgomery Avenue (ribattezzata più tardi Columbus Avenue) e Stockton Street, e il Beach Theatre, sito all'angolo di Vallejo Street con Montgomery Avenue, di fronte alla chiesa cattolica di San Francesco d'Assisi. Ansiosi di ridare al teatro italiano lo splendore dei giorni antecedenti il terremoto, gli italiani affollarono numerosi questi spettacoli da cinque e da dieci centesimi.[50]

Angusti, inadeguati e ovviamente privi del prestigioso decoro posseduto dai primi teatri della comunità, con i loro film e con i loro spettacoli di vaudeville, i tre locali iniziarono una nuova dimensione nel teatro di varietà italiano. Siccome gli italiani davano gran rilievo sociale alle rispettive origini regionali, le rappresentazioni di lavori dialettali richiamarono tanto pubblico quanto quelle delle più celebri opere liriche.

Così, mentre le parti principali d'un dramma o d'una commedia erano recitate in italiano, cioè in toscano, per divertire spettatori dell'una o dell'altra regione, via via entrò in uso innestare a queste delle frasi idiomatiche e di gergo in uno dei tanti dialetti italiani.[51] Il momento culminante d'ogni rappresentazione era l'entrata in scena d'un dato personaggio o maschera simbolo d'una delle regioni d'Italia. Da Napoli provenivano la mimica e gli sberleffi di Pulcinella, e da Roma la satira maldicente di Pasquino. I piemontesi ridevano con Gianduia, i milanesi con Meneghino, i veneziani con Zacometto, e i toscani con Stenterello.

Emerging as the most popular of all the regional caricatures was the eighteenth-century Florentine, Stenterello. Originally a political creation, the Stenterello was an anti-French xenophobist who strongly favored Italian unification and independence. As the years passed, the term Stenterello became synonymous for the Florentine man on the streets. Impulsive, generous, and a lover of poetic justice, he could also be cleverly stupid and arrogant.

The first Stenterello performance was staged at the Bijou Theatre. Playing the lead was Arturo Godi, a member of the Cesare Company from New York, who was recognized as the most outstanding Stenterello actor in the Italian colony. First appearing on stage in the middle of a scene, his make-up included purple circles around his eyes and red-and-white blotches on his face, and his hair was styled in a queue. Costumed in a florid jacket, tight leggings, flashy vest, black breeches, and dainty slippers, Godi became an absent-minded, garrulous and fidgety man who spends his leisure time devising ways to woo rich widows and acquire their fortunes.

Without regard for plot or characters, Stenterello nonchalantly walked on stage and literally intruded on Shakespeare, Verne, and Dumas. To the relief of the audience, Stenterello had entered during a tense and moving scene when the heroine was wringing her hands in anguish in the face of a threatening villain. Godi would point to the actors, wrinkle his face in a silly grimace, and offer a witty line in the Tuscan dialect. His lines were deliberately out of context with the play, as he joked about current events and local personalities. He always played the clown, and he always brought the house down with laughter.

The popularity of the Stenterello lasted nearly one decade. A symbol of the cultural heritage left in Italy, this eighteenth-century personality served as a living bond between the immigrant colony and the mother country. However, as generations of Italian immigrants adjusted to the American ways of life, the regional charactes with provincial thinking were no longer relevant to the new life in the United States. Several years later, a refreshing new stock character, the Americanized Italian, emerged to replace Stenterello.

In 1909, the Italian theatre moved its location once again. Signora Pisanelli, with the help of city boss Abe Ruef, accumulated the necessary finances to acquire the Russian Orthodox Church on Powell Street between Union and Filbert Streets. The formal opening of the new Washington Square Theatre on April 10, 1909, was a grand event. For the first time, the Italian Colony proudly boasted a theatre house with a seating capacity of almost one thousand. The theatre was opened daily to the public from 2 p.m. until 5 p.m., and from 6:30 p.m. to 11 p.m. Sunday afternoon matinees began at 1 p.m. The price of admission ranged from a nickel to a dime.[52]

La più popolare di queste maschere regionali fu il fiorentino Stenterello. Nato nel diciottesimo secolo come personaggio politico, Stenterello era xenofobo anti-francese e appassionato fautore dell'unità d'Italia e della sua indipendenza. Divenuto col tempo sinomimo dell'uomo della strada, Stenterello rappresentava il fiorentino impulsivo, generoso, amante d'una giustizia ideale, finto tonto e arrogante.

Il debutto di Stenterello a San Francisco ebbe luogo al Bijou Theatre, interprete Arturo Godi, attore della Cesare Company di New York, e riconosciuto come il miglior Stenterello della comunità. Godi faceva la sua comparsa a metà scena, truccato con gli occhi cerchiati di viola, il volto a "pois" bianchi e rossi, i capelli pettinati col codino. Vestito d'una giacca a fiori, gilè sgargiante, braghe nere, ghette attillate e pianelle di fine fattura, l'attore si trasformava in un personaggio bislacco, loquace e inquieto, che passava il suo tempo libero a escogitare strategie per corteggiare ricche vedove e carpirne gli averi.

A prescindere dalla trama e dai personaggi, e chiunque fosse l'autore, Shakespeare, Verne o Dumas, con sollievo del pubblico Stenterello faceva il suo ingresso nel mezzo della scena più drammatica, magari mentre al cospetto del minaccioso bruto, l'eroina si torceva le mani dall'angoscia. L'indice puntato verso i due e il volto atteggiato in una smorfia sciocca, Godi se ne usciva con una battuta in toscano, l'arguzia volutamente paradossale e senza alcun riferimento alla rappresentazione in corso, ma inerente invece a recenti fatti di cronaca o a personaggi locali. Il ruolo di Godi era sempre quello del buffone e, invariabilmente, il suo intervento scatenava l'ilarità generale.

La popolarità di Stenterello durò quasi un decennio. Simbolo del retaggio culturale lasciato in Italia, questo personaggio settecentesco fu vivo legame tra la comunità degli immigrati e la madrepatria. Man mano però che gli immigrati italiani andavano integrandosi al modo di vivere americano, il loro dialogo con queste maschere regionali perse via via rilievo. Diversi anni più tardi, a sostituire Stenterello doveva emergere un nuovo, fresco personaggio: L'italiano "americanizzato".

Nel 1909 il teatro italiano si trasferì ancora una volta. Aiutata da Abe Ruef, un boss della politica locale, la signora Pisanelli era riuscita a raccogliere i fondi necessari per acquistare l'ex chiesa russo-ortodossa sita nell'isolato di Powell Street compreso tra Union Street e Filbert Street. La serata inaugurale del nuovo Washington Square Theatre, il 10 aprile 1909, fu un grande evento: per la prima volta infatti, la comunità italiana poteva vantare un teatro di circa mille posti a sedere. Il Washington Square Theatre era aperto al pubblico tutti i giorni dalle due alle cinque del pomeriggio, e dalle sei e mezzo alle undici di sera. Le matinèe domenicali avevano inizio all'una del pomeriggio. L'ingresso costava da cinque a dieci centesimi di dollaro.[52]

The famous Compagnia Comica Drammatica Italiana opened the Washington Square Theatre and played until August 1910, when the legitimate drama company of Antonio Maori, also from New York was booked. Under the direction of Maori, the years from 1910 through 1912 marked the peak of Italian variety theatre. Maori successfully produced the plays of Dumas, Goethe, Schontau, Sudermann, Sardou, and Shakespeare. The "connazionali" responded so enthusiastically to Maori's repertory that Shakespeare headed the billing once a week. Just as Shakespeare had known that an Italian plot, theme, and setting pleased most box offices, Maori presented those plays heavy with passion and drama. Prices for these performances were raised from the nickelodeon class to a dignified fifteen and seventy-five cents.

Unfortunately, Antonio Maori returned to New York in 1912, and his company disbanded, leaving the Italian theatre virtually silent for several seasons. The only bright spot for Italian audiences came during the summer of 1914 with the engagement of the admired Italian tragedienne, Mimi Aguglia, at the Cort Theatre (later the Curran Theatre) on Ellis Street. Aguglia was so delighted with the warm reception given her by the American and Italian members of the audience that she extended her tour to include a seven-day performance at the Washington Square Theatre in August.[53] Upon her departure, the *Teatro Italiano* fell into deep depression. The years between 1914 and 1917 became known as the quiet years of Italian theatre, and the Washington Square Theatre was sold to an American theatre group.

Undaunted, Signora Pisanelli attempted to rekindle some spark among the Italian audiences with the re-introduction of Stenterello, but this, too, proved disappointing. Italian audiences felt themselves too removed from the archaic Stenterello to be interested in his antics. In his place, the Signora then presented Farfariello, a blend of fourteenth-century Italian harlequin and the modern pantomime style of Charlie Chaplin. Farfariello played an important role in expressing the feelings of the Italian audiences who were attempting to fit into an American world. A product of the immigrant life in an American city, the inspiration for this character came from the "connazionali" of Little Italies across the United States.

When Edoardo Migliaccio starred as the Farfariello, he came on stage in the same fashion as Godi. His make-up was exaggerated, and his costume was deliberately styled to invoke laughter. Borrowing from Stenterello the use of grimaces, gestures, and pantomime, the Farfariello mimicked the "cafone", a buffoon who adopted American clothes, mannerisms, and slang, and yet was no more American than the most recent arrival from Italy. Audiences thoroughly enjoyed Migliaccio's caricatures of the iceman, the

Il Washington Square Theatre fu inaugurato dalla famosa Compagnia Comica Drammatica Italiana, che tenne cartellone fino all'agosto del 1910, tempo in cui fu ingaggiata la compagnia d'arte drammatica di Antonio Maori, ugualmente newyorkese. Sotto la guida di Maori, gli anni dal 1910 alla fine del 1912 segnarono l'apice del successo del teatro di varietà italiano. Maori rappresentò inoltre con successo lavori di Dumas, Goethe, Schontau, Sudermann, Sardou e Shakespeare. La reazione degli italiani a questo repertorio fu così entusiasta che Shakespeare fu in cartellone almeno una volta a settimana. E come Shakespeare, che aveva saputo che una trama, un soggetto o un ambiente italiani erano successo di botteghino pressochè garantito, così Maori ne rappresentò le opere dense di dramma e di passione. I prezzi di queste rappresentazioni salirono così dai popolari cinque centesimi di dollaro a un livello più dignitoso compreso tra i quindici e i settantacinque centesimi.

Sfortunatamente, nel 1912 Antonio Maori fece ritorno a New York, e la sua compagnia si sciolse, lasciando il teatro italiano virtualmente muto per diverse stagioni. L'unica brillante eccezione le platee italiane l'ebbero durante l'estate del 1914, quando Mimì Aguglia, celebre attrice drammatica italiana, fu ingaggiata dal Cort Theatre (più tardi ribattezzato Curran Theatre) di Ellis Street. La Aguglia rimase così contenta della calda accoglienza tributatale sia dal pubblico americano che da quello italiano, che decise di prolungare la sua tournée e includere, in agosto, una settimana di recite al Washington Square Theatre.[53] Dopo la sua partenza, il *Teatro Italiano* cadde in uno stato di profonda crisi: gli anni successivi, compresi tra il 1914 e il 1917, furono noti come gli anni silenziosi del teatro italiano, e il Washington Square Theatre fu infine venduto a un gruppo americano.

Coraggiosamente, la Pisanelli tentò di riaccendere l'interesse del pubblico italiano proponendo il ritorno di Stenterello, ma il tentativo si rivelò deludente: le platee erano ormai troppo distanti dagli arcaismi della maschera toscana per sentirne ancora il fascino. Al suo posto allora la Pisanelli propose Farfariello, personaggio a metà tra lo stile antico d'un Arlecchino e quello moderno di Charlie Chaplin. Farfariello giocò un ruolo importante nell'esprimere le emozioni degli italiani nella loro ricerca d'una identità nel mondo americano. Prodotto della vita dell'immigrato inurbato nella città americana, il personaggio s'ispirò a tanti connazionali sparsi nelle "piccole Italie" di tutti gli Stati Uniti.

Vestendo i panni di Farfariello, l'attore Edoardo Migliaccio si presentò in scena allo stile del suo predecessore Arturo Godi: col trucco e il costume volutamente esagerati per suscitare ilarità. Prendendo in prestito da Stenterello le smorfie, i gesti e la pantomina, Farfariello mimò il "cafone" che aveva adottato panni, maniere e gergo americani senza tuttavia riuscire a diventare più americano dell'ultimo arrivato dall'Italia. Le platee si divertirono senza riserve alle caricature che Migliaccio fece del venditore ambulante di

fruit dealer, the merchant, and personalities, including Enrico Caruso. Poking fun at the audience, Farfariello ridiculed the tendency of the immigrant to Italianize English words and incorporate his North Beach Italian into the vocabulary of the proper Italian.

Farfariello had a healthy effect upon the Italian Colony. Conceived during a transitory period before World War I when the majority of Italians were immigrants confused by the difficult process of Americanization, Farfariello helped to ease them into their new roles as American Italians.[54]

From 1917 until the depression, the Italian variety theatre suffered the pains of neglect. The First World War, the passage of restrictive immigration laws, the movement of Italian families away from North Beach into other districts of San Francisco and throughout the Bay Area, and the sting of discrimination which the young American Italians associated with the "immigrant things" of their parents' generation meant the decline of the Italian theatre.

With the hope of rekindling enthusiasm for variety theatre, devotees continued to stage occasional operatic performances. During the war operatic theatre was resumed. Augustino Serantino, an opera director from Ravenna, with a group of Italian performers, organized occasional performances, charging only 25 cents admission. These "2 cent operas" were conducted at the Liberty Theatre, accompanied only by a single pianoforte.

In 1918, Augustino Serantino moved his troupe into the Washington Square Theatre which had been repurchased by the Italian theatre groups. Serantino later recalled that the easiest of all tasks was the recruitment of bit parts. He merely stood on the corner of Columbus Avenue and Stockton Street and called out roles while the Italian vocalists knocked each other over to stand out and be heard.[55]

While Serantino concentrated on opera, Signora Pisanelli opened another variety theatre on June 15, 1924, on Green Street at the corner of Columbus Avenue. Convinced that there might still be hope for the shows she had produced nineteen years earlier, she spared little to attract audiences to her Teatro Alessandro Eden. Its decor was typical of the 1920s with huge panels depicting reclining nudes and costumed couples dancing Latin tangos, painted on a background sea of lipsticky reds, smudged yellows, and yelling blues. The first floor of the building housed a moving picture theatre, while on the second floor, the old vaudeville acts were repeated in what she called "the little theatre". Between acts, the restaurant on the third floor, which functioned as a clandestine speakeasy, provided the audiences with a new

ghiaccio, del fruttivendolo, del mercante, e di personaggi celebri come Enrico Caruso. Prendendo in giro il suo stesso pubblico, Farfariello ridicolizzò la tendenza dell'immigrato a italianizzare il vocabolario inglese, come pure il voler assimilare il gergo italo-americano parlato a North Beach al corretto parlare italiano.

L'ironia di Farfariello ebbe un effetto salutare sulla comunità italiana. Nato nel periodo di transizione precedente la I Guerra mondiale, quando ancora la maggioranza degli italiani era costituita da immigrati confusi dal difficile processo del trapianto, Farfariello aiutò molti a sdrammatizzare le difficoltà del loro nuovo ruolo di italo-americani.[54]

Dal 1917 fino agli anni della "depressione", il teatro di varietà italiano conobbe l'oblìo. La I Guerra mondiale, il varo di nuove leggi che limitavano l'immigrazione, il trasferimento di tanti nuclei familiari italiani da North Beach ad altri quartieri di San Francisco e della baia, e infine il pungolo della discriminazione, che i giovani italo-americani usarono associare alle "cose da immigrati" della generazione coeva dei loro genitori, segnarono infine il declino del teatro italiano.

Sperando di riaccendere gli entusiasmi sopiti, alcuni patiti del genere continuarono comunque ad allestire occasionali rappresentazioni liriche. Durante il periodo bellico, il teatro lirico riprese vita. Regista il ravennate Augustino Serantino, un gruppo di cantanti italiani allestì saltuariamente spettacoli da un quarto di dollaro. Queste "opere da due soldi", come furono chiamate, furono rappresentate senza orchestra, col solo accompagnamento d'un pianoforte, al Liberty Theatre.

Nel 1918, Augustino Serantino trasferì la sua troupe al Washington Square Theatre, che nel frattempo era stato riacquistato da un gruppo teatrale italiano. Più tardi, Serantino amava ricordare che a suo tempo il più facile dei suoi compiti era stato quello di ingaggiare interpreti di ruoli secondari. Gli bastava infatti porsi all'angolo tra Columbus Avenue e Stockton Street e leggere ad alta voce l'elenco dei ruoli ancora vacanti, e subito attorno a lui era una folla di aspiranti cantanti che facevano a spintoni tra loro per farsi avanti e farsi sentire.[55]

Mentre Serantino era impegnato con le opere liriche, il 15 giugno 1924, stavolta su Green Street, all'angolo di Columbus Avenue, la Pisanelli inaugurava un altro teatro di varietà. Convinta che ci fosse ancora speranza per il genere di spettacoli da lei prodotti diciannove anni prima, l'attrice lasciò poco di intentato pur di attrarre il pubblico al suo Teatro Alessandro Eden. L'arredo del locale era quello degli anni '20, con enormi pannelli raffiguranti nudi femminili in languide pose e coppie avvinte in voluttuosi tanghi latini, le figure stagliate su un mare di rossi lacca, di gialli e di blu atroci. Il primo piano dell'edificio ospitava un cinema, mentre il secondo piano, che la Pisanelli usava chiamare "il piccolo teatro", ospitava il varietà. Negli intervalli, il ristorante al terzo piano, che era anche bar clandestino,

spot to sit and gossip.[56]

By 1925, however, the Italian variety theatre had died. The Washington Square Theatre was sold to a Jewish company and renamed the Milano Theatre. It too, however, withered until the once-famed Italian theatre house became the ultra-modern Palace Theatre. Signora Pisanelli sold her Teatro Alessandro Eden in 1927, and it became the Goldtree and finally the Green Street Theatre. For those old-timers who nostalgically cherished an evening filled with provincial songs and drama, the Italian Hour on the radio assumed the role of the old theatre, while the imagination of the listener recreated scenes from past performances. Clearly, the formative years of Italian theatre had a decisive impact on the social development of the Italian North Beach colony. Sharing the same desires of all immigrant groups to transplant the alluring and treasured cultural amenities of the mother country, the Italian theatre provided the perfect media through which the Italian immigrants exhibited their Italianism.

In addition to filling this psychological need for reassurance in a new world, the performances of the early theatre were inexpensive. While San Francisco theatre houses charged prices too exorbitant for the working people, the *Teatro Italiano* charged anywhere from a nickel to a half-dollar. Signora Pisanelli's theatre, and the succession of North Beach theatres which followed, based their success and fame upon this simple fact of life.

One final contribution for which the *Teatro Italiano* must be remembered is the preservation of opera. While San Francisco audiences have always been appreciative of opera, those who were not true opera buffs or who did not understand the Italian language were relieved when operatic performances began to be presented in English.[57] Only in North Beach could a devoted opera buff hear the captivating musical strains and libretto of his favorite Italian composer. Several years after Signora Pisanelli passed from the scene, it was the North Beach friends of a Neapolitan conductor turned music teacher who contributed the little money they could spare so that he could fulfill a dream and produce opera in San Francisco in a hall befitting the music he loved. For on this feat alone the *Teatro Italiano* must be valued. On October 15, 1932, Gaetano Merola entered the orchestra pit, raised his baton, and filled the new War Memorial Opera House of San Francisco with the opening notes of *La Tosca*.

By the 1920s, the Italian culture which the first generation of Italian immigrants had carefully transplanted in San Francisco was threatened with extinction. The second generation of Italian Americans no longer cared to be associated with the "things" of the immigrant Italians unless it gave them social prestige fund-raising for charities and the opera. A culmination of

offriva al pubblico un nuovo angolo dove sedere e spettegolare.[56]

Nel 1925, comunque, il teatro di varietà italiano era finito. Il Washington Square Theatre fu venduto a un gruppo ebreo e ribattezzato Milano Theatre. Anche quest'ultimo tuttavia decadde presto, e il locale un tempo famoso divenne l'ultra-moderno Palace Theatre. Nel 1927, la Pisanelli vendè il suo Teatro Alessandro Eden, che fu ribattezzato Goldtree e infine Green Street Theatre. Per i nostalgici delle serate ricche di canzoni popolari e di melodramma, il vecchio teatro fu sostituito dal programma radio "L'ora italiana", e rimase alla fantasia dell'ascoltatore l'onere di ricreare mentalmente l'atmosfera delle defunte rappresentazioni teatrali. Chiaramente, gli anni formativi del teatro italiano ebbero influenza decisiva sullo sviluppo sociale della comunità italiana di North Beach. Rispondendo al desiderio comune in ogni immigrato di trapiantare nella patria di adozione gli aspetti più significativi e piacevoli della madrepatria, il teatro italiano fu mezzo espressivo ideale attraverso il quale gli immigrati italiani poterono esternare la propria italianità.

Oltre che contribuire a risolvere questa crisi d'identità dell'emigrato, gli spettacoli del primo teatro furono alla portata di tutti. Mentre i teatri di lingua inglese facevano pagare prezzi esorbitanti per la classe operaia, il *Teatro Italiano* costava poco: da cinque centesimi fino ad un massimo di mezzo dollaro: il teatro della Pisanelli e tutti gli altri teatri che a North Beach seguirono il suo, fondarono il loro successo su questo semplice fatto.

Infine, il *Teatro Italiano* merita d'esser ricordato per un altro contributo: per aver preservato e diffuso l'opera lirica italiana. Infatti, se da una parte è vero che le platee di San Francisco hanno sempre dimostrato interesse per l'opera, dall'altra è anche vero che il pubblico digiuno di musica operistica e di italiano a suo tempo accolse con sollievo le rappresentazioni liriche in versione inglese.[57] Così, era soltanto a North Beach che il fine intenditore poteva assistere all'esecuzione d'un'opera d'autore italiano nella sua versione originale. Diversi anni dopo che la Pisanelli aveva abbandonato le scene, furono gli amici di North Beach d'un direttore d'orchestra napoletano che con i loro risparmi resero possibile l'allestimento d'un'opera italiana in un teatro degno della musica da lui tanto amata. Per questo, se non altro, il *Teatro Italiano* merita considerazione: per aver reso possibile una serata come quella vissuta il 15 ottobre 1932 quando, salito sul podio e alzata la bacchetta, il maestro Gaetano Merola colmò il nuovo teatro lirico di San Francisco, il War Memorial Opera House, con le prime note della "Tosca".

Negli anni '20, le tradizioni italiane che gli immigrati della prima generazione avevano trapiantato con così tanta cura furono minacciate di estinzione. Gli italo-americani della seconda generazione avevano perso infatti ogni interesse nel partecipare alle "cose" degli immigrati italiani, eccetto i casi in cui si trattava di raccogliere fondi per fini assistenziali o di serate all'opera, attività da cui ricavare prestigio sociale. Un culminare di

events caused the abandonment of preserving "un angolo di madrepatria" as families moved beyond North Beach into Italian sections or American districts which meant that they were no longer living among their own people. The restrictive immigration laws hurt the Colony. The new laws, however, also curbed the inflow of many southern Italians who were unskilled and far more illiterate than their northern cousins. By the twenties, discrimination was more widely felt as the second generation drifted away from their parents in an attempt to be more American.

eventi, primo tra questi la diaspora, cioè l'esodo di tanti che migrando verso altri quartieri andavano integrandosi al resto della popolazione, causò infine la decadenza del vagheggiato "angolo di madrepatria". Le misure restrittive previste dalle nuove leggi sull'immigrazione colpirono duramente la comunità, e insieme diminuirono l'immigrazione di tanti meridionali, a quel tempo professionalmente meno qualificati e meno istruiti dei settentrionali. Con gli italiani della seconda generazione che via via andavano staccandosi dal mondo dei loro genitori nel tentativo di "farsi più americani" cioè di integrarsi al resto della società, durante gli anni '20 la discriminazione fu maggiormente sentita.

3

Chapter Notes

[1] References for this quote are unavailable.
[2] E. Patrizi, Gl'Italiani in California. San Francisco: L'Italia Publishing Co., 1911. P. 33.
[3] "Circolo Italiano", La Voce del Popolo, p. 2. Jan. 4, 1868. "L'Associazione Nazionale Italiana", La Voce del Popolo, p. 1. July 25, 1868.
[4] O. Lewis, editor and compiler, This Was San Francisco. New York: David McKay Co., Inc., 1962. P. 235.
[5] J. Gontard, A travers la California. Paris: Pierre Roger et Cie, 1922. P. 31.
[6] F. G. Bohme, "Vigna Dal Derro's Un Viaggo Nel Far West Americano", California Historical Society Quarterly, 41:157. June, 1962.
[7] P. Radin, The Italians of San Francisco: Their Adjustment and Acculturation, Part I, SERA Project: 1935, p. 69. A. J. Dahl, "Fishing Fleets of San Francisco", Overland Monthly, 81:17. Aug., 1923.
[8] H. Gilliam, San Francsico Bay. New York: Doubleday and Co., Inc., 1957. P. 181.
[9] Bohme, California Historical Society Quarterly, 41:158. June, 1962. E. A. Murphy, "Pacific Street: Part I", San Francisco Chronicle, California Historical Society Scrapbooks, 2:66. May 2, 1919.
[10] C. C. Dobie, San Francisco: A Pageant. New York: D. Appleton-Century Co., 1933. P. 186.
[11] G. and E. Hodel, "Little Italy, Like Naples Leans Over Azure Bay, Breadth of Mediterranean", San Francisco Chronicle, p. 12. Feb. 14, 1932.
[12] Bohme, California Historical Society Quarterly, 41:157. June, 1962.
[13] Violes used the verb "vegliare" to keep vigil to describe these gatherings. J. Violes, ed., Reminiscences of Old Newton by John Gardella. Placerville: Pioneer Press, 1968. P. 52.
[14] L. Austin, Around the World in San Francisco. San Francisco: The Abbey Press, 1955. Pp. 48-50.
[15] J. H. Kemble, San Francisco Bay. Cambridge, Maryland: Cornell Maritime Press, 1957. P. 100.
[16] "Cose Locai", L'Eco della Patria, p. 3. July 3, 1867. "The Columbus Celebration", San Francisco Chronicle, p. 3. Oct. 19, 1869.
[17] Ibid.
[18] "America's Birthday", San Francisco Chronicle, p. 3. Oct. 14, 1872. The first re-enactment of a landing was in 1872.
[19] X. Joy, F.S.C., An Address to the Italian Federation of the East Bay, Oct. 8,1966, Bancroft Library, University of California, Berkeley.
[20] P. A. Roach, Address of the Honorable Philip A. Roach on the Three Hundredth and Eighty Fifth Anniversary of the Discovery of America by Columbus October 12, 1492. Oct. 14, 1877, pp. 1-15. Deposit in Bancroft Library, University of California, Berkeley.

21 Joy, An Address to the Italian Federation of the East Bay.
22 Joy, An Address to the Italian Federation of the East Bay. "President Benjamin Harrison declared in 1892 that the official date of the discovery of America would be observed on Oct. 12th n.s. (old style Oct. 21st). By 1909, a majority of the states had recognized Columbus Day, or Discovery Day as a legal holiday."
23 G. M. Tuoni and G. Brogelli, editors, Attività Italiane In California. San Francisco: Mercury Press, 1929. P. 17.
24 History of Journalism, History of Foreign Journalism in San Francisco, Monograph 1, E. Daggart, supervisor. W.P.A., 1939. P. 11.
25 N. W. Ayer and Son's, Directory of Newspapers and Periodicals. New York: Ayer's, 1870. P. 399.
26 W. Gregory, ed., Union List of American Newspapers, 1821-1936. New York: H. W. Wilson Co., 1937. P. 56.
27 On the basis of this merger, La Voce del Popolo claimed that its founding date was that of La Patria's in 1859 and therefore the oldest Italian newspaper in the West. Ayers, 1872. P. 17.
28 Falbo, California Historical Society Quarterly, 42:333. Dec., 1963.
29 There is a copy of La Patria in deposit at the Bancroft Library, University of California at Berkeley, for Aug. 31, 1886, which is Vol. 2. Based on this information, the founding date should be sometime in 1885.
30 "Italy and the Pope", The Monitor, 11:4. Sept. 12, 1868. One town in Ireland offered the Pope asylum in case he had quickly to flee Rome. Other examples of the Irish press condemnation of the Italians: "More Italian Revelations", The Monitor, 26:1, in deposit, California Historical Society, San Francisco.
31 "Italian Unity", Daily Alta California, p. 1. Aug. 7, 1871.
32 E. A. Sherman, compiler and ed., Fifty Years of Masonry in California. San Francisco: George Spaulding and Co., 1898. 2:414.
33 History of Foreign Journalism in San Francisco. P. 15.
34 Ibid. Pp. 15-16.
35 Gregory, Union List of Newspapers, p. 53. Ayers, 1888. P. 125.
36 Ayers, 1890. P. 85. Ayers, 1891. P. 88.
37 "Many of California's Best Citizens are of Italian Origin", San Francisco Chronicle, p. 56. Jan. 19, 1921.
38 Ayers, 1906. Pp. 72-74.
39 History of Foreign Journalism in San Francisco, p. 17. Report Joint Fact Finding on Un-American Activities in California to California Legislature, Senate 55th Session, 1943, p. 285.
40 Ayes, 1906. P. 74.
41 For fuller treatment of this section, see the following article: D. P. Gumina, "Connazionali, Stenterello, and Farfariello: Italian Variety Theatre in San Francisco", California Historical Quarterly, pp. 27-36. Spring, 1957.
42 Lewis, This Was San Francisco. P. 225.
43 P. Jacobson, "Napolean of the Theatres", San Francisco Bulletin, p. 13. Aug. 18, 1917.
44 J. C. Altrocchi, The Spectacular San Franciscans. New York: E. P. Dutton and Co., MDCCCXLIX, p. 206. She quoted "Fashion at the Opera", The Grizzly. Dec. 21, 1872.
45 Jacobson, "Napoleon of the Theatres", San Francisco Bulletin, p. 13.
46 L. Estavan, ed., The Italian Theatre in San Francisco, San Francisco Theatre Research Series. San Francisco: W.P.A. Proje;ct, 1939. Pp. 4-5. "Statuti Della Società Banda Filarmonica Italiana", L'Eco della Patria, p. 2. July 3, 1867.
47 L. Estavan, ed., The Italian Theatre in San Francisco. San Francisco Theatre Research Series, W.P.A. Projec;t, Monograph, 21(10):6. San Francisco, 1939.
48 J. M. Scanland, "An Italian Mosaic", Overland Monthly, 47:328. April, 1906; Estavan, Italian Theater, 21(10):6-7, 10-12.
49 Scanland, Overland Monthly, 47(330):18-19, 47(328).
50 Estavan, Italian Theater, 21.
51 Scanland, Overland Monthly, 47(327).
52 Estavan, Italian Theater, 22-28; Scanland, Overland Monthly, 47(330).
53 "Mimi Aguglia in Italian At Cort", San Francisco Chronicle, p. 4. July 14, 1914. "Mimi Aguglia Opens Her Cort Engagement Tonight", San Francisco Chronicle, p. 8. July 13, 1914; G.

G. Bertini, "Mimi Aguglia, Fuoco del Dio", in L'Italia Daily News, reprint San Francisco Call and Post, p. 5. July 14, 1914.
[54] Estavan, Italian Theater, pp. 50-55.
[55] Estavan, The History of the Opera, pp. 68-69, 80.
[56] "Church Remodeled as Theater", San Francisco Chronicle, p. 4. May 26, 1924; "Good By Green Street Theatre, and Your Bath Tub Gin", San Francisco Chronicle, p. 10. Aug. 21, 1955.
[57] "Italian Actress Scores Triumph", San Francisco Call and Post, p. 5. July 14, 1914.

Early morning arrival of produce from the San Francisco truck farms, ca. 1910.

Fishermen's Wharf, ca. 1905.

4
Fishermen and Truck Farmers

> Gli italiani si dedicano con più assiduità allo sviluppo della pesca e dell'agricoltura, non solo in San Francisco, ma in ogni più recondito luogo della California...[1]

Many Italian farmers settled on the fertile farm lands from Sacramento in the north to the peninsula south of San Francisco. Italian fishermen were scattered throughout the state in fishing villages from Eureka in the north to Benicia, Martinez, Pittsburg, San Francisco, and Monterey all the way down the Coast to San Diego. From the counties surrounding the San Francisco Bay area, fishermen and farmers brought their produce to the city for distribution. In order to ensure themselves of ready and undiscriminating markets, the Italians established their own ethnic markets within the commission district of the city. Between 1850 and 1870, the Italian immigrants were reported to have created a monopoly in fishing, horticulture, and the markets dealing in fish and vegetables.[2]

The economics of the market system were quite simple. The fishermen brought their fish to the wholesale dealers or fish brokers, who in turn sold and distributed the fish to the retailers for a fee. The commission produce brokers operated their market on a similar pattern. As a result, the brokers became the central figures in both markets since they controlled the market prices and kept the fishermen and farmers at their mercy. Furthermore, these brokers provided the immigrants with loan services and extended credit to them when no other institution in the city would.

The Fishermen[3]

The United States Commission of Fish and Fisheries which studied the fishing industry of the Pacific Coast during the 1880s[4] found that the California waters were dominated by foreign fishermen, mostly Italians,

4
Pescatori e ortolani

Gli italiani si dedicano con più assiduità allo sviluppo della pesca e dell'agricoltura, non solo in San Francisco, ma in ogni più recondito luogo della California...[1]

I contadini italiani si stabilirono in gran numero nelle fertili zone agricole comprese tra Sacramento e la penisola a sud di San Francisco. I pescatori italiani si sparsero invece lungo i villaggi di tutta la costa californiana, da Eureka, al nord, a Benicia, Martinez, Pittsburg, San Francisco e Monterey, giù fino a San Diego. Ai mercati di San Francisco confluirono con i loro prodotti i pescatori e gli agricoltori di tutte le contee della baia. Per assicurarsi un commercio equo e attivo all'interno della circoscrizione municipale, gli italiani crearono i loro mercati autonomi, col risultato che, tra il 1850 e il 1870, riuscirono a monopolizzare la pesca e l'agricoltura locali e i relativi commerci.[2]

Le leggi economiche del mercato erano piuttosto semplici. I pescatori consegnavano la loro pesca ai grossisti che, guadagnandoci su, a loro volta la vendevano e distribuivano ai dettaglianti. In modo analogo funzionava il mercato degli agenti ortofrutticoli. Risultato: siccome non soltanto controllavano l'andamento dei prezzi, ma anche perchè prestavano denaro ai pescatori e ai contadini immigrati, credito che nessuna banca locale avrebbe concesso, i grossisti divennero i protagonisti di entrambi i mercati.

I pescatori[3]

La commissione federale di controllo dell'industria ittica che curante gli anni 1880[4] ebbe incarico di studiare le condizioni del settore sulla costa del Pacifico, rilevò che le acque della California erano dominate da pescatori stranieri, in maggioranza italiani, che ai nativi americani avevano lasciato

who had left only the trout streams open to the native American fishermen.[5] These "dusky-skinned fisherfolk from the Mediterranean" were professionals who had migrated to California during the 1850s, but who had avoided the temptation "to see the elephant". Instead, these Latins wasted little time in having "fitted themselves out with boats and nets". Excluding the Chinese, the market fishermen of San Francisco were of southern European origin with the number of Italians predominate over the number of Spanish, Slavonian, Greek, and Portuguese. The Commission noted that each group was made up of hardy, brave, and industrious men who were willing to work hard for small returns.[6] The Italians were not only the largest foreign group of fishermen, but they were also the most agressive and they quickly drove the other immigrants out of the business. Their reliance upon the "paranzella", a tightly knitted, meshed trawling net which was dragged along the floor of the Bay, and the felucca, a lateen rigged vessel built to withstand high winds and rough waters gave the Italians an advantage over all other fishermen.

The effectiveness of the Italians as a work force, however, was influenced by the spirit of "campanilismo", which bound groups of fishermen together according to their provincial origins, and, in turn, this created a provincial specialization in the types of fish that each group pursued. During the first period of Italian immigration, the majority of the Italian fishermen were from the province of Liguria, either from the vicinity of Genoa or the Camogli district, while the rest of the Italian fishermen were from the southern provinces of Sicily, Calabria, or from the vicinity of Naples.[7] While the Genoese fishermen concentrated upon deep-sea fishing, especially tuna, and were intent upon developing a statewide market, the southern Italians, most notably the Sicilian fishermen, met the demands of the local markets and specialized in fresh and inshore fishing.[8] Before the turn of the century, the Sicilian fishermen not only dominated the San Francisco Bay fishing industry, but they were the dominant provincial group of Italian fishermen active in the industry. The Genoese, who had been the business agents for the Sicilian fishermen, had turned to other occupations, leaving the Sicilians to develop the fishing industry into one of the most profitable economic enterprises in California.

Dressed in gum boots, checkered flannel shirts, blue trousers, and fur hats, the Sicilian fishermen brought with them the expertise of having fished in the rough waters of the Mediterranean. Most were from Palermo, or the small villages of Porticello, Sant'Elia, or Isola delle Femmine. They had migrated individually like the 16-year-old Gaetano Tarantino in 1883, or in family groups as the Alioto brothers, Crivellos, Sabellas, Gandolfos.[9] Some came directly to San Francisco, while others stopped off and worked in the coastal fishing towns of Monterey, Martinez, San Pedro, Santa Cruz, or Pittsburg following the runs of the seasonal fish.

soltanto la pesca delle trote.[5] Questi "pescatori mediterranei di colorito bruno" erano gente del mestiere che, pur immigrati in California durante gli anni 1850, avevano vinto le tentazioni della febbre dell'oro e in poco tempo s'erano invece "attrezzati di barche e di reti". A eccezione dei cinesi, i pescatori del mercato di San Francisco provenivano tutti dall'Europa meridionale, gli italiani più numerosi di tutti, poi gli spagnoli, gli slavi, i greci e i portoghesi. La commissione federale rilevò che ognuno di questi gruppi etnici era composto da uomini robusti, coraggiosi e industri, propensi a lavorare sodo anche se per poco quadagno.[6] Gli italiani costituivano non soltanto il gruppo più numeroso di pescatori stranieri, ma erano anche i più intraprendenti; e riuscirono così in breve tempo a eliminare la concorrenza degli altri immigrati. La loro bravura sia nell'impiego della "paranzella", cioè della rete a maglia fitta usata per la pesca a strascico lungo i fondali della baia, e sia nella manovra della "feluca", un due alberi a vele latine costruito per tener bene il vento e il mare, diede agli italiani un vantaggio decisivo su tutti gli altri pescatori.

La capacità lavorativa degli italiani fu influenzata dal campanilismo, che amalgamò i pescatori in diversi gruppi regionali, e spinse quindi ogni gruppo a specializzarsi in un diverso tipo di pesca. Durante il primo periodo dell'immigrazione italiana, i pescatori italiani provennero in maggioranza dalla Liguria, specie dai dintorni di Genova e dalla zona di Camogli; gli altri furono meridionali, emigrati dalla Sicilia, dalla Calabria e dai dintorni di Napoli.[7] Mentre i genovesi si dedicarono alla pesca d'altura, in particolare a quella del tonno, e tentarono di estendere il loro mercato a tutto lo Stato, i meridionali, specie i siciliani, risposero alla domanda dei mercati locali specializzandosi nella pesca costiera.[8] Prima del volgere del secolo, i pescatori siciliani non soltanto avevano conquistato l'industria ittica della baia di San Francisco, ma tra i pescatori italiani erano divenuti il gruppo più numeroso. Dopo esser stati agenti di commercio dei siciliani, i genovesi abbandonarono infine la pesca per dedicarsi ad altre attività, lasciando il campo libero ai siciliani che col tempo trasformarono l'industria ittica in una delle attività economiche più redditizie dell'intera California.

Stivaloni di gomma, camicia di flanella a scacchi, pantaloni blu e berretto di pelo, i pescatori siciliani ebbero dalla loro l'esperienza acquisita nei mari non facili del Mediterraneo. La maggior parte di loro proveniva da Palermo, o dai vicini villaggi di Porticello, di Sant'Elìa, e di Isola delle Femmine. Alcuni, come Gaetano Tarantino, emigrato nel 1883 all'età di 16 anni, erano partiti soli, altri erano emigrati con l'intera famiglia, come i fratelli Alioto, i Crivello, i Sabella, e i Gandolfo.[9] Alcuni giunsero a San Francisco direttamente, altri a tappe, lavorando secondo il calendario della pesca di stagione nelle città marittime di Monterey, Martinez, San Pedro, Santa Cruz e Pittsburg.

In California, a quel tempo, i pescatori siciliani formarono due comunità:

In California, at that time, the Sicilian fishermen formed two colonies: one at the base of Telegraph Hill in the larger Italian settlement of North Beach, and the other at the headwaters of the Bay at Black Diamond, today's Pittsburg, California.[10] In both colonies, they were regarded by American onlookers as a community whose inhabitants were frugal and who lived well within their means. They valued the sanctity of the home, cared for the elderly and needy among them, and were not considered a law-breaking community. The Black Diamond colony, because of its distance from San Francisco, presented an orderly and stable appearance with many of the fishermen having secured loans from the local lumber companies to construct their homes.

The streets that led away from Telegraph Hill to the wharf, Vallejo, Green, and Union, had in succession from the 1850s to 1885 served both as the wharf area and market place for the fishermen. Each time the waterfront was filled with reclaimed land to accommodate the deep-water ships, the feluccas and fishing smacks were moved over to the neighboring wharf. By 1885, the fishing fleet was relocated at the foot of Filbert Street and remained there until 1900 when the State of California appropriated funds for the establishment of the present Fishermen's Wharf at Taylor and Jefferson Streets. The Filbert Street wharf, then known as Italy Harbor,[11] consisted of two L-shaped wharves with overlapping wings which enclosed a protected basin 400 feet long by 350 feet wide. Here, the feluccas were moored side by side.[12] Topside, the fishermen availed themselves of a warehouse which housed vats used to dye the sails, or to clean lines and nets in an oak bark solution. Close by was a slip to haul the boats dockside for repairs.[13] At the end of the wharf area was the market place which came alive at around midnight when the fishermen arrived at the wharf and unloaded their cargoes of fresh fish.

The wharf sale began between two and three a.m. Mondays through Thursdays and one a.m. on Friday. The sale continued until all the fish were sold. Excluding Sundays and Christian holy days, San Franciscans were assured of daily catches of rock cod, sardine, crab, salmon, perch, striped bass, fingerling bass, lobster, clam, herring, oyster, and even turtle. The Italian fishermen also introduced into the diet of San Franciscans the delicate calameri, or squid.

While the buyers and fish brokers sorted through the piles of fish spread out on marble-topped counters, the street peddlers and hawkers haggled with the fishermen for bargains. Once they found the best buys, these peddlers loaded their wagons and made their way out to the streets waking housewives with their cries, or with their unmusical tooting of fish horns. The Chinese hawkers, who were considered the best of all the pedestrian

una attestata ai piedi di Telegraph Hill, nel grande quartiere italiano di North Beach, l'altra riunita a Black Diamond, la zona all'estremità della baia nota oggi col nome di Hunter's Point.[10] Secondo osservatori americani del tempo, entrambe le comunità erano composte da gente frugale, capace di vivere entro i propri limiti economici; gente che considerava sacro il vincolo familiare, che aveva cura dei suoi vecchi e dei suoi poveri, che viveva nel rispetto della legge. Lontani da San Francisco, grazie al credito delle ditte di legname locali, molti pescatori di Black Diamond s'erano costruiti casa; così, almeno agli inizi, la loro comunità ebbe apparenza più ordinata e stabile. Fu tuttavia quella di Telegraph Hill, distante pochi passi dai moli, che col tempo divenne la più importante delle due.

Le vie che collegavano Telegraph Hill al molo, Vallejo, Green e Union Street, dagli anni '50 fino al 1885 servirono ai pescatori da angiporto e da mercato. Ogni qualvolta un tratto di banchina veniva colmato con terra di riporto e sistemato in modo da consentire l'attracco delle navi d'altomare, le feluche e le paranze venivano trasferite al molo successivo. Nel 1885, l'ormeggio di tutte le imbarcazioni da pesca fu trasferito alla fine di Filbert Street, e là rimase fino al 1900, anno in cui il governo della California stanziò i fondi necessari alla costruzione del Fishermen's Wharf, l'attuale molo dei pescatori sito tra Taylor Street e Jefferson Street. Noto a suo tempo col nome di "Italy Harbor",[11] il porto di Filbert Street era formato da due moli a forma di L che disegnavano una darsena lunga oltre 130 metri e larga circa 115 metri dove, una a fianco dell'altra, venivano ormeggiate le feluche.[12] Sul molo, i pescatori disponevano d'un deposito che custodiva le tinozze di legno usate per lavare lenze e reti e per tingere le vele, che venivano immerse in una soluzione di corteccia di quercia. Il porto disponeva anche d'uno scivolo di alaggio per le barche da tirare a secco,[13] e al termine della darsena c'era infine il mercato, che s'animava verso mezzanotte quando, tornati a terra, i pescatori scaricavano le loro ceste colme di pesce fresco.

Al porto la vendita del pesce aveva inizio tra le due e le tre del mattino dal lunedì fino al giovedì, e all'una dopo mezzanotte il venerdì. Il mercato aveva vita finchè il pescato era tutto venduto. Così, ad eccezione della domenica e delle altre festività cristiane, la popolazione di San Francisco poteva contare su una pesca quotidiana di merluzzi, sardine, granchi, salmoni, persici, spigole, aragoste, cozze, aringhe, ostriche, e anche tartarughe. Furono i pescatori italiani a introdurre i calamari nel panorama gastronomico di San Francisco.

Mentre grossisti e commissionari facevano la loro cernita dai mucchi di pesce disposti sui banconi di marmo del mercato, a loro volta i venditori ambulanti trattavano con i pescatori, tirando sul prezzo, e una volta concluso l'affare migliore, caricato ognuno il suo carretto, uscivano sulle strade, svegliando le massaie con le loro grida e col richiamo stonato dei loro corni. I cinesi, che erano considerati i migliori pescivendoli ambulanti, portavano

peddlers, carried their fish in baskets hanging from the yokes balanced across their shoulders. By daybreak, most of the fish was sold and delivered to retail markets. If any large catches remained, the fishermen quickly disposed of them for any fair price. At the close of the market day, the fishermen mended their nets, baited hooks, coiled loosened lines, and scrubbed the false bottoms of boats. Those who were going out overnight packed their provisions.

A good portion of the profits were spent for the berthing and maintenance of a felucca. The state charged weekly dock fees according to the number of men employed on one boat. A five-man boat paid $1.25; a three-man boat was .75; a two-man boat was .50; and a one man boat was .25. Usually there were no fewer than three men to one boat. Sometimes the fee varied and a felucca owner was charged between 75 cents and a dollar according to the length of his boat.[14] If any entire crew owned a felucca, the costs were divided equally among the partners. With hired crews who were paid either a salary agreed to at the beginning of the season or worked for a percentage of the proceeds, the boat counted as one man and received equal compensation. The average earning of a fisherman in 1882 ranged between $4 to $4.50 per day. In 1888, on a percentage basis, $700 was a top share for a season with $300 the low figure.[15] To make ends meet, many wives mended the heavy brown nets belonging to their husbands' or they took in nets from other boats.[16] It is rumored that some women even went to sea with their fishermen husbands.

In addition to these expenses, some of the fishermen rented for "two bits per man per week" a stall in the marketplace to display their catches.[17] Most, however, sold directly from their boats to fish brokers who charged a commission fee for their services. These fish brokers, once fishermen themselves, were the money men of the market, setting the daily rates and controlling the supply and demand of the market. It was reported that the fish brokers made their fortunes overstocking the market and cutting the fishermen out of their profits. A fish broker might easily loan a fisherman money for a felucca or finance him for a season of fishing. The brokers were equally quick, however, to claim the collateral, an action for which the fishermen scorned them.

To lessen the bitter competition between the individual fishermen and to curb the merciless methods of the fish brokers, a cooperative agreement was arranged. When the morning market was threatened with an overstock of 30 or more cargoes of one species, the crew of each boat was instructed to

invece il loro carico in due ceste appese a un giogo bilanciato sulle spalle. All'alba, gran parte del pescato era ormai venduto e consegnato alle pescherìe. Se restavano grosse partite di pesce invenduto, i pescatori se ne sbarazzavano velocemente al miglior prezzo possibile e, chiuso finalmente il mercato, tornavano al molo a rammendare reti, a mettere nuova esca agli ami, a riavvolgere le lenze e a ripulire la barca e, chi la stessa notte doveva tornare a mare, a preparare infine le sue provviste.

Buona parte dei guadagni se ne andava per le spese di ormeggio e di manutenzione della feluca. Lo Stato imponeva tasse d'ormeggio settimanali, in proporzione all'equipaggio. Una barca con cinque pescatori a bordo pagava un dollaro e 25 centesimi; per una di tre, la tassa era pari a 75 centesimi; per due uomini era mezzo dollaro, e infine pagava un quarto di dollaro la barca con un solo pescatore. Di solito, una barca impiegava non meno di tre uomini. A volte, la tassa d'ormeggio era proporzionale alla lunghezza dell'imbarcazione; e in tal caso la quota settimanale d'una feluca variava da 75 centesimi a un dollaro.[14] Se la feluca era proprietà dell'intero equipaggio, le spese venivano divise equamente. Quando invece l'equipaggio era d'ingaggio, cioè pagato o a salario (che veniva pattuito all'inizio della stagione) oppure a percentuale, alla barca spettava per nolo un compenso uguale a quello d'un membro dell'equipaggio. Nel 1882, il guadagno medio giornaliero d'un pescatore variava da quattro a quattro dollari a mezzo. Nel 1888, nei casi di compenso a percentuale, 700 dollari furono il massimo compenso stagionale, e 300 quello minimo.[15] Così, per far quadrare il bilancio familiare, molte mogli lavoravano a rammendare le reti del rispettivo marito o quelle di altri equipaggi,[16] e si dice che alcune di loro usassero anche uscire in mare, a pesca con i loro uomini.

In aggiunta a queste spese, alcuni pescatori usavano pagare l'affitto d'un banco al mercato, a vendere di persona la loro pesca.[17] La maggior parte, però, usava vendere il pescato direttamente dalla barca agli intermediari, che lavoravano su commissione. Ex pescatori loro stessi, erano questi grossisti a fare il mercato, stabilendo i prezzi del giorno e controllando l'andamento della domanda e dell'offerta. Accumularono fortune, si disse, saturando di proposito il mercato, e quindi tagliando fuori dai loro guadagni i pescatori. Il grossista era facilmente in grado di prestare al pescatore il denaro necessario all'acquisto d'una feluca, o di finanziarne l'attività per un'intera stagione di pesca. Ma altrettanto facilmente, in caso di mancato pagamento, era pronto a esigere il sequestro della barca o di altri beni che avevano garantito il prestito; motivo per cui la categoria era disprezzata da tutti i pescatori.

Per diminuire l'accanita concorrenza presente tra loro, e porre freno ai sistemi spietati dei grossisti, i pescatori si riunirono infine in cooperativa. Quando, al mattino, il mercato rischiava la saturazione per l'eccesso di 30 o più partite d'una sola varietà di pesce, l'equipaggio d'ogni barca era tenuto a

fill a box containing 80 pounds of fish which was then turned over to one dealer or agent who sold the catch of each boat in successive turns until all the fish was sold or the demand was diminished. Tempers flared when the brokers took advantage of the inability of the fishermen to read the scales or to understand English, and on more than one occasion the brokers cheated the fishermen by leading the scales. Every Saturday night, a representative from each boat received the weekly proceeds from the agent and then divided the profits among all the partners. Sometimes, they were paid in fish.

Between 1900 and 1901, the state set aside the waterfront area between Taylor and Leavenworth Streets for the use of the commercial fishing fleet and rented, on a yearly basis, the wharfside buildings.[18] From the railroad tracks on Jefferson Street north to the Bay was state property designated as the new Fishermen's Wharf, while the remainder of the area south of the tracks belonged to the city of San Francisco. The new Taylor Street wharf was built in a U-shaped pattern. Taylor Street and Leavenworth from right to left ran parallel with Jefferson Street which connected them. Beneath the shelter of the area were berthed the feluccas, crab boats, and other fishing boats. In the middle of the Taylor Street wharf was the wharfinger, the center of operations for the entire wharf where the fishermen cleaned and piled their fish and laid out their nets and equipment. Small tables were set up as outdoor market stalls along the wharf to permit the fishermen to sell their fish independent of the fish brokers. All the activities scattered along Vallejo, Green, Union, and Filbert Streets wharves were now permanently concentrated in one area.

At this time, the fishing industry of California had so rapidly increased production that it became the second leading fishery in the nation. The San Francisco Bay community led the state in the production of salmon and sardine, while southern California developed the tuna-albacore industry. This development also meant the rise of pressure groups who sought to enforce the conservation laws and bring their influence to bear upon the local fishermen. This situation proved explosive.[19]

The Italian fishermen had been early advocates of the local labor movement organizing series of quasi-labor and benevolent societies.[20] The impetus for the first of these societies was an attempt to protect themselves from the ill effects of discriminatory legislation aimed against the Chinese fishermen. The San Francisco Board of Supervisors imposed, in October 1864, a $25 quarterly license fee upon the Chinese fishermen and peddlers in a move to eliminate them from the market. This, however, upset the profits made by the Italian fishermen since the Chinese purchased the bulk of their

consegnare la sua pesca a ceste di 80 libbre per volta a un incaricato che vendeva il prodotto d'ogni barca in turni successivi finchè o il pescato o la domanda erano esauriti. Spesso, provocata da qualche grossista colto in flagrante a manipolare le bilance, o comunque ad approfittare di pescatori che non sapevano leggere il peso o che non capivano l'inglese, tra le due fazioni esplodeva la lite. Ogni sabato sera, un rappresentante di ogni barca riscuoteva dall'incaricato della cooperativa i proventi delle vendite della settimana e, dedotte le spese, suddivideva il guadagno tra i soci. A volte, i pescatori venivano compensati in natura, cioè col pesce invenduto.

Tra il 1900 e il 1901, lo Stato assegnò all'uso dei pescherecci il tratto di lungomare compreso tra Taylor e Leavenworth Street, affittando su base annua gli edifici costruiti lungo i moli.[18] La zona di proprietà statale a nord della ferrovia di Jefferson Street, fino alla baia, divenne il nuovo "Fishermen's Wharf", mentre la restante zona a sud fu assegnata al municipio di San Francisco. Il nuovo molo di Taylor Street (Taylor e Leavenworth Street avevano andamento parallelo ed erano collegate da Jefferson Street) fu costruito a forma di U, e al riparo di questo complesso trovarono ormeggio le feluche, le barche dei pescatori di granchi e gli altri pescherecci. A metà del molo, attorno alla capitaneria, ebbe sede il centro operativo di tutto lo scalo, cioè il luogo dove i pescatori separavano e assortivano il pesce pescato, accatastavano le ceste, stendevano al sole le reti e le altre attrezzature. Lungo il molo, come in un mercato all'aperto, avevano posto dei banchi, per consentire ai pescatori la vendita diretta, senza la mediazione dei grossisti. Tutte le attività del settore, sparse un tempo sui moli di Vallejo, Green, Union e Filbert Street, erano ora riunite stabilmente in quest'unica zona.

A questo punto, l'industria californiana della pesca aveva subìto un incremento così notevole che la sua produzione aveva raggiunto il secondo posto nella graduatoria nazionale. La comunità dei pescatori della baia di San Francisco era prima, a livello statale, nella pesca dei salmoni e delle sardine, mentre la California meridionale aveva dato sviluppo all'industria del tonno alalunga. Questo incremento determinò il sorgere di gruppi civici che, per controllare l'attività dei pescatori di San Francisco, chiesero una più rigida applicazione delle leggi a protezione della fauna ittica. Il conflitto tra questi opposti interessi ebbe effetti esplosivi.[19]

Organizzando tutta una serie di associazioni di categoria, i pescatori italiani erano stati tra i primi sostenitori del movimento sindacale locale.[20] L'impulso a formare la prima di queste associazioni nacque dal tentativo di proteggersi dalle conseguenze di una legge discriminatoria che prendeva di mira i pescatori cinesi. Nell'ottobre del 1864, la commissione annonaria municipale di San Francisco aveva imposto sui pescatori e sui pescivendoli ambulanti cinesi una tassa d'esercizio di 25 dollari a trimestre, con l'intenzione di eliminarli dal mercato. Poichè però, gran parte del pesce da rivendere, i cinesi lo acquistavano dai pescatori italiani, il balzello colpiva

fresh fish from the Italians. In retaliation, the Italian fishermen struck and formed their own union, the Fishermen's Association, on October 18, 1864, with 305 members.[21]

Six years later, in 1870, the Fishermen's Association was succeeded by the Fishermen's Mutual Aid Society of San Francisco with 500 members, and by 1877 it had become the Fishermen's Protective and Benevolent Association headquartered on the Vallejo Street wharf.[22] Periodic meetings were held, dues were paid and accident-illness insurance plus widow's benefits were granted to the Italian Bay fishermen. Five years later, between the fall of 1882 and the spring of 1883, the Italian fishermen, through the growing power of the San Francisco Trades Assembly, organized the first official Italian Fishermen's Union and rented the Filbert Street wharf from the State as their headquarters and marketplace.[23]

These unions, however, were lax in the enforcement of conservation laws. Although the Italian fishermen for the most part understood the necessity of protecting the young or undersized fish and the female of the species, salmon, shad, rock cod, striped bass, and crab were threatened by extinction from overzealous fishermen eager for side-money. So long as they were not caught by game wardens, they justified usage of illegal nets and trappings.

Similarly ineffective was the Fish Patrol instituted by the California Fish and Game Commission to crack down on illegal fishing and poaching throughout the waterways of the state. Unfortunately, the California legislature had failed to pass substantial laws that gave the Fish Patrol any consequential authority aside from imposing heavy cash fines. The consequence was a tragic drama between youthful deputies who flashed guns in the faces of suspected violators, and fishermen who armed themselves in what they considered to be an act of self-defense. Those fishermen who were caught were fined, and when they realized that half of the fine was collected by the deputy, their resentment doubled.

The fishermen were locked in a dilemma which portended to rob them of any and all profits. On one side of the dilemma, the deputies of the Fish Patrol menaced their lives and confiscated illegal traps and nets which cost the fishermen dearly and prevented them from catching fish during the most profitable seasons.[24] At the other side of the dilemma were the fish brokers who continued to charge high commission rates and had further cut into the profits of the fishermen by forming trusts to set the market prices of certain species. In desperation, and in response to the trusts of the fish brokers, the Italian fishermen formed protective associations which governed their

indirettamente anche questi ultimi, i quali, per rappresaglia, il 18 ottobre 1864 formarono la "Fishermen's Association", gruppo parasindacale forte di 305 membri.[21]

Sei anni dopo, nel 1870, la "Fishermen's Association" fu sostituita dalla "Fishermen's Mutual Aid Society di San Francisco", che riuniva 500 pescatori, e che più tardi, nel 1887, divenne "Fishermen's Protective and Benevolent Association", con sede centrale sul molo di Vallejo Street.[22] L'associazione riuniva periodicamente i pescatori italiani della baia, faceva pagare quote sociali, e in cambio offriva un'assicurazione sugli infortuni e sulle malattie e, in caso di morte, aiuti alle vedove. Cinque anni più tardi, tra l'autunno del 1882 e la primavera del 1883, grazie al crescente potere della camera di commercio di San Francisco, i pescatori organizzarono il primo vero e proprio sindacato italiano di categoria, l'"Italian Fishermen's Union", e affittarono dallo Stato il molo di Filbert Street per farne il loro quartier generale e il loro mercato.[23]

Questi gruppi sindacali si dimostrarono tuttavia negligenti nell'osservanza delle leggi a tutela della fauna ittica. Infatti, anche se in gran parte i pescatori capivano la necessità di tutelare gli avannotti, il pesce di piccolo taglio e le femmine, tuttavia, per colpa dei pescatori più avidi di guadagno che, almeno finchè non venivano presi in flagrante dagli agenti di tutela, consideravano legittima la pesca con sistemi non consentiti, il salmone, l'alosa, il merluzzo di scoglio, la spigola e il granchio furono minacciati di estinzione.

Ugualmente inefficace fu la "Fish Patrol", cioè la guardia ittica che la commissione statale apposita aveva istituito con l'intenzione di eliminare la pesca e la caccia di frodo da tutte le vie d'acqua della California. Sfortunatamente, infatti, il governo statale non era riuscito a varare leggi idonee a conferire alla "Fish Patrol" altro mandato se non quello di imporre pesanti multe in contanti ai contravventori. Ne conseguì un drammatico confronto tra i giovani rappresentanti della legge, che armi in pugno fermavano i presunti contravventori, e i pescatori, armati a loro volta, in una azione di presunta legittima difesa. Chiunque veniva sorpreso a pescare di frodo veniva multato, e il prevedibile risentimento dei pescatori aumentò quando si seppe che all'agente veniva corrisposta come compenso metà della multa comminata.

I pescatori si trovarono così di fronte a un dilemma, che minacciava di derubarli di ogni loro guadagno. Da una parte c'erano gli agenti della "Fish Patrol", che non soltanto costituivano una minaccia alla loro incolumità, ma confiscavano trappole e reti costate care, impedendo inoltre la pesca durante la stagione più ricca.[24] All'altro corno del dilemma c'erano quindi i grossisti, che continuavano a imporre alte tangenti, e che riunendosi in consorzio onde poter fissare il prezzo di mercato di certe varietà di pesce, avevano ridotto ancor più i guadagni dei pescatori. Costretti alla disperazione, per opporre l'azione dei grossisti, i pescatori italiani si riunirono in

specialties, some of these including the Rock Cod Association, the Striped Bass Association and the Crab Fishermen's Protective Association. These associations functioned largely through an agreement by the members to adhere to the conservation laws.

The crab fishermen were the first to unite, and their association was the model upon which the rest were formed. The Crab Fishermen's Protective Association was organized to protect the species from extinction and to give the fishermen a better bargaining position with the fish brokers. In 1913, membership in this organization reached 175 under the management of Antonio Farina, a dry good merchant[25] and labor negotiator, who was responsible for the enforcement of the regulations of the Association. Fishermen were required to turn in to Farina a daily limit of four dozen crabs which were marked up 4% for market. The market price was set according to the market demand and a minimum price of 25¢ per crab was established. To avoid a market glut, the surplus crabs were crated and stored at Fisherman's Cove off Powell Street until the Department of Health condemned the practice because of the proximity of this storage area to the sewer drain. The crabs were then kept alive in wooden boxes and lowered beneath the docks for another market day.[26]

The crab fishermen apparently had won their battles against the trust, but the rest of the fishermen who caught fresh and inshore species were overwhelmed by the power of the fish trust, a combination of the fish wholesalers and brokers. Fishermen, under contract to these firms, accused them of overpricing the fish and making a profit for themselves while holding to a low price for the fishermen. If the fishermen could eliminate the fish brokers and those who worked for the trust, then they could reduce the retail price. The fishermen proposed that the size of the catch would determine the market price and that the smaller the catch, the higher the price, and similarly the larger the catch, the lower the price.[27] The state market director stepped into the dispute, not so much in favor of the fishermen, but in an attempt to regulate the price of fish for the consumer.

The five major San Francisco companies involved in the fish trust — A. Paladini, Western California Fish Company, San Francisco International Fish Company, Independent Fish Company, and Borzone Fish Company — formed a syndicate under the head of an elected commodore who assigned the daily fishing grounds for the crew of each company. At the end of the day, the fishermen brought their catches to the central wharf where the

associazioni di tutela: nacquero così l'Associazione dei pescatori di merluzzo, l'Associazione dei pescatori di spigola, e l'Associazione dei pescatori di granchi. Di comune accordo, i membri di queste diverse associazioni decisero di aderire alle leggi vigenti in materia di protezione della fauna ittica.

I pescatori di granchi furono i primi a unirsi, e la loro associazione servì da modello alle altre. La "Crab Fishermen's Protective Association" fu organizzata sia a evitare l'estinzione dei granchi e sia per dare ai pescatori una posizione di maggior forza nel loro rapporto economico con i grossisti. Nel 1913, sotto la guida amministrativa di Antonio Farina, merciaio[25] e mediatore sindacale, l'associazione arrivò a contare 175 iscritti. I pescatori dovevano consegnare a Farina un quantitativo giornaliero massimo di quattro dozzine di granchi, che il rappresentante metteva quindi in vendita con un sovrapprezzo del 4 per cento. Il prezzo era stabilito in base alla domanda del mercato, ma non poteva essere comunque inferiore al minimo stabilito di 25 centesimi di dollaro a granchio. Per evitare la saturazione del mercato, i granchi in eccedenza venivano stipati in ceste e immagazzinati alla "Fishermen's Cove", una cala vicina a Powell Street. Quest'uso cessò infine col divieto delle autorità sanitarie, costrette al provvedimento dalla vicinanza del deposito ai canali di scolo delle fogne. I pescatori ovviarono al bando conservando i granchi in gabbie di legno che usarono sommergere in mare sotto i pontili, a tener vivi i crostacei fino al successivo giorno di mercato.[26]

I pescatori di granchi avevano vinto apparentemente la loro battaglia, ma gli altri pescatori furono sopraffatti dal potere del consorzio dei grossisti e degli agenti commissionari. Quelli che lavoravano a contratto con queste ditte, accusarono i mercanti di vendere il pesce a prezzi eccessivi, ricavandone profitto personale a danno del pescatore al quale invece venivano corrisposti prezzi troppo bassi. Soltanto eliminando la mediazione dei grossisti e dei commissionari, i pescatori sarebbero riusciti a ridurre i prezzi al dettaglio, così, questi ultimi proposero che l'andamento quotidiano dei prezzi fosse stabilito proporzionalmente al volume del pesce pescato, in altre parole, più scarso il pescato, più alto il prezzo, e viceversa, più abbondante la pesca e più bassi i prezzi.[27] Nella disputa intervenne infine il direttore statale del mercato, che però, più che pronunziarsi a favore dei pescatori, tentò di stabilizzare i prezzi a favore dei consumatori.

Le cinque maggiori ditte del consorzio ittico di San Francisco erano la "A. Paladini", la "Western California Fish Company", la "San Francisco International Fish Company", la "Independent Fish Company" e la "Borzone Fish Company". Queste ditte si unirono in unico cartello, il gruppo diretto da un "commodoro" che, eletto di comune accordo, assegnava le zone di pesca quotidiane agli equipaggi di ogni ditta associata. Al termine della giornata, i pescatori portavano la pesca al molo centrale dove le barche venivano scaricate e dove, in proporzione al volume del pesce pescato,

boats were unloaded and the crews were allotted the equipment for the next day based upon the size of their catches.[28] The state market director ensured the success of this operation when he proposed to revoke the licenses of the fish wholesalers who charged more than the maximum prices established.[29] Although the program was successful, it was discontinued at the end of World War I with few reasons given for its abandonment.

During the "war of the crabs" and the dispute between fishermen and dealers, the gasoline engine was invented, which would come to revolutionize the fishing industry. Easy to install, these engines increased the speed and maneuverability of boats both large and small, permitting fishermen to stay out longer for larger catches. Those companies who became successful among the fishing enterprises of San Francisco include: "Union", "Frisco Standard", "Atlas", "Imperial", and "Enterprise".

Frank Hicks, a local designer who had tinkered with engines for a decade, constructed one which doomed all sail-rigged fishing boats. The Hicks engine was hand-started and used only for heavy-duty purposes. There was a minimum of upkeep, low operating costs and it handled safely and smoothly. For at least 25 years, the Hicks engine dominated California waters with over 80% of the fishing boats using 6 to 35 horse power engines.[30]

These engines led to a new style in the construction of fishing boats. In 1912, the larger and more sturdy Monterey fishing boats with their chicken-beaked clipper bows began to replace the feluccas. Powered with a Hicks engine, the Montereys were built as work boats, equipped to do more than one kind of fishing. The long poles towering high above the decks were lowered for salmon trawling; crab nets could be quickly tossed over the sides; and the gurdy, a power-reeled pulley lifted the strained fishing lines. The Montereys were large boats that accommodated the crew for overnight trips and were heavy enough to sustain the pounding of turbulent seas.

There was one other innovation which happened at the same time as the introduction of the gas engines, the Montereys, and the gurdy. Although it did not modernize the Bay fishing industry per se, it did change the physical appearance of Fishermen's Wharf. Along the wharf between the fish houses were small standup coffee stands and chowder counters which catered to the appetites of the fishermen.[31] Tomaso Castagnola thought that fish cocktails and fried fish might be popular and in 1916 he received the first permit to dispense seafood cocktails in his small restaurant. The state granted 9 other assignments to other businesses on the Taylor Street Wharf, which

all'equipaggio di ogni barca veniva assegnata l'attrezzatura necessaria per la pesca del giorno successivo.[28] La disputa sui prezzi venne risolta infine dal direttore statale del mercato che impose un calmiere, chiedendo la revoca delle licenze di vendita ai grossisti che vendessero a prezzi superiori al limite massimo stabilito.[29] Il provvedimento ebbe successo ma, senza tante spiegazioni, cessò d'essere applicato al termine della I Guerra mondiale.

Intanto, nel corso della "guerra dei granchi" e durante la vertenza tra pescatori e grossisti, era nato il motore marino a benzina, destinato a rivoluzionare l'industria ittica. Di facile installazione, i motori a benzina aumentavano la velocità e la capacità di manovra delle feluche e delle altre barche minori, consentendo ai pescatori di stare in mare più a lungo e quindi di pescare di più. Le prime marche di motori marini che riscossero maggior successo tra i pescatori di San Francisco furono la "Union", la "Frisco Standard", la "Atlas", la "Imperial" e la "Enterprise".

Frank Hicks, un progettista del luogo, dopo aver armeggiato tra i motori per un decennio, costruì infine un motore marino che fece tramontare tutte le barche a vela. Il motore Hicks aveva avviamento a manovella, grande potenza, richiedeva manutenzione minima, consumava poco, forniva prestazioni sicure e aveva facile manovrabilità. Installato su oltre l'80 per cento delle imbarcazioni da pesca, in modelli di potenza diversa, da 6 fino a 35 cavalli, il motore Hicks dominò le acque della California per almeno 25 anni.[30]

I motori determinarono la nascita di barche da pesca di nuovo disegno. Nel 1912, i più grandi e robusti pescherecci "Monterey" cominciarono a sostituire le feluche. La prua a profilo rientrato e tagliente, e dotati di motori Hicks, i "Monterey" erano costruiti come barche da lavoro e attrezzati per l'impiego in diversi tipi di pesca. In coperta montavano lunghi picchi di carico che venivano ammainati per la pesca a strascico del salmone; dalle loro fiancate basse, potevano essere affondate rapidamente le reti per la pesca dei granchi, e per salpare le lenze cariche, a poppa montavano il "gurdy", cioè un verricello a motore. Infine, i "Monterey" erano grosse imbarcazioni che potevano alloggiare l'equipaggio durante le spedizioni notturne, e erano di stazza sufficiente a tener bene il mare in tempesta.

Di pari passo con l'introduzione dei motori a benzina, dei "Monterey" e del "gurdy", nacque un'altra innovazione che, sebbene non determinante nella modernizzazione dell'industria ittica della baia, cambiò il panorama del Fishermen's Wharf. Lungo il molo, tra i depositi e le pescherìe, a servire i pescatori sorsero dei chioschi dove era possibile sorbire un caffè al banco, o consumare una zuppa di pesce.[31] Un certo Tomaso Castagnola fu il primo a intuire che la vendita al pubblico di "cocktail" di frutti di mare e di fritture di pesce poteva diventare un affare sicuro, e nel 1916 chiese e ottenne la prima licenza per l'esercizio d'un piccolo ristorante. Sul molo di Taylor Street, lo Stato concesse successivamente altre nove licenze analoghe, che autoriz-

were combination fish markets and eating houses. Tourists were told that the best day to visit the wharf was on a Thursday when the heaviest hauls were brought in for the Friday trade.[32] As they watched the fish dealers in action and the crabs boiling in the brick cauldrons, they sat and ate fresh seafood cocktails or fried prawns, scallops, or thick chowders.

Crabs and shrimps, abundant in San Francisco Bay, made Fishermen's Wharf world-famous. Both San Franciscans and tourists came to the wharf for a highly seasoned bowl of crab cioppino (stew), or a refreshing shrimp or crab walk-away cocktail which was at that time only a nickel. With the increase of a transient population due to the Second World War, Fishermen's Wharf became one of San Francisco's most scenic spots.[33]

The San Francisco Bay fishing industry had been built by individual immigrants who had carried the family tradition of fishing with them. Achille Paladini was responsible for much of the development of the fishing industry with improvements for the preservation of caught fish. The company he founded was one of the first to can tuna on the Pacific Coast, to smoke fish and to maintain a cold storage plant for the harvesting of fish. A fisherman himself, Paladini had been one of the first to use a single-cylinder gas engine in a small half-decked vessel instead of the lateen rigged felucca.[34] By 1915, Paladini had five fishing tugs, two trucks, and seventy-five employees.[35]

Another Italian immigrant to leave his mark upon the fishing industry of the Bay was Luciano Sabello who arrived in San Francisco in the fall of 1887 with his three brothers, Frank, Augusto, and John. Together they worked until they had saved enough to buy a small sail-powered fishing boat.[36] The normal procedure for recruiting more fishermen was to call back to Italy for brothers, cousins, and friends, who were familiar with the Italian fishing methods used in the Bay as the "paranzella", or drag-net fishing. Once here, these families stayed close together and pooled finances and abilities to buy a boat and equipment.

Regretfully, the onset of World War II initiated the darkest period in the history of the Italian Bay fishing colony. The United States Army was ordered in January 1942 to take over operations of all piers and surrounding wharf area. Since most of the Italian fishermen were aliens, they were forbidden to return to their boats and the owners of the wharf businesses were evicted. As aliens the fishermen were suspects but as many of them pleaded, they were not disloyal to the United States. Many had become

zavano insieme l'esercizio d'una pescherìa con annessa trattoria. Il giorno più indicato per visitare il porto era il giovedì quando, per il mercato del venerdì, approdavano i carichi più abbondanti.[32] La gente imparò così a frequentare il luogo, a guardare i pescivendoli al lavoro, a veder cuocere i granchi in grosse pentole di terracotta, sedendo a consumare "cocktail" di frutti di mare, o scampi fritti, o sapide zuppe di pesce.

Abbondanti nella baia di San Francisco, granchi e gamberetti diedero fama internazionale al Fishermen's Wharf. Con la gente del luogo, anche i turisti impararono infatti la via del molo per una ciotola di "cioppino", cioè di granchi in umido conditi con salsa piccante, o per un cartoccio di gamberetti o di granchi, che a quel tempo costava appena 5 centesimi di dollaro. Più tardi, con l'aumentato transito di gente conseguente alla II Guerra mondiale, il molo dei pescatori divenne una delle mete turistiche più caratteristiche di San Francisco.[33]

L'industria ittica della baia di San Francisco era stata creata dall'iniziativa personale di immigrati per i quali la pesca era tradizione di famiglia. Un immigrato a cui si deve tanto, perchè migliorò con diverse innovazioni l'industria del pesce conservato, fu Achille Paladini. La sua ditta fu una delle prime della costa del Pacifico a inscatolare il tonno, a produrre pesce affumicato e a usare impianti frigoriferi per il magazzinaggio del pesce. Pescatore lui stesso, Paladini era stato uno dei primi a preferire il motore monocilindrico a benzina alle vele della feluca,[34] e nel 1915, risultava proprietario di cinque pescherecci a motore, di due camion, e dava lavoro a 75 dipendenti.[35]

Un altro immigrato destinato a lasciare la sua impronta nell'industria ittica della baia fu Luciano Sabella, giunto a San Francisco nell'autunno del 1887 insieme ai suoi tre fratelli Frank, Augusto e John. I quattro lavorarono insieme finchè ebbero risparmiato abbastanza per acquistare un peschereccio a vela e a motore.[36] La procedura seguìta di norma per ingaggiare nuovi pescatori era quella di richiamare dall'Italia fratelli, cugini e amici già esperti dei metodi di pesca italiani in uso nella baia, a esempio dell'uso della "paranzella", la rete usata per la pesca a strascico. Una volta giunti in California, questi gruppi familiari vivevano riuniti, associando finanze e lavoro per acquistare infine una barca e il resto delle attrezzature necessarie alla pesca.

Lo scoppio della II Guerra mondiale iniziò purtroppo il periodo più nero della storia dei pescatori italiani della baia. Nel gennaio del 1942, l'esercito americano ebbe ordine di assumere il controllo dei moli e delle zone limitrofe. E siccome la maggior parte dei pescatori italiani erano cittadini stranieri, gli fu vietato l'uso delle loro imbarcazioni. Inoltre, quelli titolari di aziende dislocate sui moli vennero espropriati. Siccome erano stranieri, i pescatori furono considerati sospetti. Anche se, come molti di loro ebbero a dichiarare in segno di protesta, tale condizione non ne faceva necessariamente dei

discouraged learning to read and write the English language and had thereby failed to complete their citizenship classes. By November 1942, the Secretary of the Navy lifted the alien restrictions and allowed the fishermen to return to their boats and their beloved Bay.[37]

In all, the fishing industry which had started in the San Francisco Bay area as a small business during the 1850s had, by 1910, blossomed into an institutionalized business of fish brokerages, expanding companies, and protective unions. The 1870 census reported that there were 125 Italians employed as fishermen in California[38] by 1885, there were some 265 fishing boats docked at the new Filbert Street wharf,[39] and in 1905 the government estimated that there were more than four thousand fishermen engaged in fishing throughout the state with an invested capital of over three million dollars for 1905. The yearly output for 1905 was more than 75 million pounds, valued at over two and a half million dollars.[40] The industry continued to prosper, especially during the second period of immigration when the increase in the number of southern Italians, primarily Sicilians, dominated the industry. By 1929, there were 384 boats docked in the San Francisco Bay with an investment of $1,152,000, not to mention an annual average income for the fishermen of the Bay of about $3,500, which gave the 384 owners a purchasing power of $1,342,000.[41] Considering that three-fourths of all of the fishermen were Italian, this purchasing power gave the Colony a permanent source of income. Most of the fishermen had made a good living from the Bay. They united together in a close economic and social community in order to protect their investments. They struggled to develop one of the most profitable industries of California. Based on this fact alone, the Italian Colony was deeply woven into the economic fiber of the state.

The Farmers... I Giardinieri[42]

The 1870 census reported that there were a total of 869 Italians engaged in agriculture in California with 12 classified as "hucksters, peddlers, and commercial travelers".[43] Exactly how many of these Italians were associated with the San Francisco markets is not known.

The Italians who did engage in the San Francisco commission markets shared the competitive activities of the business with the Chinese, Portuguese, Irish, Jews, Syrians[44] and a few French gardeners. The regional composition of the Italian truck farmers and commission men was a mixture from the same provincial region of Liguria. While most of the truck farmers were from the Ligurian countryside, the commission men came from the city-port of Genoa. These Genovese dominated the Italian commission market from

traditori degli Stati Uniti. Più semplicemente, convinti che non sarebbero mai riusciti a imparare a leggere e a scrivere l'inglese, molti di loro avevano rinunciato a dare l'esame prescritto per ottenere la cittadinanza americana. Nel novembre del 1942, il Ministro della Marina abrogò le restrizioni imposte a carico dei residenti stranieri, consentendo così ai pescatori di far ritorno alle loro barche e alla pesca nella baia.[37]

Per concludere, cominciata come minore impresa commerciale negli anni 1850, l'industria ittica della baia di San Francisco era divenuta nel 1910 un fiorente centro economico di agenti di commercio, di ditte in costante espansione, di sindacati di categoria. Il censimento del 1870 aveva determinato la presenza di 125 pescatori italiani nell'intera California.[38] Nel 1885, soltanto al nuovo molo di Filbert Street risultavano ormeggiati circa 265 pescherecci.[39] Nel 1905, secondo stime governative, in tutto lo Stato risultavano presenti oltre quattromila pescatori, con un investimento di capitale pari a oltre tre milioni di dollari. La produzione complessiva di quell'anno superò i 75 milioni di libbre di pesce, per un gettito pari a oltre due milioni e mezzo di dollari.[40] L'industria della pesca continuò a prosperare, specie durante il secondo periodo dell'immigrazione italiana, quando l'aumento del numero dei meridionali, soprattutto dei siciliani, divenne determinante. Nel 1929, nella baia di San Francisco erano presenti 384 pescherecci, pari a un investimento di capitale di un milione e 152 mila dollari, per non parlare del reddito medio annuo dei pescatori della baia, pari a circa 3 mila 500 dollari pro capite, livello di guadagno che conferiva alla categoria un formidabile potere d'acquisto.[41] Considerando che di tutti i pescatori, tre quarti erano italiani, questo potere d'acquisto costituì per la comunità italiana una fonte costante di reddito. Dalla baia, la maggior parte dei pescatori aveva tratto benessere economico. Così, per proteggere i loro beni, essi formarono una comunità economica e sociale unitaria, lottando insieme fino a creare una delle industrie più redditizie dell'intera California. Non fosse altro che per questo fatto, la comunità italiana di San Francisco fu fattore determinante nel tessere la fibra economica dello Stato.

Gli ortolani[42]

Il censimento del 1870 stabilì che in California gli italiani presenti nel settore agricolo erano 869 in tutto, 12 di loro classificati come "venditori al dettaglio, ambulanti e commessi viaggiatori".[43] Non è noto comunque quanti di loro svolgessero attività nei mercati di San Francisco.

Gli italiani impegnati nei mercati ortofrutticoli di San Francisco lavorarono in concorrenza con ortolani cinesi, portoghesi, irlandesi, ebrei, siriani[44] e pochi francesi. Ortolani e rivenditori italiani provenivano tutti dalla Liguria. Mentre gran parte degli ortolani erano oriundi delle campagne liguri, i rivenditori erano genovesi. Furono questi ultimi a dominare fin dall'inizio il

its inception as they had dominated the fishing markets. Just as they had been the business agents for the Sicilian fishermen, the Genovese sold and shipped produce for the Ligurian truck farmers.

The second regional group active in the commission market were the Lucchesi, professional hawkers from the province of Tuscany. The Lucchesi were neither farmers nor commission brokers. Rather, they were street peddlers who had hawked fish, fruit, and vegetables from their pushcarts through the Italian Quarter. Some of the Lucchesi kept boarding stables to accommodate the truck farmers when they came to market,[45] and to provide the farmers with an inexhaustible supply of fertilizer.

Spread throughout the Mission Valley, Noe Valley, Lake Merced, the Hayes Valley, Ocean Avenue, Bayview, and in the Visitacion Valley were the small Italian truck farms which ranged from 10 or 15 acres to 250 acres. Due to a lack of capital, and the uncertainty of land claims in San Francisco, most Italians were either tenant farmers or they formed partnerships with their fellow countrymen and they rented their gardens on a yearly basis.[46] It was from these truck gardens that a great bulk of the produce sold in the San Francisco commission markets was raised.[47] The smaller gardens furnished the market with the less bulky kitchen vegetables such as tomatoes and lettuce, while on the ranches grew the heavy vegetables such as artichokes, onions, cauliflower, cabbage, and brussel sprouts. It was a four-mile ride from these gardens to the market, which took two hours during the summer and about five hours during the winter months. Other farmers and ranchers who brought their produce up from the farms in the peninsula and San Pedro traveled for two days to get to market.[48] The most common routes to the commission district were either along the old Mission Road or along the San Bruno Road which led to the heart of the financial and commercial district of the city.[49] It was this tremendous distance which gave impetus to the formation of the San Francisco Gardeners and Ranchers Association on August 15, 1874, whose objective was:

...to establish and maintain a vegetable and produce market in San Francisco, and to buy and sell, lease and release all real estate that may be requisite for the uses and purposes thereof.[50]

Through this arrangement, these farmers and gardeners were assured a market wherein they could sell and ship their produce. It was determined that the principal place of business was to be San Francisco and that the duration of the Association was to last for fifty years, having started on August 1, 1874.[51] This Association joined with another group of Italian farmers who had formed their own association, the United Vegetable Dealers Association in 1873. Together they rented one square block on Davis and Front Streets between Clark and Pacific Streets on which they established the Colombo Market.[52]

mercato ortofrutticolo italiano, così come avevano dominato i mercati ittici. E così come erano stati agenti di commercio dei pescatori siciliani, così i genovesi divennero rivenditori e spedizioneri degli ortolani liguri.

Il secondo gruppo regionale attivo sul mercato fu quello toscano, costituito da venditori ambulanti della provincia di Lucca. I lucchesi non erano né agricoltori né agenti di commercio ma venditori ambulanti che spingendo i loro carretti vendevano pesce, frutta e verdura, andando di casa in casa in tutto il quartiere italiano. Alcuni di loro possedevano stalle dove, dietro compenso, accudivano ai cavalli degli ortolani giunti in città per il mercato,[45] ricavavandone inoltre letame da vendere agli stessi clienti.

Sparsi attraverso Mission Valley, Noè Valley, Lake Merced, Hayes Valley, Ocean Avenue, Bayview e Visitation Valley sorgevano gli orti italiani, grandi ognuno da 4 o 6 ettari, fino a cento ettari. Per indisponibilità di capitali e per l'aleatorietà delle concessioni agricole, gli ortolani italiani di San Francisco furono in massima parte affittuari, oppure, formando società con altri connazionali, usarono affittare di anno in anno il terreno da coltivare.[46] Furono questi orti a produrre gran parte dei prodotti ortofrutticoli venduti sui mercati di San Francisco.[47] Gli orti di minor superficie producevano ortaggi come pomodori e lattughe, mentre i più vasti venivano coltivati a carciofi, cipolle, cavolfiori, cavoli e broccoletti di Bruxelles. In media, gli orti erano distanti dal mercato circa quattro miglia, l'equivalente, d'estate, di due ore di strada in carretto, e di circa cinque ore durante i mesi invernali. Per altri, ortolani e contadini costretti a portare i loro prodotti dai campi della penisola o da San Pedro, il viaggio fino al mercato poteva durare anche due giorni.[48] Gli itinerari più comuni per giungere alla zona dei mercati erano o lungo la vecchia Mission Road, o lungo la San Bruno Road, vie che portavano al cuore del distretto finanziario e commerciale della città.[49] Furono le difficoltà dovute a queste distanze che, il 15 agosto 1874, provocarono la formazione della "San Francisco Gardeners and Ranchers Association", i cui scopi erano:

...fondare e gestire a San Francisco un mercato ortofrutticolo; comprare, vendere, affittare e cedere tutti gli immobili ritenuti necessari agli usi e ai fini di detto mercato.[50]

Grazie a questo accordo, i contadini e gli ortolani si garantirono un mercato dove poter vendere e spedire i loro prodotti. Venne stabilito che il centro di tutti i loro commerci doveva essere San Francisco, e che l'associazione doveva avere una durata di cinquant'anni a partire dal primo agosto 1874.[51] Il gruppo si associò quindi a un altro gruppo preesistente, la "United Vegetable Dealers Association", fondata nel 1873 e anche questa formata da agricoltori italiani. Insieme, i due gruppi presero in affitto l'area dell'isolato compreso tra Davis e Front Street e tra Clark e Pacific Street per costruirvi il "Colombo Market".[52]

They hired this square block for $750 per month and constructed a four-corner building which was divided into individual sheds with a roof and flooring. The Colombo Market was described in the late 19th century as "the greatest vegetable market in the world". It was an "Italian Colony planted in the center of a California city".[53] Wherein the Italians had established a market which was more cohesive, more accessible, and more responsive than a large urban community composed of diversified peoples and tastes.[54] At this market, the Italian farmers introduced into the diet of San Franciscans an assortment of vegetables such as cardoon, Italian beans, artichokes, broccoli, eggplants, zucchini, bell peppers; and herbs including parsley, garlic, rosemary, fennel (anise), marjoram, oregano, and sweet basil, basilico.

The Colombo Market was only one part of the entire commission district. There were other Italian market houses located within the main stream of the district scattered along Washington, Sansome, and Davis Streets which not only handled produce, but served as poultry wholesalers and processors. Usually, the Italian truck farmers raised chickens and sold chickens plus eggs on consignment in addition to their agricultural line. After the 1906 fire and earthquake, the Colombo Market was moved below Battery Street on Washington and Front Streets between Davis and Drumm Streets.[55]

One of the first Italian commission dealers who worked outside of the Colombo Market was Antonio Galli, who peddled fruit and vegetables from a stand on Sutter Street. By 1868, Galli established his own company on Sansome Street from which he specialized in nuts and tropical fruits as well as produce from California and Oregon. He also handled butter, cheese, poultry, eggs, honey, hides, potatoes, grain, wool, and other staples.[56] A close associate of Galli was Lorenzo Scatena who had worked as a middle man between the growers and merchants for Galli until 1879 when he opened his own commission house on Washington Street. Scatena became well known in the Italian Colony as the president of the boldest venture of his stepson, the Banca d'Italia, the ingenious creation of his adopted son, Amadeo Peter Giannini.[57] In 1880, G. B. Levaggi had gone into partnership with Paul Barbieri as general produce dealers.[58] Another Italian house on Davis Street was operated by Lelio Paulucci and Charles Casassa after they bought the L. Arata Company in 1884.[59] Further down on Merchant Street was the firm of Zocchi and Giannini which was originally owned by Bulletti and Selna until they sold out in 1872.

The commission houses not only sold farm produce, but they also acted as loan companies advancing money against the following year's crops for new irrigation systems, more trees, plants, seeds, or equipment. Most of the firms kept several thousand dollars on hand to make these short-term loans.

Affittato il terreno a 750 dollari al mese, sull'intero isolato fu costruito un edificio quadrangolare suddiviso all'interno in diversi padiglioni dotati di tettoia e di pavimentazione. Sul finire del diciannovesimo secolo, il "Colombo Market" fu definito come "il più grande mercato ortofrutticolo del mondo", e inoltre "una comunità italiana innestata al centro d'una città della California".[53] Un luogo dove gli italiani avevano creato un mercato che era più coesivo, più accessibile e più adeguato a un grande centro urbano popolato da gente delle più diverse origini.[54] Da questo mercato, i contadini italiani introdussero nel panorama gastronomico di San Francisco un vasto assortimento di ortaggi fino ad allora pressochè sconosciuti, cioè i cardi, i fagiolini, i carciofi, i broccoli, le melanzane, le zucchine, i peperoni, e anche erbe aromatiche come il prezzemolo, l'aglio, il rosmarino, il finocchio, la maggiorana, l'origano e il basilico.

Il "Colombo Market" era soltanto una parte dell'intera zona mercantile. Dislocati lungo il centro di tale zona, lungo Washington, Sansome e Davis Street, sorgevano altri mercati italiani che vendevano non soltanto prodotti agricoli ma anche pollame all'ingrosso. In genere, come attività subordinata a quella agricola, i contadini italiani usarono allevare polli, che insieme alle uova vendevano poi con pagamento alla consegna. Dopo il terremoto e l'incendio del 1906, il "Colombo Market" fu trasferito a sud di Battery Street, all'isolato compreso tra Washington e Front Street, e tra Davis e Drumm Street.[55]

Uno dei primi rivenditori italiani a lavorare all'esterno del "Colombo Market" fu Antonio Galli, gestore d'uno stand di frutta e verdura a Sutter Street. Nel 1868, Galli fondò una ditta in proprio con sede a Sansome Street che vendeva frutta secca e tropicale; prodotti della California e dell'Oregon, e inoltre burro, formaggi, pollame, uova, miele, pellami, patate, granaglie, lana e altre derrate.[56] Fu suo socio Lorenzo Scatena, che dopo aver lavorato per Galli in qualità di mediatore tra coltivatori e mercanti, nel 1879 aprì ditta in proprio su Washington Street. Più tardi, Scatena doveva diventare famoso nella comunità italiana come presidente della Banca d'Italia, creazione geniale di Amadeo Peter Giannini, suo figliastro.[57] Nel 1880, l'esempio di Galli e di Scatena fu seguito da G. B. Levaggi, che aprì negozio di prodotti ortofrutticoli in società con Paul Barbieri.[58] Un'altra ditta italiana ebbe sede su Davis Street, gestita da Lelio Paulucci e Charles Casassa che nel 1884 avevano acquistato la "L. Arata Company".[59] Ancora più a sud, su Merchant Street, sorgeva la sede della ditta Zocchi e Giannini, succeduti nel 1872 alla ditta Bulletti e Selna.

Queste ditte non si limitavano a vendere prodotti agricoli, ma concedevano anche prestiti ai contadini, anticipando sul prossimo raccolto i capitali necessari a impiantare nuovi sistemi d'irrigazione, a piantare nuovi frutteti, a iniziare nuove colture o ad acquistare sementi e attrezzi. La maggior parte di queste ditte usavano tenere a portata di mano diverse

Fishermen and Truck Farmers

The produce business was a rough one with tough, cold-eyed, and seasoned veterans buying and selling. Commission dealers were known to be quick at trying to pull a fast one on an unsuspecting farmer.

One commission house which had been successful at having gained the confidence of the farmers was that of Lorenzo Scatena. His stepson, A.P. Giannini, spent his afternoons writing letters to farmers of the excellence of his stepfather's house in order to obtain their consignments. "Young Scatena" was known to ride a horse to death just to gain a new account or to advise an old one concerning better farming methods, irrigation, planting, or harvesting techniques.[60] Giannini built up Scatena's business as one of the most successful in the San Francisco commission district. Nevertheless, these early years were more significant in that they prepared Giannini for his venture into banking which was built upon the confidence and trust of farmers and commission merchants.

Another notable outgrowth of the produce market was the canning of fruits and vegetables. Marco J. Fontana, once an employee of A. Galli and Company, took the spoiled fruits and vegetables home and began experimental canning on a kitchen stove on the back porch of his San Francisco home. Fontana experimented with the canning of these bruised seconds for about one year before he opened his plant, the M. J. Fontana and Company. After years of financial hardships caused by the lack of adequate operating capital, Fontana joined up with "American" operators in the growing canning industry and was instrumental in the creation of the California Fruit Canners' Association (CalPak) who can under the brand of "Del Monte".

Located within the commission district were the Italian import-export houses which distributed produce from the tropics, California, and the west coast to South America and Europe, especially to Italy, in exchange for Italian and European foodstuffs. The Italian Chamber of Commerce, *Camera di Commercio Italiana*, established on October 6, 1885, and partly supported by the Italian government, was committed to the promotion and extension of commercial relations between Italy and the Pacific Coast. Samples of California products which had a good chance of being marketed in Italy were sent abroad as testers to the Italian Commercial Museums, the Italian Chamber of Commerce, and to private companies.[61] The Italian firms that handled California agricultural goods for overseas shipment were success stories. Many had been established after the gold rush and had quickly grown within the state, meeting the demands of both Italians and non-Italians for specialty foods.

migliaia di dollari in contanti appunto per questi prestiti a breve termine. L'ambiente del mercato era piuttosto difficile, fatto da uomini duri, navigati nell'arte della compravendita, e dotati di pochi scrupoli nei confronti dei contadini più sprovveduti.

Una ditta che era riuscita a guadagnarsi la fiducia dei coltivatori fu quella di Lorenzo Scatena, il cui figliastro, Amadeo Peter Giannini, usava trascorrere interi pomeriggi scrivendo ai contadini lettere che vantavano l'eccellenza della ditta del patrigno, a sollecitare nuovi contratti. "Il giovane Scatena", così fu chiamato a quel tempo Giannini, fu noto perchè pur di raggiungere un nuovo cliente, o per recarsi da un cliente lontano, a consigliarlo sui metodi più idonei di conduzione agricola, di irrigazione, di trapianto o di raccolta, era capace di cavalcare un cavallo fino allo sfinimento.[60] Giannini fece della ditta Scatena una delle imprese più redditizie di tutto il mercato di San Francisco. Questi suoi primi anni di lavoro furono ancora più significativi in quanto prepararono la sua impresa nel mondo bancario, che fu costruita sulla fiducia e sul credito dei contadini e dei mercanti agricoli.

Un altro notevole prodotto del mercato ortofrutticolo fu l'invenzione della frutta e della verdura in scatola. Impiegando frutta e verdura di scarto, Marco J. Fontana, un ex dipendente della ditta "A. Galli and Company", cominciò a sperimentare tecniche di inscatolamento su una stufa da cucina sistemata nel portico dietro la sua casa di San Francisco. Con questi prodotti di scarto, Fontana sperimentò la nuova tecnica per circa un anno, prima di aprire la sua fabbrica che chiamò "M. J. Fontana and Company". Dopo anni di difficoltà dovute a insufficienza di capitali, Fontana si associò infine con "americani" già operanti nel settore ormai in espansione, e partecipò con loro alla creazione della "California Fruit Canners" ("CalPak"), ditta nota tuttora col marchio di fabbrica "Del Monte".

Nella zona dei mercati avevano sede anche le ditte italiane di importazione e esportazione che importavano frutta e verdura dai tropici, dalla California e dall'intera costa occidentale, esportandola quindi in Sud America e in Europa, specie in Italia, in cambio di generi alimentari italiani e europei. Finanziata in parte dal Governo italiano, il 6 ottobre 1885 nacque così una *Camera di Commercio Italiana*, a promuovere e allargare le relazioni commerciali tra l'Italia e i mercati della costa del Pacifico. Campioni di prodotti californiani ritenuti di possibile interesse per il mercato italiano, venivano spediti in Italia agli istituti merceologici, alle camere di commercio, e a ditte private.[61] Le ditte italiane di San Francisco che esportarono oltre mare i prodotti agricoli californiani fecero fortuna. Molte di queste ditte erano nate appena sopita la febbre dell'oro, ed erano cresciute in fretta fino a raggiungere livello statale, supplendo alla domanda di specialità alimentari sia da parte degli italiani e sia da parte dei "non-italiani".

One of the first import-export commission dealers in San Francisco was Nicholas Larco who operated a large fleet of sailing ships between Mexico and San Francisco.[62] In 1875 one of his workers, Luigi Lastreto, opened his own business in the Merchant's Exchange Building on California Street and in 1900 his son Carlos joined him. From Central and South America, Lastreto imported fruits, coffee, and hardwoods. They also imported from China and Japan silk goods and matting for re-exportation to Latin America. Most important for California, they exported fresh fruits to both Latin America and Europe.[63] Another early firm was that of F. Daneri and Company founded in 1860 which was considered to be one of the most respected wholesale grocery firms in the city. They specialized in the importing of French wines, sugar and coffee from Central America, and were the Pacific Coast agents for the Casa Marittima of Genoa and for the Registro Italiano. They catered to the Italian taste for olive oil, Parmesan cheese, canned tunnies, fish, mushrooms, and wines. The F. Daneri and Company extended their trade throughout the Pacific Coast into Oregon, Colorado, Nevada, and Utah.[64] In-between the yards of the Italian boat builders and the commission houses was the wholesale firm of Ravenna, Ghirardelli and Company established in 1867 as the supplier of every description of paste manufactured. The firm changed names in 1887 to the Pacific Consolidated Paste Company and expanded distribution to all points west of the Rocky Mountains and to Mexico, Central America, British America, and the South Seas.[65] The earliest paste manufacturer in San Francisco was the American firm of J.P. Tenthoney who established the Pioneer Macaroni and Vermicelli Factory in 1885. In 1888, he sold out to Swiss J. F. Martinoni and an Italian, J. J. Podesta. The firm continued to serve the Pacific Coast area and British Columbia with French and Italian pastes, farina, and wholesale goods.[66] Another important commercial house was that of D. deBernardi Company, specialists in the trade of foodstuffs and vegetable oils. In his obituary, *Il Corriere del Popolo* praised him for having been one of the first Italian merchants to understand the importance of newspaper advertising.[67] These firms and others similar to them built up a successful trade with Italy, which was possibly a factor in motivating an increasing number of Italian immigrants during the second period.

These were the market industries in which the first generation of Italians were occupied. This first generation of Italian immigrants was able to control the farming and marketing of about 90% of the artichoke and mushroom farms and 40% of the grape lands, which meant that by 1929, 4,000 Italians owned and operated 60,000 acres of California farm lands.[68]

Uno dei primi mercanti ortofrutticoli di San Francisco che si dedicò all'importazione e all'esportazione fu Nicholas Larco, che gestì una grossa flotta di velieri da carico che facevano la spola tra il Messico e San Francisco.[62] Uno dei suoi dipendenti, Luigi Lastreto, nel 1875 fondò una ditta in proprio con sede nel "Merchant's Exchange Building" di California Street, e nel 1900 associò suo figlio Carlos. Dall'America centrale e meridionale, la ditta Lastreto importava frutta, caffè e legname pregiato; dalla Cina e dal Giappone importava sete e stuoie, esportandole quindi nell'America latina; infine, in quello che più contava per l'economia locale, esportava frutta fresca californiana sia in America latina e sia in Europa.[63] Un'altra ditta fondata nei primi tempi fu la "F. Daneri and Company". Nata nel 1860 e considerata una delle aziende di generi alimentari all'ingrosso più serie di San Francisco, la ditta Daneri era specializzata nell'importazione di vini francesi, di zucchero e di caffè dall'America centrale, ed era inoltre agente commerciale per l'intera costa del Pacifico della Casa Marittima di Genova e anche del Registro Italiano. Alimentando e incoraggiando il gusto italiano per l'olio d'oliva, per il formaggio parmigiano, per il tonno in scatola, per il pesce, i funghi e il vino, la ditta Daneri estese i suoi commerci all'intera costa del Pacifico, quindi all'Oregon, al Colorado, al Nevada e allo Utah.[64] Tra i cantieri dei costruttori navali italiani e le ditte ortofrutticole, ebbe sede la ditta "Ravenna, Ghirardelli and Company", fondata nel 1867 per la vendita all'ingrosso di paste alimentari d'ogni genere. Nel 1887 la ditta cambiò nome, divenendo la "Pacific Consolidated Paste Company", ed estese la distribuzione ai territori a ovest delle Montagne Rocciose, al Messico, all'America centrale, ai dominions britannici, alle isole dei Mari del Sud.[65] Il primo pastificio di San Francisco fu dell'americano J. P. Tenthoney, fondatore nel 1855 della "Pioneer Macaroni and Vermicelli Factory". Nel 1888, la ditta fu venduta allo svizzero J. F. Martinoni e all'italiano. J. J. Podestà, che continuarono a fornire paste alimentari di tipo italiano e francese, farina e altre derrate all'ingrosso alle regioni della costa del Pacifico e alla Colombia Britannica.[66] Un'altra ditta importante fu la "D. deBernardi Company", specializzata nel commercio di generi alimentari e di oli vegetali. Alla sua morte, in un necrologio pubblicato dal *Corriere del Popolo*, deBernardi fu definito uno dei primi mercanti italiani ad aver capito l'importanza della pubblicità sui giornali.[67] Le ditte menzionate e altre loro affini, svilupparono un fiorente commercio con l'Italia, e ciò probabilmente costituì un fattore che favorì l'aumento dell'immigrazione italiana del secondo periodo.

Questi furono i commerci che impegnarono gli italiani della prima generazione. Una generazione che fu in grado di dominare la produzione e il commercio di circa il 90 per cento del mercato dei carciofi e dei funghi, e di circa il 40 per cento dei vigneti dello Stato. Così nel 1929, quattromila italiani possedevano e coltivavano in California 24 mila 300 ettari di terreni agricoli,[68] producevano buona parte del grano californiano e controllavano

They also produced much of the California grain and controlled the manufacture of pastes[69] all of which passed through San Francisco. Upon these two industries, fishing and farming, the Italian colony of San Francisco built its economic foundation. From San Francisco, these merchants shipped iced fish and vegetables and fruits across an ocean and a continent, promoting two important industries of their state.

la fabbricazione delle paste alimentari,[69] entrambi i prodotti venduti sul mercato di San Francisco. Su queste due industrie, la pesca e l'agricoltura, furono costruite le basi economiche della comunità italiana di San Francisco. Fu da San Francisco che, spedendo pesce congelato, frutta e verdura oltreoceano e in tutto il continente americano, questi mercanti contribuirono alla nascita e all'espansione di due delle più importanti industrie del loro Stato.

4

Chapter Notes

[1] "The Italians have dedicated themselves more so to the development of fishing and agriculture, not only in San Francisco, but in every innermost corner in California." "Degli Italiani in California", *L'Unione Nationale*, p. 1. Nov. 27, 1870.

[2] F. G. Bohme, trans. and ed., "Vigna Dal Ferro's Un Viaggio Nel Far West Americano", *California Historical Society Quarterly*, 41:156. June, 1962.

[3] For a fuller treatment of this section see the following: D. P. Gumina, "The Fishermen of San Francisco Bay: The Men of 'Italy Harbor' ", published by *Pacific Historian*, pp. 8-21. Spring, 1975.

[4] United States Commission of Fish and Fisheries, *Report of the Commissioner for 1888*, Part 16:127. July 1, 1888 to June 30, 1889. Washington: Government Printing Office, 1892.

[5] H. A. Fisk, "The Fishermen of San Francisco Bay", *Proceedings of the National Conference of Charities and Corrections at the 32nd Annual Session*, Portland, Oregon, p. 385. July 15-21, 1905.

[6] *Report of the Fish Commissioner for 1888*. P. 127. Other groups were Dutch, Serbs, Norwegians, Swedes, and other Scandinavians.

[7] Fish, *Proceedings of the National Conference of Charities and Corrections*. P. 389.

[8] H. C. Palmer, "Italian Immigration and the Development of California Agriculture", unpublished Ph.D. dissertation, University of California, Berkeley, 1965. Pp. 182-183.

[9] C. S. Greene, "The San Francisco Waterfront", *Overland Monthly*, 19(2):339. April, 1892. "Luciano Sabella Dies at 93", San Francisco *Chronicle*, p. 28. June 18, 1965. "Giuseppe Alioto Dies at 75", San Francisco *Examiner*, p. 36. October 14, 1961. "Frank Alioto Dies — Fishery Leader Here", San Francisco *Chronicle*, p. 10. May 30, 1964.

[10] H. A. Fisk, "The Fishermen of San Francisco Bay", *Proceedings of the National Conference of Charities and Corrections at the 32nd Annual Session*, p. 389. July 15-21, 1905. Portland, Oregon. Henceforth cited as: Fisk, "Fishermen of San Francisco Bay".

[11] "Fishermen's Wharf", *South of Market Boys Journal*, p. 1. March, 1933.

[12] P. Weaver, Jr., "Salt Water Fisheries of the Pacific Coats", *Overland Monthly*, 20:149. Aug., 1892.

[13] "Italian Fishermen in San Francisco", *Chronical*, p. 3. June, 1885.

[14] *Report of the Fish Commissioner 1888*. Pp. 133-134.

[15] "Fish and Fisheries: How the City's Seafood is Caught", San Francisco *Chronicle*, p. 1. Nov., 1883. Hittell, *Commerce and Industries of the Pacific Coast*, pp. 361-362. *Report of the Fish Commissioner 1888*, pp. 127-128.

[16] *Report of the Fish Commissioner 1888*, pp. 127-128.

[17] *Report of the Fish Commissioner 1888*, pp. 133-136.

[18] Crocker Langley San Francisco Directory for 1901. San Francisco: H.S. Crocker Co., 1901. P. 661. Henceforth cited: S.F. Directory. W. J. Lawson, "Fisherman's Wharf", San Francisco Municipal Record, Annual Blue Book, 1934, p. 43. San Francisco: Board of Supervisors, 1934.
[19] G. D. Nash, State Government and Economic Development. Berkeley: University of California Press, 1964. P. 292.
[20] "The Fishermen of the Bay of San Francisco at a Meeting of the Fishermen of the Bay of San Francisco", Jan. 13, 1862. In deposit: Bancroft Library, University of California, Berkeley.
[21] I. B. Cross, A History of the Labor Movement in California. Berkeley: University of California Press, 1935. P. 86. S. F. Directory for 1857. P. 681. San Francisco Municipal Reports 1864-1865. San Francisco: Board of Supervisors, 1865. P. 280.
[22] S. F. Directory for 1870. P. 841. Report of the Fish Commissioner 1888. P. 127. "Fish and Fisheries: How the City's Seafood is Caught", San Francisco Chronicle, p. 1. Nov. 11, 1883.
[23] "Italian Fishermen in San Francisco", San Francisco Chronicle, p. 3. July 20, 1885. Cross, History of Labor. P. 325.
[24] J. London, Tales of the Fish Patrol. New York: Macmillan Co., 1905. Pp. 177-178. P. Weaver, Jr., "An Outing with California's Fish Patrol", Overland Monthly, pp. 24-34. July, 1893. "Deputies Accused of Persecuting Crab Fishermen", San Francisco Call, p. 26. April 20, 1913.
[25] S. F. Directory for 1909. P. 579. S. F. Directory for 1910. P. 619. S. F. Directory for 1912. P. 615. S. F. Directory for 1914. P. 671. S. F. Directory for 1915. P. 681.
[26] Kellogg, The Awakening of Poccalito. P. 13. Kunze, "Romance and Progress of Fishermen's Wharf", p. 43. "Grand Jury Resumes 'Crab Trust' Inquiry", San Francisco Call, p. 6. March 28, 1913. "Insurrection in Grand Jury Room", San Francisco Call, p. 2. March 21, 1913.
[23] "Fishers War on Fish Trust", San Francisco Examiner, p. 3. Aug. 26, 1915.
[28] "San Francisco Fish Companies Pool Their Equipment", San Francisco Examiner, p. 11. June 21, 1918. "Fish Companies of the Bay District Will Pool Catch", San Francisco Examiner, p. 4. June 21, 1918.
[29] "Fishermen Must Obey Price Law or Lose Permit", San Francisco Call, p. 5. Sept. 6, 1915. "Fish Compaign Directors Report Increased Sales", San Francisco Examiner, p. 10. Sept. 7, 1917.
[30] Hicks Engine: Heavy Duty Marine Gas Engines, Catalog No. 3. In deposit: San Francisco Maritime Museum.
[31] "Fishermen's Wharf: A Lot of Left Over Lumber Started It", San Francisco Chronicle, p. 9. July 14, 1935.
[32] San Francisco & Oakland and Other Bay Cities: A Visitors Guide. Chicago: Rand McNally, 1923, P. 23.
[33] I. Robb, "Mrs. Murphy's Chowder Pales Before Cioppino", San Francisco Call-Bulletin, April 24, 1951. In deposit: San Francisco Special Collections. "Fishermen's Wharf Gay", San Francisco Chronicle, p. 8. June 28, 1936.
[34] "A. Paladini of the Fish Nets", Pacific Marine Review, pp. 40-41. Jan., 1925. In deposit: San Francisco Maritime Museum.
[35] Wilson, Here Is the Golden Gate. P. 157.
[36] "Luciano Sabella Dies at 93", San Francisco Chronicle, p. 28. June 18, 1965.
[37] "Fishermen's Wharf To Be Taken By Army", San Francisco Clippings, 3:76. In deposit: San Francisco Public Library, Special Collections. "Dazed S. F. Italians Blame Ban on Selves", San Francisco News, Jan. 31, 1942. San Francisco Clippings, 3:76. In deposit: San Francisco Public Library, Special Collections. "San Francisco Italians Will Return to Fishing Fleet", San Francisco Chronicle, Nov. 5, 1952. San Francisco Clippings, 3:67. In deposit: San Francisco Public Library, Special Collections.
[38] The Statistics of the Population of the United States From the Original Returns of the Ninth Census: June 1, 1870. Washington, D.C.: Government Printing Office, 1872. P. 722.
[39] "Italian Fishermen in San Francisco", San Francisco Chronicle, p. 3. July 20, 1885.
[40] Fisk, Proceedings of the National Conference of Charities and Corrections. Pp. 384-386.
[41] J. DePaulis, "Tony—A Foreign Market at Home", Western Advertising, 19:31. Jan. 7, 1932.
[42] Properly translated, "giardinieri" means gardeners. The Genovese introduced the word in the provincial sense as it was applied to the Italian truck farmers and ranchers in San Francisco.

[43] *Ninth Census of the United States*, 1:722. 1870.
[44] M. James and B. Rowland-James, *Biography of a Bank: The Story of the Bank of America*. New York: Harper Bros., 1954. P. 7.
[45] Bohme, *California Historical Society Quarterly*, 41:157. June, 1962.
[46] *Immigration Commission Report*, 24:465. 1911. Quoted from H. C. Palmer "Italian Immigration and the Development of California Agriculture", unpublished Ph.D. dissertation, University of California, 1965. A. Sbarboro, "Life of Andrea Sbarboro: Reminiscences of an Italian American Pioneer", unpublished manuscript: San Francisco, Jan. 1, 1911. Pp. 26-28. Located in Bancroft Library, Berkeley, California.
[47] The author mistakenly referred to the Colombo Market at the "Columbia Market". "The Columbia [sic] Market", The Morning *Call*, p. 1. March 13, 1887. Bohme, *California Historical Society Quarterly*, 41:157. June, 1962.
[48] "The Columbia [sic] Market", The Morning *Call*, p. 1. March 13, 1887.
[49] H. G. Langley, *San Francisco Directory for 1908*. San Francisco: H. G. Langley, 1909. P. 103.
[50] Articles of Incorporation of the San Francisco Gardeners and Ranchers Association, MsC., California Historical Society.
[51] Langley noted their formation in 1874. Langley, *San Francisco Directory*, 1880. P. 1128.
[52] Langley, *San Francisco Directory*, 1905. P. 478.
[53] "The Columbia [sic] Market", The Morning *Call*, p. 1. March 13, 1887.
[54] DePauli, *Western Advertising*, 19:30. Jan. 7, 1932.
[55] W.T. Calhoun and others, *Improving the San Francisco Wholesale Fruit and Vegetable Market*, Bureau of Agricultural Economics in cooperation with the University of California College of Agriculture. Berkeley: Feb., 1943. P. 32.
[56] *The City of San Francisco and a Glimpse of California*. San Francisco: Enterprise Publishing Co., 1889. P. 111. C. C. Dobie, *San Francisco: A Pageant*. New York: A. Appleton-Century Co., 1933. P. 184.
[57] Bank of America NT&SA, Archives, San Francisco.
[58] L. F. Byington, ed., *The History of San Francisco*. Chicago: S. J. Clarke Publishing Co., 1931. Pp. 279-281.
[59] *The Bay of San Francisco*, I. Chicago: The Lewis Publishing Co., 1892. P. 564. *The Bay of San Francisco*, II. Chicago: The Lewis Publishing Co., 1892. P. 171.
[60] Dana, *Giant in the West*. P. 31. James, *Biography of a Bank*. P. 7. *Ibid*. Pp. 7-8. Notes of Jess Macarger, Bank of Italy, Bank of America, NT&SA, Archives.
[61] "To Our American Friends", *Rassegna Commerciale*, 17. July, 1902.
[62] E. S. Falbo, trans. and ed., "State of California in 1856: Federico Biesta's Report to the Sardinian Ministry of Foreign Affairs", *California Historical Society Quarterly*, 42:326. Dec., 1963.
[63] L. F. Byington, *The History of San Francisco*, III. Chicago: S. J. Clarke Publishing Co., 1931. Pp. 370-376.
[64] J. S. Hittell, "F. Daneri and Co.", *Commerce and Industries of the Pacific Coast of North America*. San Francisco: A. L. Bancroft and Co., 1882. P. 218.
[65] *The Bay of San Francisco*, II. Chicago: Lewis Publishing Co., 1892. Pp. 415-416. *The City of San Francisco and a Glimpse of California*. San Francisco: Enterprise Publishing Co., 1889. P. 103.
[66] *The Bay of San Francisco*, II. P. 424.
[67] "La Morte del Pioniere Davide deBernardi", *Il Corriere del Popolo*, p. 2. May 17, 1918.
[68] DePauli, *Western Advertising*, 19:31. Jan. 7, 1932.
[69] E. Zabaldino, et al., *The Contribution of a Great Race*. San Francisco: Canessa Printing Co., c. 1929. P. 26.

Interior, Bank of America, ca. 1920.

Visit of the American Banker's Association to the Italian Swiss Colony in Asti (Sanoma County) California, ca. 1905.

5
Where There's a Will, There's a Way

Here's America for you:
Hard work and money;
A cross of gold,
but all the same a cross...[1]

The Italian immigrants migrated with nothing except the ambition to work hard and set aside enough money either to return to Italy and live comfortably, or to remain in the United States.[2] They had migrated from a country whose economic structure had kept their opportunities for future advancement and security minimal. Many came to America in order to supplement the meager earnings of their families back in Italy, while others came to find work and begin a new life. Once settled in this new land, the Italians were known for their industry, conservative attitudes and practicality. They blended well into the Puritan ethic of hard work and frugality. They were also, however, an innovative group of immigrants who responded well to the urban America. Many who had migrated never knew the nature or purpose of labor unions, and few who had migrated ever deposited their savings in banks. Their response to the formation of these institutions by members of their own ethnic body more than proved their ability to succeed.

Italian Workmen

Although the Italians faced harsh labor conditions as they entered the various trades dominated by other groups in San Francisco, they were not so greatly discriminated against as the Chinese were, or as their Italian counterparts in the cities of the eastern United States were. In a precautionary

5
Volere è potere

Ecco a voi l'America:
duro lavoro e denaro;
una croce d'oro,
ma sempre una croce...[1]

Gli italiani immigrarono portando con sè null'altro che la voglia di lavorare duro e mettere da parte denaro sufficiente per tornare in Italia a vivere agiatamente o poter rimanere negli Stati Uniti.[2] Erano emigrati da un paese la cui struttura economica aveva limitato al minimo le loro possibilità di progredire socialmente ed economicamente. Molti giunsero in America per contribuire ai magri introiti delle famiglie lasciate in Italia, altri per trovare lavoro e cominciare una nuova vita. Una volta stabiliti nel nuovo mondo, si fecero notare per la loro industriosità, per il loro atteggiamento moderato e per il loro senso pratico, e si amalgamarono facilmente con l'etica puritana del duro lavoro e della frugalità. Tuttavia, essi costituirono un gruppo innovatore di emigranti che seppe inserirsi senza difficoltà nella vita dei centri urbani americani. Molti di questi immigrati erano giunti del tutto ignari della natura e degli scopi dei gruppi sindacali operai, e pochi avevano mai depositato i loro risparmi in una banca: la loro adesione a tali istituzioni, quando queste furono organizzate da connazionali, provò più che a sufficienza la loro capacità di progredire.

Gli operai italiani

Pur costretti a dover affrontare difficili condizioni di lavoro, man mano che partecipavano alle diverse attività dominate da altri gruppi etnici di San Francisco, gli italiani tuttavia non subirono una discriminazione così grave come quella riservata ai cinesi, o come quella che infierì sugli italiani

attempt to stem the spirit of nativism and prejudice against the Italians in California, there was a flourish of activities during the 1880s by the leaders of the Italian Colony to find a means of employing the increasing number of Italian immigrants who could neither speak English nor find permanent jobs.

Incorporated as the Italian Swiss Agricultural Association on March 10, 1881, Andrea Sbarboro designed an organization similar in function to the five mutual savings and loan societies Sbarboro had, in part, founded and managed since 1875.[3] As a collective enterprise, the selection of capable workers was vital to the future of the Italian Swiss Agricultural Association. Many Italians, unemployed during the early years of the 1870 recession, went to Sbarboro's Montgomery Street office looking for work. Sbarboro screened these applicants carefully, selecting only those who, in his estimation, possessed initiative, ambition, and most importantly, were knowledgeable about grapes. Those who were country folk, "contadini", from the wine-producing regions of Italy and who understood grapes were immediately hired by Sbarboro. His decision, however, was subject to the final approval of the association's board of directors.[4] Membership was eventually restricted to Italians, although it was once open to Swiss workers because an Italian-Swiss investor was on the board of directors. No Swiss, however, applied since few Swiss-Americans in California were interested in winemaking.[5] To safeguard the stability of the association, membership was permanent and all applicants had to be United States citizens or have declared in court their intention to be naturalized.[6] In lieu of written agreements and labor contracts, subscription bound the prospective vineyardists to the association as lifelong members.

With the matters of incorporation settled and the association financed, there remained only the acquisition of the land. Central Pacific Railroad, anxious to promote their own business, introduced Sbarboro to available sites with access to rail lines. First, they took him on a tour of southern California and Arizona, and then north into Sinoma County. Sbarboro and his two-man committee inspected some forty sites before buying the fifteen-hundred-acre Truett sheep ranch four miles south of Cloverdale on the Northwestern Pacific line.[7]

Chosen for the salubrity of climate, the adaptability of the soil to grape cultivation, good rainfall, abundant water supply and the accessibility of rail transportation, the Truett sheep ranch was purchased on November 8, 1881, for $25,000. The board of directors collected among themselves the down payment of $10,000 with the balance payable in monthly installments

immigrati nelle città della costa orientale degli Stati Uniti. Nel tentativo di contenere lo spirito xenofobo e il pregiudizio anti-italiano presente in California durante gli anni 1880, a iniziativa dei leader della comunità italiana di San Francisco vi fu un fiorire di attività dirette a reperire lavoro per il crescente numero di immigrati italiani incapaci di parlare inglese e impossibilitati a trovare un'occupazione permanente.

Il 10 marzo, 1881 Andrea Sbarboro costituì la Italian Swiss Agricultural Association, un'organizzazione analoga nelle sue funzioni alle cinque società di deposito e prestito che lo stesso Sbarboro aveva fondato e cogestito sin dal 1875.[3] Essendo l'Italian Swiss Agricultural Association una impresa collettiva, la selezione di lavoratori capaci era vitale per il suo futuro. Molti italiani, rimasti disoccupati durante i primi tempi della recessione del 1870, andarono nell'ufficio di Sbarboro, in Montgomery Street, in cerca di lavoro. Sbarboro vagliò attentamente tutti i postulanti, selezionando soltanto quelli che a suo giudizio erano dotati di iniziativa, di ambizione, e soprattutto quelli esperti di uve. I contadini provenienti da regioni italiane produttrici di vino e che sapevano di vigne furono immediatamente assunti, la decisione di Sbarboro soggetta comunque all'approvazione finale del consiglio d'amministrazione dell'associazione.[4] L'appartenenza alla società fu limitata infine soltanto agli italiani, anche se agli inizi, per la presenza nel consiglio d'amministrazione di un azionista italo-svizzero, era stata aperta anche a lavoratori svizzeri. Nessun elvetico tuttavia fece domanda di assunzione, perchè in California ben pochi svizzero-americani ebbero interesse alla produzione vinicola.[5] A salvaguardare la stabilità dell'associazione, l'appartenenza ebbe carattere permanente e a tutti i postulanti fu richiesto il possesso della cittadinanza statunitense o la dichiarazione in tribunale dell'intenzione di acquisirla.[6] Invece di accordi scritti e di contratti di lavoro, con la loro sottoscrizione i futuri vignaioli sarebbero diventati membri a vita dell'associazione.

Dopo aver acquisito stato giuridico e aver reperito i fondi necessari, all'associazione non rimaneva altro se non l'acquisto della terra. La compagnia ferroviaria Central Pacific Railroad, ansiosa di stimolare i propri affari, offrì a Sbarboro l'acquisto di zone disponibili con accesso alla ferrovia. Anzitutto Sbarboro fu condotto in un giro di visite attraverso la California meridionale e l'Arizona, e quindi al nord, nella contea di Sonoma. Sbarboro e due suoi associati visitarono circa quaranta località prima di comprare gli oltre 600 ettari di pascolo dell'azienda ovina Truett, sita quattro miglia a sud di Cloverdale, lungo la ferrovia Northwestern Pacific.[7]

Scelta per il clima salubre, per l'idoneità del terreno alla coltivazione della vite, per la buona piovosità, per l'abbondanza di acqua e per la vicinanza alla ferrovia, l'azienda Truett fu acquistata l'8 novembre 1881 per 25 mila dollari. I membri del consiglio di amministrazione si quotarono per il pagamento di una caparra di 10 mila dollari, la differenza da pagarsi in

of one thousand dollars for fifteen months. The following spring the negotiations were finalized, and the small township that would emerge was nostalgically named Asti, after one of the finest wine regions in the Piedmont province of northern Italy.[8] Optimistic, Sbarboro called a meeting of the prospective workers and offered them monthly wages of thirty to forty dollars plus good food, wine ("a necessity" for Italians) and comfortable sleeping accommodations. Single men were to occupy the Colony dormitories and married men would reside in nearby Cloverdale with their families. Eagerly, the vineyardists accepted these terms until Sbarboro explained subscription. Objecting strongly on the basis that "cash was better than stock in the company" the vineyardists refused the cooperative system. After repeated explanations that the shares were payment for work (as well as an investment) failed to persuade them, the stunned directors sold these shares to outside investors and the workers were hired at a daily rate plus room and board. With the workers forsaking a guaranteed monthly income of at least sixty dollars for life, the cooperative plan was abandoned and the association became the Italian Swiss Agricultural Colony, a commercial enterprise.

Excitement over the budding of the first cuttings ended when a flock of wandering sheep nipped some one hundred thousand tender young shoots. "It was aggravating," wrote Sbarboro, but "we took the matter philosophically." By the end of the initial planting season, the destroyed shoots were replaced, but this time grasshoppers attacked part of the vineyard. Although the damage was minor, outbreaks of the dreaded phylloxera and rushing floodwaters from the Russian River meant worry. At the end of three years, in 1885, there were few grapes left on the vines.[9] Still, there were glimmers of hope during those hard, lean years. Writing of himself as a prudent man, Sbarboro had the good sense to extend the property payments over a five-year period, and with the regular deposits assured by the investors, more vines were planted. At the end of 1887, with the Asti property paid for, the first shipment of grapes was sent to market in San Francisco.[10]

Unfortunately for Italian Swiss Colony, the San Francisco market was glutted. Overproduction in 1886 and 1887 caused the market price of grapes to tumble from the expected thirty dollars a ton that the growers sought to eight dollars a ton. In addition, a four-dollar-a-ton freight charge cut the growers out of their profits.

"I saw ruin staring us in the face, and I was indeed a very disappointed man..." wrote Sbarboro. Concerned for friends who had joined his venture and the money he had personally invested, Sbarboro called a directors' meeting and urged the building of a winery to manufacture their own wines, as the only way to protect the Colony from depressed market prices and possible bankruptcy. Construction of a 300,000-gallon plant complete with

quindici rate mensili di mille dollari ciascuna. Nella primavera che seguì, la compravendita fu conclusa e il nascente centro fu battezzato nostalgicamente Asti, a ricordare una delle più celebri provincie vinicole del Piemonte, regione dell'Italia settentrionale.[8] Pieno di ottimismo, Sbarboro convocò i futuri lavoratori in assemblea e offrì loro compensi mensili varianti da trenta a quaranta dollari, più buon vitto, vino ("una necessità" per gli italiani) e comodo alloggio. Gli scapoli avrebbero occupato i dormitori della comunità, mentre gli sposati si sarebbero stabiliti con le loro famiglie nella vicina Cloverdale. I vignaiuoli accettarono con slancio l'offerta, ma quando Sbarboro iniziò a spiegare le condizioni della loro compartecipazione alla cooperativa, rifiutarono con veemenza, obiettando che "i contanti erano da preferire alle azioni". Dopo che reiterate spiegazioni non riuscirono a persuadere i vignaiuoli che le azioni erano da considerare sia retribuzione al lavoro e sia una forma di investimento, agli increduli amministratori non rimase che vendere le azioni a finanziatori esterni e assumere quindi i contadini a salario giornaliero più alloggio e vitto. Con la rinuncia dei contadini a un vitalizio garantito di almeno 60 dollari al mese, il progetto della cooperativa fu abbandonato e l'associazione divenne un'impresa commerciale col nome di Italian Swiss Agricultural Colony.

L'entusiasmo causato dal germogliare delle prime talee ebbe fine allorquando un gregge di pecore erranti distrusse brucando circa centomila giovani viti. "Fu irritante" scrisse Sbarboro, ma "prendemmo la cosa con filosofia". Verso la fine della prima stagione le viti distrutte furono sostituite, ma stavolta parte della vigna fu invasa dalle cavallette. Il danno non fu grave, ma avvisaglie di attacchi di fillossera e straripamenti dal vicino fiume Russian, preannunciarono nuovi guai. Dopo tre anni, così, nel 1885, la vendemmia fu magra.[9] Malgrado tutto però, durante quei difficili anni di magra, la speranza sopravvisse. Dimostrandosi uomo prudente, Sbarboro aveva avuto il buon senso di prorogare il debito ipotecario fino a cinque anni; così, con i versamenti dei finanziatori, fu in grado di piantare nuove viti. Alla fine del 1887, con la proprietà Asti ormai pagata per intero, la prima partita d'uva fu spedita al mercato di San Francisco.[10]

Sfortunatamente per l'Italian Swiss Colony, il mercato di San Francisco era saturo. L'eccesso di produzione delle annate 1886 e 1887, aveva fatto crollare sul mercato il prezzo dell'uva dai trenta dollari a tonnellata sperati dai viticoltori sino a otto dollari. In aggiunta a questo, un costo di spedizione pari a quattro dollari a tonnellata tolse ogni profitto ai viticoltori.

"Davanti a noi vidi la rovina, e fui preso da profondo scoraggiamento..." scrisse Sbarboro. Preoccupato per gli amici che si erano associati a lui nell'impresa, e anche per il suo stesso investimento, Sbarboro convocò una una riunione del consiglio di amministrazione e, proponendola come unico mezzo per difendere la società dal crollo dei prezzi sul mercato e da una probabile bancarotta, sollecitò la costruzione d'una cantina per la produzione

distillery and cooperage was financed by a ten-dollar assessment on the 2,250 outstanding shares. Rather than be forced to sell perishable grapes at low prices, the Colony could store the processed wines and let them mature while waiting for a more favorable market. This step, from grape growers only to both grower and manufacturer of processed wines, was most important, for it meant that Italian Swiss Colony was one of the earliest American wineries independently to market and distribute its wine nationally.

Next, Sbarboro enticed Pietro Carlo Rossi from Piemonte, Italy, to become the head winemaker at Asti. Chemist turned pharmacist, Rossi's early use of grape pomace in the making of cream of tartar, as well as his introduction of sulfur dioxide, which prevented easy spoilage, enabled him to make good wines. The first winemaster to work from a laboratory, he oversaw the entire process of production, maintaining the quality control essential for premium-wine production. The 130,000 gallons of wine processed in 1889 were considered quite good, compared to the poorer wines manufactured earlier. Pleased with the quality, Sbarboro praised Rossi as the Colony's most valued acquisition.[11] Again, Italian Swiss Colony sent their wines to San Francisco dealers, only to be offered ruinous prices far below production costs. Threatened by the ability of the Colony to act as their own marketing agents, the retailers had conspired, wrote Sbarboro, to drive Italian Swiss out of business, holding to their 1887 price of seven cents per gallon. However, the reverse occurred. Instead of eliminating Italian Swiss as a formidable competitor, the wine merchants simply forced the Colony to market their own wines throughout the Pacific Coast, the major eastern cities, and even in the South beyond the Mississippi River. From the home office and bottling plant on Battery Street in San Francisco, wines were distributed to New York, Chicago, Philadelphia, and New Orleans, where retailers sold them for between thirty and forty cents a gallon. The wines were good, and so well received that Sbarboro proudly remembered one agent who specified on his follow-up order that they send him the same quality of wine as forwarded before. Elated, Sbarboro wrote that Italian Swiss Colony had at last attained success. With the profits gained from these sales, operating expenses were paid and more vineyards planted.

Though far from being out of the woods and still uncertain of avoiding bankruptcy, the Colony had reached a turning point by 1889. Encouraged by the upswing in their national sales, the board of directors decided not to sell the six hundred acres of cultivated vineyards or the 150,000-gallon

diretta del vino. Rivalutando di dieci dollari ciascuna le 2.250 azioni emesse, venne finanziata la costruzione d'uno stabilimento capace di produrre e contenere circa 11 mila 350 ettolitri di vino, la cantina completa di distillerìa e d'una fabbrica di botti. Così, piuttosto che esser costretta a svendere l'uva, facilmente deperibile, l'Italian Swiss Colony avrebbe potuto conservare il vino prodotto e aspettare il mercato più propizio. Questo passo, di trasformarsi da viticoltori in vitivinicoltori, fu estremamente importante perchè significò che l'Italian Swiss Colony sarebbe stata una delle prime cantine americane a vendere e distribuire i suoi vini su scala nazionale.

Successivamente, Sbarboro richiamò dall'Italia il piemontese Pietro Carlo Rossi, affidandogli la direzione delle cantine di Asti. Chimico farmacista, Rossi aveva fama di esperto per esser stato tra i primi a estrarre cremortartaro dai residui della vinificazione e per aver iniziato l'uso dell'anidride solforosa nella conservazione del vino. Primo enologo a impiegare esperienza di laboratorio, Rossi ebbe il compito di sopravvedere all'intero processo della vinificazione e a quello essenziale del controllo della qualità. Così, i circa 4.920 ettolitri di vino prodotti nel 1889 furono considerati di buona qualità, rispetto al vino prodotto in precedenza. Soddisfatto, Sbarboro elogiò Rossi, definendolo l'acquisto più prezioso dell'azienda.[11] Quando però l'Italian Swiss Colony inviò finalmente i suoi vini ai rivenditori di San Francisco, la risposta fu un'offerta rovinosa, a prezzi molto al disotto dei costi di produzione. Sentendosi minacciati dalla possibilità che l'Italian Swiss Colony potesse vendere in proprio, i rivenditori s'erano infatti messi d'accordo per far fallire la nuova azienda, scrisse Sbarboro, offrendo lo stesso prezzo pagato due anni prima, nel 1887, cioè un dollaro e 85 centesimi a ettolitro. Accadde comunque il contrario, e cioè che invece di eliminare la concorrenza, i mercanti costrinsero l'azienda alla vendita diretta lungo la costa del Pacifico, nelle maggiori città della costa atlantica e perfino nel Sud, oltre il fiume Mississippi. Partendo da San Francisco, dove sulla Battery Street avevano sede l'ufficio di amministrazione e l'impianto di imbottigliamento, i vini dell'Italian Swiss Colony furono spediti a New York, a Chicago, a Filadelfia e a New Orleans, dove dai rivenditori furono messi sul mercato a prezzi varianti da otto a dieci centesimi a litro. Erano vini di buona qualità, e furono accolti così bene che più tardi Sbarboro doveva ricordare che uno degli agenti di vendita, compilando la successiva ordinazione, aveva specificato che gli fosse inviata la stessa qualità di vino della partita precedente. Con eurorìa, Sbarboro scrisse che l'Italian Swiss Colony aveva finalmente conquistato il successo. Con i profitti di queste vendite, furono pagate le spese di gestione e furono impiantati nuovi vigneti.

Sebbene la soluzione di tutti i suoi problemi fosse ancora lontana, e fosse ancora incerta la possibilità di evitare il fallimento, nel 1889 l'Italian Swiss Colony visse un anno decisivo. Incoraggiato dallo sviluppo delle vendite su scala nazionale, il consiglio di amministrazione decise di soprassedere alla

winery, as originally outlined in the by-laws. "We soon found that it would be impractical to divide the land among the members," wrote Sbarboro, "as few understood the business, and all had other affairs that monopolized their time." Within a short time, Italian Swiss ranked as the second-largest wine producer in California and in order to retain the lead in production, the Colony became embroiled in a bitterly contested struggle between the growers and makers of the wine and the retail wine merchants for control of the wine industry.

The "wine war" of the 1890s tore California's infant wine industry into two factions. The retailers and shippers, the first to organize, in 1892 formed the California Wine Association, which threatened to beat the grape growers and winemakers out of their profits. They aimed to control the grape and wine markets through price fixing and market-share agreements forcing the growers and vintners to sacrifice their wines at seven to ten cents a gallon, or to dump the consigned wines and cheap grapes on the market for whatever prices they brought.[12] Uneasy over this combination, the growers and vintners, in November 1894, formed the California Wine Makers Corporation, which also sought to control the market in their favor. P. C. Rossi, then president of Italian Swiss Colony, spearheaded the cooperative of independent growers and winemakers. Rather than set the price of grapes, they subscribed a proportion of their crops to the California Wine Makers Corporation with the proceeds divided "pro rata".[13]

These were difficult times for the winemakers. Some had lost money on every crop produced over the past five years, while others had over-mortgaged their assets or lost portions of their crops to grasshoppers, phylloxera, frost, sunburn, or coulure, and survived only by condensing the remaining crops into must, syrup, and sweet wines. A sympathetic press, favorable public opinion, and bankers who lent them immediate credit boosted the morale of the California Wine-Makers.[14]

The Wine Makers held their ground, and by March 1895 they had secured control of enough wine to set their own prices, compelling the California Wine Association to purchase four million gallons annually at a price of twelve and one-half cents per gallon f.o.b. San Francisco. Furthermore, the California Wine Association agreed to purchase five million gallons annually at a price determined at the close of each season. Strengthened by the agreement, the California Wine Makers Corporation reported great progress by the summer of 1895 as the almost two hundred northern Sonoma County grape growers sold their grapes to wine retailers, who now leased their wineries to the California Wine Makers, or who held their wines for a higher market.[15] Within two years of this agreement, the California Wine Makers

vendita del 40 per cento dei vigneti e di metà delle cantine, così come stabilito nello statuto originario. "Capimmo subito che non sarebbe stato pratico suddividere la proprietà tra i singoli soci", scrisse Sbarboro, "dato che pochi erano esperti del mestiere e tutti avevano altri affari da curare". Entro breve tempo, l'Italian Swiss Colony salì al secondo posto tra le case produttrici di vino della California, e per poter mantenere tale produzione fu coinvolta nella dura lotta per il controllo del settore esistente tra i vitivinicoltori e i rivenditori.

Negli anni 1890, la "guerra del vino" divise la nascente industria californiana del vino in due fazioni. Primi a organizzarsi, nel 1892 i rivenditori e gli spedizionieri formarono la California Wine Association, che minacciò di assorbire i profitti dei vitivinicoltori controllando i mercati dell'uva e del vino col blocco dei prezzi e con la spartizione del mercato, forzando i produttori a svendere il loro vino a un prezzo di un dollaro e 85, due e 65 a ettolitro, o a svendere uve e vini a qualsiasi prezzo.[12] Messi in difficoltà, nel novembre del 1894 i vitivinicoltori formarono la California Wine Makers Corporation, che a sua volta tentò di assumere il controllo del mercato. Promotore di questa cooperativa tra vitivinicoltori indipendenti fu Pietro Carlo Rossi, a quel tempo presidente dell'Italian Swiss Colony. Piuttosto che stabilire il prezzo dell'uva, i soci accettarono di versare parte del loro raccolto alla California Wine Makers, con l'intesa che i proventi sarebbero stati poi suddivisi in proporzione.[13]

Per i produttori di vino quelli furono tempi difficili. Per alcuni di loro le vendemmie degli ultimi cinque anni s'erano concluse tutte in perdita, mentre altri s'erano gravati di mutui ipotecari eccessivi, o avevano perduto parte del raccolto a causa delle cavallette, della fillossera, delle gelate, dell'aridità e della cascola, ed erano sopravvissuti soltanto trasformando il raccolto residuo in mosto, sciroppo e vino dolce. La simpatia della stampa, il favore dell'opinione pubblica e l'immediato credito concesso dai banchieri, risollevarono infine il morale dei soci della California Wine Makers Corporation.[14]

I soci della Wine Makers riuscirono così a resistere e, per il marzo del 1895 erano riusciti ad assicurarsi il controllo d'una quantità di vino sufficiente a poter stabilire prezzi propri, costringendo la California Wine Association ad acquistare oltre 151 mila ettolitri di vino all'anno al prezzo di 3 dollari e 30 centesimi a ettolitro franco a bordo sulla piazza di San Francisco. Inoltre, la California Wine Association acconsentì all'acquisto di oltre 189 mila ettolitri di vino all'anno con prezzo da stabilire a ogni fine stagione. Consolidata da questo accordo, la California Wine Makers Corporation registrò un grosso successo nell'estate del 1895 quando circa duecento viticoltori della contea di Sonoma vendettero la loro uva ai rivenditori, costretti ora ad affittare le loro cantine alla California Wine Makers o a conservare il vino per venderlo al rialzo.[15] A due anni di distanza da questo accordo, la California Wine

effected an upturn in the buying price of grapes from six dollars a ton to seventeen and twenty dollars a ton.[16]

The agreement worked well until the winter of 1896-1897, when the California Wine Association and the California Wine Makers Corporation bickered over the market price of the 1896 crop of grapes for ordinary red wine. Phylloxera and severe frost in May 1896 had damaged the crop and growers were demanding higher prices. While one side charged cornering, the other protested underbuying. By February 10, 1897, the wine war had resumed. The California Wine Association acknowledged an indebtedness due since November 1896 on wines that the Wine Makers had delivered during the year, but refused to pay the eight-hundred-dollar interest accumulated since then. The Wine Association insisted that if the California Wine Makers wanted their money, they should submit itemized bills dating back to the 1895 settlement for reconciliation.[17]

At their March 12 meeting, the Wine Makers contended that sudden price increases had caused them to hold their wines for twenty cents a gallon, a price which the California Wine Association refused to pay. The Wine Makers had increased their prices without consulting the wine merchants, and had claimed that the competition among California Wine Association members to cut each other's prices had pressed the Wine Makers against the wall. Anticipating the action taken by the California Wine Association, Sbarboro petitioned the one hundred fifty wine makers present at the meeting to commence suit for the collection of their just claim of $30,019.24 against the California Wine Association. As expected, the California Wine Association countersued for $171,000, stating that the California Wine Makers had not delivered the wines agreed upon, but instead had sold them to rival dealers.

By late spring, the wine war was affecting the markets east of the Mississippi, which bought the bulk of California wines to meet the demands of consumers who wanted either a fine domestic wine in preference to French imports, or a good inexpensive grade as a substitute for beer. These markets were a premium for both the California Wine Association and the California Wine Makers Corporation, for whoever controlled them also controlled the state's wine industry. On May 26, 1897, the California Wine Association dealt a powerful blow to the Wine Makers, reducing the market price of dry wines on the eastern market and among local jobbers. Immediately, the rate for the New Orleans market dropped from twenty-seven and one-half cents to twenty-two cents.

The California Wine Association had timed their campaign perfectly.

Makers rivoluzionò il mercato portando il prezzo d'acquisto dell'uva da sei dollari a diciasette-venti dollari a tonnellata.[16]

L'accordo andò bene fino all'inverno 1896-97, quando la California Wine Association e la California Wine Makers Corporation litigarono sul prezzo di mercato del raccolto d'uve da vino rosso. La fillossera e una tremenda gelata nel maggio di quell'anno avevano danneggiato il raccolto e i viticoltori chiedevano prezzi più alti. Da una parte l'accusa era di accaparramento, dall'altra era di mercato sottocosto. Il 10 febbraio 1897, la guerra del vino era ricominciata. La California Wine Association, pur riconoscendo un debito scaduto fin dal novembre del 1896 per vini consegnati quell'anno dalla California Wine Makers, rifiutava però di pagare gli ottocento dollari d'interessi maturati nel frattempo. La Wine Association insisteva dal canto suo nell'affermare che se la Wine Makers intendeva riscuotere detta somma, era d'altro canto tenuta a presentare fatture dettagliate con data a cominciare dall'accordo conciliatorio del 1895.[17]

Al loro incontro, avvenuto il 12 marzo, la Wine Makers sostenne che gli improvvisi aumenti di prezzo l'avevano costretta a vendere il vino fino a 5 dollari e 28 centesimi a ettolitro, prezzo che la California Wine Association rifiutava di pagare. La Wine Makers aveva rialzato i prezzi senza prima consultarsi con i mercanti di vino e aveva affermato che la concorrenza tra i soci della California Wine Association, i quali ribassavano i prezzi uno in concorrenza dell'altro, aveva costretto la Wine Makers con le spalle al muro. Prevedendo l'azione della California Wine Association, Sbarboro chiese ai 150 produttori di vino intervenuti all'incontro di intentare causa comune contro la California Wine Association per riscuotere i 30 mila 19 dollari e 24 centesimi di loro spettanza. Come previsto, la California Wine Association replicò intentando causa a sua volta per 171 mila dollari, affermando che la California Wine Makers non aveva rispettato gli accordi sulla consegna del vino, che aveva venduto invece alla concorrenza.

Sul finire della primavera, le conseguenze della guerra del vino furono avvertite nei mercati a est del Mississippi, che erano quelli che acquistavano in maggior quantità i vini californiani per andare incontro alla domanda dei consumatori che ai vini d'importazione francese preferivano un buon vino americano, oppure preferivano sostituire la birra con vino a buon mercato. Questi mercati erano di primaria importanza sia per la California Wine Association che per la California Wine Makers Corporation, perchè chi sarebbe riuscito ad assumerne il controllo sarebbe stato in grado di controllare anche l'industria del vino di tutto lo Stato. Il 26 marzo 1897, la California Wine Association vibrò un grosso colpo alla Wine Makers riducendo il prezzo dei vini secchi per i grossisti locali minori e sul mercato della costa atlantica. Immediatamente, il prezzo sul mercato di New Orleans precipitò da 7 dollari e 26 a 5 dollari e 80 a ettolitro.

La California Wine Association aveva iniziato la sua campagna con

Two weeks prior to their reduction notice, the Wine Makers had sold A. Marschall & Co. of New York a one million dollar order with an option to purchase an additional one and one half million gallons by July 1. The action deliberately deprived the Wine Makers of one of their principal customers.[18] With 4,500,000 gallons of wine yet to be sold before the close of the 1897 season, and a reserve stock to carry them through March 1898, the California Wine Association had the upper hand and threatened further price cuts. By March 1, 1898, Italian Swiss Colony met their challenge and took the lead in the fight against the wine merchants.

On the pretext that the 1897 crop promised a yield exceeding the capacity of the Asti cooperage, Italian Swiss constructed a five-hundred-thousand gallon subterranean wine tank. The cistern was an inspiration, wrote Sbarboro, necessary to hold Asti's plentiful harvest, as well as the smaller harvests of neighboring farmers who depended upon the Colony to buy their yearly output. Within forty-five days, the world's largest wine vault was completed and filled on October 1, 1897. Four and a half months later, on March 1, 1898, the cistern was emptied and the chianti was transferred to a smaller tank for the second fermentation. Instead of readying the cistern for another load, a gala celebration was held.

Southern Pacific provided complimentary transportation for the two hundred fifty invited guests, an influential group of commercial club heads, bank presidents, judges, lawyers, doctors, and city officials.[19] For the weekend of May 14, 1898, they toured the grounds, dined under the sweet scented arbors, and danced to a military band in the interior of the cistern. Reported in major American and European newspapers, this event, wrote Sbarboro, helped wonderfully in spreading the name of Italian Swiss Colony.[20] On the heels of this, an agressive marketing drive was initiated to insure strong brand identification with the Colony's trademark, the Cross of Savoy.

The wine war slowed down in October 1898, when the California Wine Association won a court judgment of one hundred thousand dollars, which forced the California Wine Makers into settlement. A preliminary agreement was entered into on the evening of December 14, 1898, with the four major wine shippers including the California Wine Association, Claus Schilling and Company, Italian Swiss Colony, and Gundbach-Bundschu and Company. Forming the Associated Wine Dealers, each agreed to purchase and divide among themselves five million gallons of the California Wine Makers'

perfetta tempestività: due settimane prima che la California Wine Association notificasse la sua riduzione dei prezzi, la Wine Makers aveva venduto vino per un milione di dollari alla ditta A. Marschall & Co. di New York, con opzione per l'acquisto entro il primo luglio successivo di una ulteriore partita di 56 mila 775 ettolitri di vino: il ribasso ora deliberatamente mandava all'aria l'opzione, sottraendo alla Wine Makers uno dei suoi clienti più importanti.[18] Con 170 mila 325 ettolitri di vino ancora da vendere entro la stagione del 1897 e una riserva sufficiente fino al marzo successivo, la California Wine Association era in evidente vantaggio, e minacciava ulteriori tagli di prezzo. Il primo marzo 1898, l'Italian Swiss Colony accettò la sfida e passò a dirigere l'attacco contro i mercanti di vino.

Col pretesto che la vendemmia del 1897 prometteva una produzione eccedente la capacità delle cantine di Asti, l'Italian Swiss Colony costruì un serbatoio sotterraneo capace di contenere 18 mila 925 ettolitri di vino. Scrisse Sbarboro che la cisterna era stata ispirata dalla necessità di conservare l'abbondante raccolto di Asti, e insieme, i raccolti minori dei viticoltori vicini, che vendevano il loro prodotto annuo all'Italian Swiss Colony. Entro quarantacinque giorni, il serbatoio di vino più grande del mondo venne completato e il primo ottobre 1897 venne riempito di mosto. Cinque mesi più tardi, il primo marzo del 1898, la cisterna fu svuotata e il vino nuovo, di qualità Chianti, travasato a maturare in una cisterna meno grande. E in attesa del prossimo mosto, la grande cisterna vuota ospitò una serata di gala.

Le ferrovie Southern Pacific provvidero al trasporto gratuito dei duecentocinquanta invitati, un gruppo di personalità composto da dirigenti di associazioni commerciali, da presidenti di banche, giudici, avvocati, medici e autorità municipali.[19] Durante il weekend del 14 maggio 1898, gli invitati visitarono la proprietà, pranzarono sotto profumati alberi in fiore, danzarono all'interno della cisterna con le musiche d'una fanfara militare. L'evento ebbe risalto sui maggiori giornali americani ed europei e, scrisse Sbarboro, contribuì in modo straordinario a diffondere il nome dell'Italian Swiss Colony.[20] Sulla scia di questo successo, fu iniziata un'aggressiva campagna pubblicitaria per far conoscere il marchio di fabbrica della ditta, rappresentato dalla croce dei Savoia.

La guerra del vino rallentò il suo ritmo nell'ottobre del 1898, quando la California Wine Association vinse una causa di centomila dollari contro la California Wine Makers, che addivenne a un concordato. Un accordo preliminare fu stipulato la sera del 14 dicembre 1898 tra le quattro più grandi compagnie di spedizioni, cioè tra la California Wine Association, la Claus Schilling and Company, l'Italian Swiss Colony, e la Gundbach-Bundschu and Company. Le quattro ditte costituirono la Associate Wine Dealers, convenendo di acquistare e dividere tra loro 189 mila 250 ettolitri di vino rosso asciutto della California Wine Makers prodotto delle annate

dry red wines from the 1896, 1897, and 1898 vintages at prices ranging from twelve and one-half cents to fifteen cents. The California Wine Makers Corporation was given the prerogative to set the price of the purchase and was permitted to keep the business they had built up during the wine war.

The California Wine Makers, having exhibited an unexpected show of courage at their last annual meeting, had not negotiated out of weakness. The decision by Italian Swiss Colony to lead the rest of the growers and vintners and to settle with the California Wine Association was based on the shortage of the 1898 vintage and the depleted inventory stocks.[21] The wine war emphasized two precarious phases of the rather ambiguously regulated wine industry of California. It forced the growers to find new markets for their products and remedy defects in production and distribution and it convinced them that a good, sound, saleable wine was the best insurance against depressed prices. It also served to expose the dishonest and mercenary practices of many of the retail wine merchants towards the growers and makers of wine. As for Italian Swiss Colony, who had pioneered in large-scale production and distribution, the settlement ended its independence as a marketing agency, giving over to the California Wine Association 75 percent control of the state's industry.[22]

Undaunted by the complexities of the events of the decade, the small town of Asti was the semblance of old Italy. The one hundred to one hundred and fifty workers hired seasonally were mostly Italians who had raised their families around the winery and had trained their young children to pick the ripened grapes carefully. The family-oriented structure of Asti was no more noticeable than at the height of the harvest season, when entire families of pickers worked in the fields while their babes slept in empty crates at their parents' feet. If the grape-crushing and wine-processing methods were modern, they were a contrast to the vineyardists' preservation of old-world customs, habits, and mannerisms. Any attempts to disrupt the ethnicity of Asti by hiring transient and cheap Oriental fieldhands was strongly opposed by Sbarboro. He regarded the Japanese as unreliable, and ironically discriminated against the Chinese for their refusal to modernize their garments and old-world habits.[23]

Asti was indeed prosperous. After fifteen years of financial struggles, Sbarboro announced in March 1896 that dividends of five dollars per share would be paid to the shareholders. Nearly all of the vineyardists who had worked an average of five to seven years, saved seven to eight hundred dollars. They withdrew small amounts, spending little on themselves and sending remittances to their families in Italy and some had even invested in Italian Swiss. Every Saturday evening, Alfredo Sbarboro, Sbarboro's eldest

1896, '97 e '98, a prezzi varianti da 3 dollari e 30 a 3 dollari e 96 centesimi per ettolitro. Alla California Wine Makers Corporation fu concessa la prerogativa di stabilire il prezzo della compravendita e, inoltre, il diritto di mantenere la sua rete di vendita istituita durante la guerra del vino.

La California Wine Makers, che aveva dato prova inaspettata di coraggio durante l'ultima riunione annuale, non era scesa a negoziati per debolezza. La decisione dell'Italian Swiss Colony di riunire e rappresentare gli altri viticoltori e vinai in un accordo con la California Wine Association, si fondava sulla magra vendemia del 1898 e sull'esaurimento delle scorte.[21] La guerra del vino accentuò due fasi precarie dell'industria vinicola californiana, le cui regole erano particolarmente ambigue. Anzitutto costrinse i viticoltori a cercare nuovi mercati per i loro prodotti e a cercare rimedi alle manchevolezze della produzione e della distribuzione, e infine li convinse che un buon vino genuino e commerciabile era la migliore assicurazione contro il calo dei prezzi. Inoltre, la guerra servì a denunciare le pratiche disoneste e mercenarie a cui ricorrevano molti vinai dettaglianti ai danni dei vitivinicoltori. Quanto all'Italian Swiss Colony, che era stata all'avanguardia nella produzione e distribuzione su larga scala del vino, l'accordo mise fine alla sua indipendenza come azienda di vendite dirette, e conferì alla California Wine Association il controllo del 75 per cento dell'industria vinicola dello Stato.[22]

I complessi avvenimenti di quel decennio non mutarono gli usi e i costumi italiani di Asti. I circa cento, centocinquanta lavoratori stagionali dell'azienda erano in gran parte italiani che avevano allevato le loro famiglie nelle vicinanze dell'azienda, insegnando ai loro figli il loro mestiere di vignaioli. La struttura sociale di tipo familiare presente ad Asti era più che mai evidente durante la vendemmia, quando intere famiglie erano al lavoro nelle vigne, tutti insieme, anche i bambini più piccoli, messi a dormire spesso in ceste vuote al seguito dei rispettivi genitori, lungo i filari. Così, se i metodi di pigiatura e vinificazione impiegati erano moderni, non lo erano altrettanto le abitudini e le tradizioni che i vignaioli avevano conservato dal vecchio mondo. Ogni tentativo di disgregare l'etnicità di Asti attraverso l'ingaggio a poco prezzo di salariati d'origine orientale, fu perciò fortemente avversato da Sbarboro, che stimò poco i giapponesi e che con incongruenza discriminò contro i cinesi perché rifiutavano di modernizzare fogge di vestire e abitudini del loro vecchio mondo.[23]

Asti intanto prosperava. Dopo quindici anni di lotte finanziarie, nel marzo del 1896 Sbarboro annunciò che agli azionisti sarebbero stati pagati dividendi pari a cinque dollari per azione. Inoltre, i salariati che avevano lavorato per un periodo di tempo medio da cinque a sette anni, erano riusciti a mettere da parte ognuno un gruzzolo di settecento, ottocento dollari, che ognuno usò con parsimonia, spendendo poco per sè, inviando rimesse alle famiglie rimaste in Italia, e alcuni infine investendo nelle azioni dell'Italian Swiss Colony. Ogni sabato sera, così, il figlio maggiore di Andrea Sbarboro,

son and the cashier of the Italian American Bank, traveled to Asti to collect the weekly deposits.

Merger with the California Wine Association in 1901 enabled Italian Swiss to acquire new vineyards and wineries in Sonoma, Fresno, and Kings counties. The former corporation of Italian Swiss Agricultural Colony became a holding company, and the new corporation of Italian Swiss Colony, was created and operated independently. While the California Wine Association held one half of the stock in Italian Swiss Colony, Italian Swiss Agricultural Colony held the other. Rossi, instrumental in ending the wine war and responsible for the merger of Italian Swiss with the California Wine Association, was retained as president of Italian Swiss and named director of the California Wine Association. Andrea Sbarboro continued as secretary of Italian Swiss. With great confidence the firm entered the new century as one of the most successful enterprises in the state.

As a single operation, Sbarboro wrote, Asti was the largest drywine vineyard in the United States, and its wines attracted world attention. Beginning in 1892, gold medals were conferred upon the Colony's burgundies at the Columbia International Fair held in Genoa, Italy, and in Dublin, Ireland. California produced wines equal in purity and efficaciousness to the imported, upholding Sbarboro's theory that California not only could match European wines but would soon surpass them.

Noting the increased popularity of sparkling wines, Rossi perfected the champagne production of the Colony, and in 1909 he lured to Asti an apprehensive Charles Jadeau, one of the foremost champagne experts in France. A two-story champagne plant was built in Asti, and Jadeau put up 150,000 bottles of champagne plus one hundred thousand bottles of sparkling burgundy. After a year's work, Rossi and Jadeau invited a few local connoisseurs to sample their product. Italian Swiss had produced a fine champagne with a natural sparkle and a fragrant bouquet and flavor. Satisfied with the results, Asti's Golden State Extra Dry was entered at the International Exposition in Turin, Italy and for seven days the panel of judges tasted and debated before awarding the coveted Grand Prix to Italian Swiss Colony.

Sadly, Rossi never lived to enjoy his moment of glory. Three weeks prior to the exhibit, he died tragically in a buggy accident at Asti on October 9, 1911. The management of the winery fell to Rossi's twin sons, Robert and Edmond, along with Sbarboro, With Rossi's passing, the financial stability of Italian Swiss assured, and Prohibition inevitable, Sbarboro considered

Alfredo, cassiere dell'Italian American Bank, usava recarsi ad Asti per riscuotere le quote settimanali di ognuno.

La fusione del 1901 con la California Wine Association consentì all'Italian Swiss Colony l'acquisto di altri vigneti e di altre cantine nelle contee di Sonoma, Fresno e Kings. La ex Italian Swiss Agricultural Colony divenne una società finanziaria e fu creata quindi una nuova Italian Swiss Colony a gestione indipendente, il suo capitale ripartito al 50 per cento tra la California Wine Association e l'Italian Swiss Agricultural Colony. Pietro Carlo Rossi, che aveva contribuito a por fine alla guerra del vino e che aveva operato la fusione delle due società, fu confermato presidente dell'Italian Swiss Colony e nominato direttore della California Wine Association, mentre Andrea Sbarboro rimase in carica come segretario dell'Italian Swiss Colony. Affermatasi ormai come una delle imprese di maggior successo dell'intero Stato, la ditta iniziò così con sicurezza la sua attività nel nuovo secolo.

Sbarboro ebbe a scrivere che come azienda vinicola produttrice di vini secchi e con sede unica, Asti era la più grande degli Stati Uniti, con vini che erano riusciti a imporsi all'attenzione mondiale. Fin dal 1892, i vini borgogna dell'Italian Swiss Colony furono premiati con medaglia d'oro alla Fiera Colombiana Internazionale di Genova, e in Irlanda alla Fiera di Dublino. La California era riuscita a produrre vini di qualità e forza uguali a quelli di importazione, confermando la tesi di Sbarboro secondo la quale la regione non soltanto era in grado di produrre vini equivalenti a quelli europei, ma li avrebbe presto superati.

Considerando la crescente popolarità degli spumanti, Rossi mise a punto per la Swiss Colony anche la produzione dello champagne, e nel 1909 invitò ad Asti dalla Francia uno dei più grandi esperti del tempo, Charles Jadeau. Ad Asti fu costruito uno stabilimento di due piani soltanto per la produzione dello champagne dove, al termine del suo primo anno di attività, Jadeau produsse 150 mila bottiglie di champagne e 100 mila di borgogna spumante. Dopo un anno di lavoro, Rossi e Jadeau invitarono alcuni esperti locali all'assaggio del loro prodotto, che risultò essere un buon champagne, naturalmente frizzante, di gusto piacevole e di fragrante bouquet. Con questi risultati, il vino fu battezzato Golden State Extra Dry e quindi presentato in Italia all'Esposizione Internazionale di Torino dove, al termine di sette giorni di assaggi e dibattiti, una giuria di esperti assegnò allo champagne dell'Italian Swiss Colony un ambìto Grand Prix.

Purtroppo, Rossi non visse abbastanza a lungo per poter godere il suo momento di gloria: tre settimane prima dell'esposizione di Torino, il 9 ottobre 1911, morì tragicamente cadendo da un calesse in corsa. La gestione dell'azienda vinicola passò ai suoi figli gemelli, Robert e Edmond, e a Sbarboro. Con la scomparsa di Rossi, la stabilità finanziaria dell'Italian Swiss Colony ormai assicurata e il proibizionismo ormai inevitabile, Sbarboro ritenne che per lui fosse giunto il momento di ritirarsi. Prima però

retirement — but not before he led the Colony (and this time the entire wine industry) in a dramatic fight against the preachers of Prohibition.

Alarmed over the national gains of the prohibitionists, Sbarboro went to Washington in the spring of 1908 to oppose passage of the Littlefield Bill, which would have forbade shipment of wines and liquor from a wet state into a dry one. He testified before the Judiciary Committee on March 6, and succeeded in defeating the measure. During the hearing, he reportedly startled a delegation from the Women's Christian Temperance Union when he suggested that if small children were allowed to drink a thimbleful of wine mixed in a glass of water at mealtime, they would never experience drunkenness and the nation would be rid of this evil.[24] Upon his return to California, Sbarboro continued his crusade and led the newly organized Grape Growers of California in their fight against the local prohibitionists. Sbarboro also published two pamphlet-sized booklets, *The Fight For True Temperance*, a plea for proper instruction in the use and appreciation of wines, and *Temperance vs. Prohibition*, a compilation of letters from American consuls stationed in Europe, who affirmed that it was not the consumption of wine that was harmful, but only the abusive consumption.[25] However, his victory over the prohibitionists was to be shortlived.

With Prohibition certain, and the California Wine Association's acquisition of a loan to purchase Italian Swiss Colony, Sbarboro relinquished managerial control of the Colony in July 1913. For ten years, the California Wine Association operated the Colony until 1923, when Prohibition forced them to sell all the assets and pay off the stockholders.[26] With the dissolving of the Colony, the Asti property was sold to the Rossi brothers and Enrico Prati, a hired laborer who had worked up from the ranks and had invested in the Colony. Functioning as the Asti Grape Products Company, they produced nonalcoholic grape beverages and shipped thousands of tons of grapes east for the manufacture of homemade basement wine. In 1924 the California Wine Association relinquished the corporate name, Italian Swiss Colony, back to the Rossis and Prati.

Prati and the Rossis sold their interests to National Distillers for $3,673,000 in cash in 1942. Nine years later, National Distillers limited their production to distilled liquors and sold out to United Vintners for sixteen million dollars. Italian Swiss Colony changed hands again on September 1, 1959, when Allied Grape Growers, the world's largest grape and wine cooperative

doveva guidare l'Italian Swiss Colony (e con lei stavolta l'intera industria vinicola del paese) in un drammatico scontro contro i fautori del proibizionismo.

Preoccupato dall'avanzata su scala nazionale dei proibizionisti, nella primavera del 1908 Sbarboro si recò a Washington per opporsi all'approvazione del Littlefield Bill, disegno di legge che avrebbe vietato il trasporto di vini e liquori da uno stato antiproibizionista a un altro proibizionista. Il 6 marzo 1908 Sbarboro fu chiamato davanti alla Commissione Giudiziaria del Congresso e la sua deposizione contribuì a far respingere il disegno di legge. Nel corso del dibattito, secondo quanto fu riferito, Sbarboro sbalordì la delegazione del gruppo femminile proibizionista Women's Christian Temperance Union sostenendo che se ai bambini, fin da piccoli, fosse stato consentito durante i pasti di bere un dito di vino in un bicchiere d'acqua, da adulti essi non avrebbero mai conosciuto ubriachezza e l'intero paese si sarebbe così liberato dal demone dell'alcoolismo.[24] Tornato in California, Sbarboro continuò la sua crociata, guidando il gruppo di viticoltori Grape Growers of California, di recente formazione, nella lotta contro i proibizionisti locali. Inoltre, pubblicò due opuscoli: il primo, intitolato *La battaglia per la vera sobrietà*, in difesa d'una giusta educazione nel consumo del vino, e il secondo, intitolato *Sobrietà contro proibizionismo*, che era una raccolta di lettere scritte da consoli americani accreditati in diversi paesi europei, i quali affermavano che non era l'uso del vino, ma l'abuso, a esser nocivo.[25] La vittoria di Sbarboro sui proibizionisti durò comunque poco.

Con il proibizionismo ormai inevitabile e a seguito del prestito contratto dalla California Wine Association per l'acquisto dell'Italian Swiss Colony, nel luglio del 1913 Sbarboro abbandonò la direzione dell'azienda. L'Italian Swiss Colony fu quindi gestita dalla California Wine Association per dieci anni, sino al 1923, anno in cui il proibizionismo ne costrinse la vendita di tutti gli impianti e la liquidazione degli azionisti.[26] Con lo scioglimento della società, la proprietà di Asti fu venduta ai due fratelli Rossi e a Enrico Prati, quest'ultimo un ex salariato che venuto su dalla gavetta aveva investito i suoi risparmi nell'Italian Swiss Colony. Operando sotto il nome di Asti Grape Products Company, i tre produssero bibite analcooliche a base di succo d'uva, vendendo e spedendo inoltre verso gli stati dell'est migliaia di tonnellate d'uva destinata alla fabbricazione domestica del vino. Nel 1924, la California Wine Association cedette l'uso della ragione sociale Italian Swiss Colony ai Rossi e a Prati.

Enrico Prati e i fratelli Rossi vendettero la loro proprietà nel 1942 alla National Distillers per 3 milioni e 673 mila dollari contanti. Nove anni più tardi, la National Distillers, ridotta la sua produzione ai soli liquori, vendette la ditta per sedici milioni di dollari alla United Vintners. Il primo settembre 1959, l'Italian Swiss Colony cambiò nuovamente padrone allorquando la Allied Grape Growers, la più grande cooperativa di uve e vini del mondo,

bought the holdings of United Vintners. Founded on the cooperative principle, Italian Swiss Colony was once again owned and operated by the grape growers. By the end of fiscal 1968, Allied sold 82 percent of their stock to Heublein and Company. Truly a success story, Italian Swiss colony was largely responsible for the integration of the California wine industry. The earliest of the state's wineries to grow and distill their own grapes and then independently market and distribute the processed wines on a national level, Italian Swiss readied one segment of California's agrarian economy for entrance into the era of big business and industrialization. Italian Swiss Colony had created a domestic market not only for itself but for the entire wine industry and had awakened American consumers to the realization that California could produce fine table wines equal to those of Europe.

Eighty-three years old, Andrea Sbarboro died on February 28, 1923, a victim of influenza. It was rumored that Sbarboro, who had never recovered from a stroke of apoplexy suffered several years earlier, died disgusted that his beloved Asti processed concentrated grape syrup and bottled sweet sacramental wines and grape juice for a temperate nation.[27]

Italian Swiss Agricultural Colony is an example of the effectiveness of an organization in having directed and distributed immigrant laborers where they were needed most. As the Italian immigrants came into San Francisco, the Italian Colony leaders encouraged them to settle outside of the city in the interior agricultural centers of the state where they could find work. Because of these efforts, from the 1880s to 1930, more Italian immigrants were attracted to the farm lands of northern California over the city of San Francisco due principally to the success of Italian Swiss Colony. The impact which Italian Swiss had on the minds of the migrating Italian laborers was tremendous since they could find no other opportunity in America equal to the one which the Italian Swiss Colony offered them.[28]

Meanwhile, in the city of San Francisco, there were several Italian labor societies active during the mid-eighties such as the Società Operaia Italiana Mutuo Soccorso, Italian Workingmen's Society of Mutual Relief and the Italian Labor Society. The Società Operaia, considered to be the most important in the Colony, was organized on May 18, 1884, and provided funds for its members in cases of illnesses or tragedies.[29] Little else, however, has been noted regarding its activities or that of the Italian Labor Society aside from their participation in the festivities of the Italian Colony.[30]

Because San Francisco continued to have labor problems throughout the 1880s and into the nineties, the leaders of the Italian Colony thought it best to continue their policy of encouraging the immigrants to seek employment beyond San Francisco to avoid conflicts with the established unions in the

rilevò i titoli azionari della United Vintners. Fondata su principi cooperativistici, l'Italian Swiss Colony tornò così a essere posseduta e gestita da viticoltori. Sul finire dell'anno fiscale 1968, la Allied vendette l'82 per cento delle sue azioni alla Heublein and Company. Grazie al suo successo, la Italian Swiss Colony fu in gran parte responsabile dello sviluppo dell'industria vinicola in California. Pioniera in tutto lo Stato della coltivazione della vite e della vinificazione delle uve prodotte, e quindi della vendita e della distribuzione su scala nazionale dei suoi vini, l'Italian Swiss Colony aprì la strada verso l'era delle grandi compagnie commerciali e industriali a un settore dell'economia agraria californiana. L'Italian Swiss Colony aveva creato un mercato nazionale non soltanto per sè ma anche per l'intera industria vinicola, e aveva inoltre convinto il consumatore americano all'idea che la California era in grado di produrre ottimi vini da tavola, equivalenti a quelli europei.

Andrea Sbarboro morì il 28 febbraio 1923 all'età di 83 anni, in seguito a un'influenza. Fu detto di lui che, mai ristabilitosi da un colpo apoplettico che lo aveva colpito anni addietro, fosse morto di crepacuore all'idea che la sua diletta Asti fosse stata ridotta a dover confezionare sciroppi, vin santo per le messe e succhi d'uva in un paese ormai divenuto sobrio.[27]

L'Italian Swiss Agricultural Colony è un esempio dell'efficienza raggiunta da una singola organizzazione nella guida e nell'impiego di lavoratori immigrati laddove la loro manodopera era più necessaria. Man mano che gli immigrati italiani giungevano a San Francisco, i leader della comunità italiana locale li incoraggiavano a stabilirsi fuori città, nei centri agricoli dell'interno dove avrebbero potuto trovare lavoro. Grazie a questo impegno, dal 1880 al 1930 tanti immigrati italiani furono attratti verso le zone agricole della California settentrionale, oltre la città di San Francisco, soprattutto grazie al successo dell'Italian Swiss Colony. L'impatto che la ditta ebbe infatti sui lavoratori italiani immigrati fu enorme visto che a nessuno di loro era possibile trovare in America opportunità uguali a quelle offerte dall'Italian Swiss Colony.[28]

Intanto, durante gli anni 1880 a San Francisco sorsero diverse società italiane, quali la Società Operaia Italiana di Mutuo Soccorso e la Italian Labor Society. Considerata la più importante della comunità, la Società Operaia era stata fondata il 18 maggio 1884 e ai suoi aderenti garantiva sussidi economici in caso di malattia e di infortunio.[29] Sulle sue attività, o su quelle dell'Italian Labor Society, a prescindere dalla loro partecipazione alle feste della comunità italiana, è noto comunque ben poco.[30]

Siccome negli anni 1880 e in parte del decennio successivo San Francisco continuò a essere afflitta da agitazioni sindacali, i leader della comunità italiana ritennero che per evitare conflitti con i sindacati della città, la miglior politica fosse continuare a incoraggiare gli immigrati a cercare impiego al difuori di San Francisco. Anche i funzionari del Regio Ufficio

city. Even the directors of the Royal Italian Emigration Department warned migrating Italians not to tangle with American labor unions.[31]

As the Italian workers came into San Francisco, they found that most of the jobs open to them were those which no one else wanted,[32] such as bricklayers, shoeshine boys, street cleaners, and garbagemen. Similar to the manner in which the fishermen and the truck farmers came to dominate their industry, these migrants came to dominate the City's refuse industry. Possibly, the earliest of the scavenger unions was the Scavenger's Protective Union organized on August 17, 1879 with one hundred and fifty members. The objective of the union was to improve the individual and social conditions of its members. Fourteen years later, on May 16, 1893, the California Scavenger Company was founded on the principle of share holding. The most successful of all the scavenger companies was the Sanitary Reduction Works organized by Andrea Sbarboro in 1896 who succeeded in obtaining from the City Government the exclusive right of collecting and disposing of garbage. By 1908, there were over six hundred scavengers in San Francisco, and these were mostly from Genoa.

Fruit, vegetable, and salmon canneries as well as paste and Ghirardelli chocolate factories located by the North Beach waterfront hired cheap laborers who worked six days a week from six in the morning until seven p.m. A living salary ranged from $98 a month to $110. Marco J. Fontana, one of the founders of the California Fruit Canners' Association, built his cannery northwest of the Taylor Street fishermen's wharf and attracted many Italian workers. The Del Monte Cannery employed several hundred Italians, primarily women, in the canning of asparagus, apricots, and other vegetables and fruits.[33] They worked twelve hours a day during the peak seasons for piece rate wages of six to thirteen dollars per week.[34]

When the fishermen were not fishing in San Francisco Bay, they were hired by the Alaska Packers Association and sailed up to Bristol Bay, Alaska, on the Association's ship, *Star of Alaska*, for a season of salmon fishing. The squarerigger, originally christened the *Balclutha*, served as home for its crew and carried back to San Francisco at the end of the season the precious cargo of canned fish. Eventually, the Del Monte Corporation absorbed the Alaska Packers Association which had been a profitable source of employment for many Italian fishermen.

Another important source of employment for Italian immigrants were the cigar factories. The A. Petri Cigar Company, which opened in 1885 on Dupont Street with no more than five helpers, developed an active business making "Italian stogies". After the 1906 fire and earthquake, they moved

Italiano per l'Emigrazione usarono porre in guardia gli emigranti in tal senso, suggerendo a chi partiva di non immischiarsi nelle attività dei sindacati americani.[31]

Arrivando a San Francisco, i lavoratori italiani scoprivano che gran parte degli impieghi disponibili erano quelli che nessun altri voleva,[32] per esempio il lavoro di muratore, di lustrascarpe, e di spazzino. Così, come i pescatori e gli ortolani erano arrivati a dominare il loro rispettivo settore, così questi immigrati riuscirono a dominare quello della nettezza urbana. Chiamato Scavenger's Protective Union, il primo sindacato spazzini fu fondato il 17 agosto 1879 col fine di migliorare le condizioni di lavoro e di vita dei suoi centocinquanta membri. Il 16 maggio 1893, quattordici anni più tardi, fondata però come società per azioni, nacque quindi la California Scavenger Company. L'impresa di nettezza urbana che ebbe maggior successo fu comunque la Sanitary Reduction Works fondata nel 1896 da Andrea Sbarboro, che riuscì a ottenere dal Comune di San Francisco l'appalto in esclusiva della raccolta delle immondizie di tutta la città. Nel 1908, a San Francisco risultavano presenti oltre seicento spazzini, gran parte di loro immigrati genovesi.

Le ditte di inscatolamento di frutta, di verdura e di salmone, così come i pastifici e la fabbrica di cioccolato di Ghirardelli, tutte con sede sul lungomare di North Beach, diedero lavoro agli immigrati retribuendoli con poveri salari e costringendoli a lavorare sei giorni alla settimana, dalle sei del mattino alle sette di sera. Il salario medio variava dai 98 ai 110 dollari al mese: il tanto per campare. Uno dei fondatori della California Fruit Canners' Association, Marco J. Fontana, costruì il suo impianto di inscatolamento a nord ovest del molo dei pescatori di Taylor Street e diede lavoro a numerosi lavoratori italiani. La fabbrica Del Monte Cannery impiegò parecchie centinaia di italiani, soprattutto donne, nell'inscatolamento di asparagi, di albicocche e di altre frutta e verdure.[33] Durante l'alta stagione in fabbrica si lavorava dodici ore al giorno, retribuzione a cottimo, compensi settimanali da sei a tredici dollari.[34]

Quanto ai pescatori, quando non erano a pescare nella baia di San Francisco, venivano reclutati dalla Alaska Packers Association e via mare, sul veliero della ditta, lo *Star of Alaska*, trasportati in Alasca fino alla baia di Bristol per la stagione di pesca dei salmoni. Battezzata in origine *Balclutha*, la nave a vele quadre era casa al suo equipaggio che alla fine della stagione riportava poi a San Francisco, insieme al prezioso carico di pesce inscatolato. Più tardi, la Del Monte Corporation assorbì la Alaska Packers Association che era stata una conveniente fonte di impiego per tanti pescatori italiani.

Altre importanti fonti d'impiego per gli immigrati italiani furono le fabbriche di sigari. La A. Petri Cigar Company, che era stata aperta su Dupont Street nel 1885 con non più di cinque operai, sviluppò un buon giro d'affari fabbricando sigari di tipo toscano. Dopo l'incendio e il terremoto del

their operations into larger quarters on Jackson Street where they employed some 450 workers.[35] As did Fontana, the Petri Italian-American Cigar Company, hired Italian immigrant women at wages lower than those of their male coworkers. The hiring of women became steady policy in the Italian Colony since family incomes had to be supplemented. Canneries, factories, cotton mills, needle trades, and poultry houses were known to fire their low-paid help and replace them with Italian immigrant women who were unable to find work because they did not speak English. For the most part, Italian women stayed close to home and minded their husbands' small stores and shops or they took boarders into their homes. Others did piece work for the North Beach garment factories until the Garment Workers Union outlawed the practice.[36] The wives of fishermen supplemented their husbands' incomes by mending the fish nets. Unique to the Italian women workers was their cohesiveness, their tendency to work well only under overseers of their own kind, and their unwillingness to live and work in areas other than in the Italian Quarter of San Francisco.

The many other canneries throughout the Bay Area which hired Italian immigrants as a source of cheap labor found that the language barrier kept them from responding to union organization.[37] The State Federation of Labor in 1907 had attempted to establish small unions for the hundreds of Italian workers throughout the Bay Area, but the majority remained unorganized.[38] The language barrier was further complicated by the increasing number of Italian workers who came during the second period of immigration and who did not understand the purpose of American labor unions. These immigrants were easily influenced and undoubtedly confused by the International Workers of the World.

In 1900 the German and American bakers merged in the Baker's Union and established a six-day work week with Sundays free. The Union then attempted to extend this code among all the bakeries in the city to equalize competitive conditions for their employees. To accommodate the Italian and French bakers, the Union set up a separate local and jurisdiction over workers in the French and Italian bakeries, but they failed to organize the workers. The Latin bakeries continued to work exceptionally long hours, and constituted a competitive threat to both the Baker's Union and other unionized firms.[39] By 1916, however, the Italian bakery workers in North Beach had been organized and threatened to strike for better working conditions and a day of rest.[40] Several days after their meeting, five North Beach bakeries merged and formed the Italian French Baking Company in

1906, la ditta si trasferì in sede più ampia su Jackson Street, dove impiegò circa 450 operai.[35] Così come la California Fruit Canners di Marco Fontana, la Petri Italian-American Cigar Company usò assumere immigrate italiane a salari più bassi di quelli pagati agli uomini. Data la povertà del bilancio domestico di tante famiglie, nella comunità italiana l'impiego di manodopera femminile divenne consuetudine. Fabbriche di cibo in scatola, cotonifici, ditte di cucito, usarono licenziare la loro manodopera a salario più basso sostituendola con donne italiane che siccome non parlavano la lingua inglese erano incapaci di trovare altro lavoro. In gran parte, le donne italiane lavoravano vicino casa, badando al piccolo negozio del rispettivo marito, o magari subaffittavano la casa a pensionanti. Altre badavano alle faccende domestiche o prendevano a casa lavoro a cottimo dalle fabbriche di generi d'abbigliamento del North Beach, pratica questa che alla fine fu però dichiarata illecita dal sindacato di categoria Garment Workers.[36] Le mogli dei pescatori usarono integrare i magri guadagni dei loro mariti rammendando reti. Caratteristica propria delle lavoratrici italiane fu la coesione esistente tra loro, la loro tendenza a produrre di più lavorando con sorveglianti donne, e la loro determinatezza nel non voler lavorare al difuori del quartiere italiano di San Francisco.

Le tante fabbriche di scatolame esistenti nella zona della baia che ricorsero agli immigrati italiani come fonte di manodopera a basso prezzo, trovarono che la barriera della lingua impediva ai loro dipendenti di aderire alle organizzazioni sindacali.[37] Nel 1907, il sindacato State Federation of Labor aveva infatti tentato di creare piccoli gruppi sindacali per unire le centinaia di lavoratori italiani presenti nella zona della baia, però la maggioranza ne era rimasta al difuori.[38] L'ostacolo rappresentato dalle differenze linguistiche fu complicato ulteriormente dal crescente numero di lavoratori italiani che giunsero durante il secondo periodo dell'immigrazione, che non capirono lo scopo dei sindacati americani e furono facilmente influenzati dal gruppo International Workers of the World.

Nel 1900, i panettieri tedeschi e americani si riunirono in un unico gruppo sindacale, la Baker's Union, stabilendo una settimana lavorativa di sei giorni e il riposo domenicale. Il gruppo tentò quindi di far accettare questa norma in tutti i panifici della città, a rendere uguali le condizioni di lavoro per tutti i dipendenti della categoria. Per venire incontro ai panettieri italiani e francesi, il sindacato creò una sezione a parte, con giurisdizione a sè, ma il tentativo fallì: le panetterie italiane e francesci continuarono i loro orari di lavoro, costituendo così una temibile concorrenza ai danni sia dei membri della Baker's Union che di altre ditte aderenti alle sue norme.[39] Tuttavia, nel 1916, i panettieri italiani di North Beach riuniti in sindacato minacciarono di scioperare per ottenere migliori condizioni di lavoro e un giorno di riposo alla settimana.[40] Alcuni giorni più tardi, cinque panifici di North Beach si fusero insieme formando la Italian French Baking Company con l'intento di

order to bring down the rising price of bread.[41]

These strikers met on Broadway Street in the hall belonging to the International Workers of the World which had become quite active in the North Beach area among the Latin workers. It is possible that the short strikes and threats of work disruption by the Italian laborers before 1920 were instigated by the activities of the IWW as suggested by the following examples. This organization published the two newspapers, *Il Proletario* and *Il Lavoratore Industriale* in Italian, which encouraged the workers to unite together for the common goal of liberation and equality. Among the fishermen, the IWW had preached the benefits of one common union which was opposed by the fishermen as a threat to the protective associations. In 1917 and later in 1924, the San Francisco Bay fishermen who had been recruited by the Alaska Packers Association to work in the salmon canneries had threatened to strike unless their wages were increased.[42] In April 1919, the Italian sausage makers, "salumieri", formed their own association and threatened their employers, the Italian Sausage Manufacturing Association, with a strike unless their demands for better working conditions and hours were satisfied.[43] Undoubtedly, the "Wobblies" did their best to agitate the Italian laborers. The years following World War I were marked within the Italian Colony by threats of strikes, unrest, and discrimination by the Italians against other immigrant groups in the city.

There was a noticeable change in the regional origins and skills of the incoming Italian immigrants from about 1910 on. More were migrating from the southern provinces of Italy and they were for the most part unskilled. A great many settled in the Mission District of San Francisco and worked for the Southern Pacific Railroad. Those who were skilled found jobs in the marble works which had been opened near Colma. By this time, a sufficient number of large Italian businesses such as laundries, factories, marble cutters, wholesale and retail grocers, butchers, liquor houses, fish and poultry houses provided jobs for the newly arrived Italian immigrants within the city. Eventually, the majority of Italian workmen were unionized and they encouraged the Italian newcomers to follow their example, if for no other reason than to enjoy the benefits offered by the unions.

Italian Enterprises and Institutions

As the Italian Colony grew and became more settled in the city, there was a tremendous need for the establishment of banks and lending institutions which would cater strictly to the needs of the immigrants.

far riabbassare il prezzo in aumento del pane.[41]

In tempo di sciopero, i panettieri italiani usarono riunirsi a Broadway Street nei locali della International Workers of the World, un gruppo particolarmente attivo tra i lavoratori d'origine latina residenti nella zona di North Beach. Secondo quanto appare da alcuni esempi riportati qui di seguito, è possibile che i brevi scioperi e le minacce d'interruzioni di lavoro avvenuti con partecipazione italiana prima del 1920 siano stati suggeriti dall'International. L'organizzazione pubblicava due giornali in italiano, *Il proletario* e *Il lavoratore industriale*, che incoraggiavano i lavoratori a unirsi insieme per il fine comune della libertà e dell'uguaglianza. Anche tra i pescatori, la International Workers aveva predicato i vantaggi d'un sindacato unico che però i pescatori avevano opposto, ritenendolo una minaccia alle loro associazioni. Nel 1917, e quindi nel 1924, i pescatori della baia di San Francisco al soldo della Alaska Packers' Association negli impianti per l'inscatolamento del salmone minacciarono però di scioperare chiedendo l'aumento dei salari.[42] Nell'aprile del 1919, i salumieri italiani si unirono anch'essi in associazione, minacciando di sciopero i loro datori di lavoro dell'Italian Sausage Manufacturing Association se le loro richieste di migliori condizioni di lavoro e d'orario non fossero state soddisfatte.[43] Senza dubbio, i sindacalisti della International fecero del loro meglio per diffondere le loro idee tra i lavoratori italiani. Gli anni successivi alla I Guerra mondiale furono caratterizzati all'interno della comunità italiana da minacce di scioperi, da agitazioni, da discriminazioni nei confronti di altri gruppi di immigrati.

A partire dal 1910, si verificò un cambiamento evidente nelle origini regionali e nelle capacità lavorative degli immigrati italiani, cioè ci fu un aumento di immigrati provenienti dall'Italia del Sud, che in gran parte arrivavano privi di qualifiche professionali. Molti di loro si stabilirono nel distretto Mission di San Francisco, trovando lavoro con le ferrovie Southern Pacific, mentre quelli qualificati trovarono impiego nell'industria del marmo sorta in prossimità di Colma. In quel tempo, un numero notevole di ditte italiane — lavanderie, fabbriche, marmifici, ditte di generi alimentari all'ingrosso e al dettaglio, macellerie, rivendite di vini e liquori, pescherie e pollerie — diedero lavoro agli italiani ultimi arrivati. Alla fine, in gran maggioranza i lavoratori italiani abbracciarono l'idea sindacale, inducendo così i connazionali nuovi giunti a seguire il loro esempio, se non altro per godere i benefici offerti dai sindacati.

Imprese e istituzioni italiane

Man mano che la comunità italiana di San Francisco cresceva di numero e si consolidava, crebbe anche la necessità di banche e di istituti di credito che provvedessero alle necessità degli immigrati.

The first bank to serve the Italian residents of San Francisco was the Columbus Saving and Loan Society organized and headed by John J. Fugazi, the proprietor of one of the oldest and most successful travel agencies in the city. Fugazi started his Agenzia Fugazi in 1869,[44] which represented a number of steamship and railroad lines with offices in San Francisco.[45] The Agenzia functioned as an information bureau guiding the Italian immigrants to their destinations. The San Francisco office provided an additional service. Since Fugazi owned the only vault in North Beach, many Italians kept their passports, papers, and savings in his safe. Others brought their savings to him for remittance back to their families in Italy. These services gave Fugazi the opportunity to begin his own savings bank, a "cassa di risparmio", as opposed to a commercial bank.[46]

Fugazi's Banca Colombo was chartered on January 18, 1893, and opened on April 1, 1893.[47] Serving both the Italian and American communities, it was a conservative institution which followed rigid policies in the selection of the board of directors and in the lending of money. The policy established in appointment of board members was to elect the deceased member's eldest son as the successor to insure the continuation of the Bank's objectives. As such, the Bank denied itself the opportunity to instill new blood in leadership and placed itself beyond the reach of the "little fellow" in the community, especially the Italian immigrants. The Bank extended credit to home builders and businessmen, but it made no attempt to educate the Italian people in the financial matters of savings, interest rates, and loans. Loans were urgently needed in the Colony, yet few Italians could afford to pay the six or seven percent interest rate which San Francisco banks charged immigrants and foreigners. Even the local loan sharks charged high rates on loans under $100, the usual amount an immigrant needed to tide him over until he found work. Sometimes an Italian was fortunate in obtaining a loan from another small Italian businessman who was willing to take the risk. Even though the Banca Colombo was an Italian bank, it did not lower the interest rates for the "connazionali", but rather it went along with the rest of the San Francisco banks in having charged "all they could get from a borrower".[48]

Fugazi's nearsighted attitude on loans and his refusal to branch out into the growing Italian districts in the Mission enabled the vigorous and enterprising Andrea Sbarboro to open his own bank, Banca Italo-Americana, as a competitor. The increasing number of Italians who settled in the North

La prima banca destinata a servire gli italiani di San Francisco fu la Columbus Saving and Loan Society, fondata e diretta da John J. Fugazi, proprietario d'una delle prime e più avviate agenzie di viaggi della città. Fugazi aveva fondato la sua "Agenzia Fugazi" nel 1869,[44] divenendo rappresentante di numerose compagnie di navigazione e ferroviarie e aprendo sedi oltre che a San Francisco, a New York e in altre città approdo di tanti immigranti.[45] L'agenzia fungeva anche da ufficio informazioni, a indirizzare gli immigranti italiani verso le loro rispettive destinazioni. La sede di San Francisco forniva un ulteriore servizio, e cioè, siccome Fugazi vi possedeva l'unico deposito di sicurezza di North Beach, custodiva passaporti, documenti e denaro a tanti italiani. Altri affidavano all'agenzia i loro risparmi da spedire alle famiglie rimaste in Italia. Questi servizi fornirono a Fugazi l'opportunità di fondare una sua cassa di risparmio, in concorrenza ad altri istituti di credito.[46]

La Banca Colombo di Fugazi fu fondata il 18 gennaio 1893 e aprì i battenti il primo aprile successivo,[47] al servizio della comunità italiana e di quella americana. L'istituto era governato da princìpi tradizionali, seguiva cioè rigidi criteri sia nella scelta dei componenti del suo consiglio d'amministrazione e sia nella concessione dei prestiti. Una sua norma stabiliva per esempio che quando uno dei dirigenti passava a miglior vita, doveva esser sostituito dal figlio maggiore del defunto, così da garantire continuità agli indirizzi della banca. Così facendo però, la banca negò a sè stessa l'opportunità di innestare energie nuove al suo vertice, collocandosi infine al di fuori della portata dell'uomo della strada, specie dell'immigrato italiano. La banca promuoveva rapporti di credito con i costruttori edili e con altri uomini d'affari, ma non cercò in alcun modo di diffondere tra gli italiani la conoscenza di cose finanziarie, come conti di risparmio, tassi di interesse e prestiti bancari. Nella comunità c'era urgente necessità di denaro, ciò malgrado pochi italiani potevano permettersi di pagare gli interessi del sei, sette per cento che le banche di San Francisco imponevano agli immigrati e agli stranieri; inoltre, erano esosi anche gli interessi da pagare agli strozzini locali per prestiti inferiori ai cento dollari, somma necessaria in genere a un immigrato appena arrivato per sbarcare il lunario fino a trovare il suo primo lavoro. Poche volte qualche italiano più fortunato di altri riusciva a ottenere credito da qualche negozio di connazionali disposti a correre rischi. E benchè la Banca Colombo fosse italiana, tuttavia non ridusse mai i suoi tassi d'interesse a favore di connazionali, ma si accodò invece alle altre banche di San Francisco, seguendo la norma comune di "addebitare quanto possibile al debitore".[48]

La politica miope di Fugazi in materia di credito, e il suo rifiuto di aprire una filiale nella zona in sviluppo di Mission, consentì al dinamico e intraprendente Andrea Sbarboro di fondare, in diretta concorrenza, la sua Banca Italo-Americana. Il numero crescente di italiani che si stabilivano a

Beach Colony and the growing volume of business which the Italian firms were doing locally and with firms in Italy were indications that the Colony could support a second bank.[49]

Among the backers of the Banca Italo-Americana were the Italian Swiss Agricultural Colony and the Fontana Company. The Bank was chartered on March 16, 1899, with a capital stock of $500,000 of which half had been paid.[50] The new bank was both a savings and commercial institution which encouraged checking accounts for Italian merchants. The most liberal policy of this bank was that regarding loans. Instead of the required collateral, all that was necessary was the signature of the borrower along with a "guarantor" or co-signer.[51] Perhaps the reason for Sbarboro's leniency with loans was his experience in the building and loan business. He had personally organized five successful building and loan associations beginning in 1875 with the West Oakland Mutual Loan Association, and followed with the West Oakland Masonic Hall and Building Association, the Italian-Swiss Mutual Loan Association, the San Francisco and Oakland Mutual Loan Association, and the San Francisco Mutual Loan Association.[52] The purpose of these associations was to make loans available to the members with established collateral in securities and mortgages.[53] As a result of these institutions, 2,500 homes for Italian families throughout the Bay Area were built and paid for on monthly installments. It was in connection with these ventures that Sbarboro began the Banca Italo-Americana.[54]

Even so, the progressive Sbarboro fell short of his aim. The Banco Italo-Americana was strictly an Italian and American bank upon whose board of directors sat prominent businessmen from both communities. Both Fugazi and Sbarboro had failed to make a direct appeal to the Italian people for their support. North Beach was in need of home owners and real estate developments in order to house the increased number of Italian immigrants. The more home owners the Colony possessed, the sounder it would be financially. The shortcoming of both the Banca Colombo and the Banca Italo-Americana was in their having ignored the small depositors who slowly build up their savings accounts. These depositors were considered a nuisance to any bank since it meant having to give interest on small amounts. North Beach and the Italian Colony were in dire need of a bank in which ownership would be distributed among as many depositors as possible, giving them the security of knowing that this was their bank.[55]

Amadeo P. Giannini,[56] a native Californian of Genoese descent, retired at the age of 31 after having been at the head of a most prosperous commission in the city. While managing his and his father-in-law's investments, he inherited his father-in-law's chair on the board of directors of the Banca Colombo. Giannini sought to bring the bank closer to the small depositors

North Beach, e il crescente volume d'affari condotto da ditte italiane sia a livello locale e sia con l'Italia, indicavano infatti che la comunità poteva dar lavoro a una seconda banca.[49]

Con l'Italian Swiss Agricultural Colony e la Fontana Company nel gruppo dei suoi sostenitori, la Banca Italo-Americana fu fondata il 16 marzo 1899, con un capitale iniziale di 500 mila dollari versato soltanto per metà.[50] La nuova banca era sia di risparmio che commerciale, a incoraggiare l'apertura di conti correnti tra i commercianti italiani, ma il settore più liberale della nuova banca era quello dei prestiti, per i quali, invece delle consuete garanzie, erano sufficienti la firma del debitore e quella d'un garante.[51] Il motivo della liberalità con cui Sbarboro concedeva i prestiti derivava probabilmente dall'esperienza acquisita nel settore del credito edilizio. In precedenza Sbarboro aveva infatti fondato cinque diverse società di credito — la serie iniziata nel 1875 con la West Oakland Mutual Loan Association, seguita dalla West Oakland Masonic Hall and Building Association, quindi dalla Italian-Swiss Mutual Loan Association, dalla San Francisco and Oakland Mutual Loan Association e infine dalla San Francisco Mutual Loan Association[52] — e fine comune di queste associazioni era quello di reperire, per i rispettivi soci, prestiti garantiti da titoli azionari o ipotecari.[53] Così, grazie all'attività di queste cinque società, nella zona della baia erano state costruite a credito 2.500 abitazioni per altrettante famiglie italiane che pagavano il rispettivo mutuo in rate mensili. Fu da questa esperienza che sorse la Banca Italo-Americana di Sbarboro.[54]

Malgrado tali iniziative, Sbarboro non riuscì a realizzare in pieno le sue ambizioni sociali, e amministrata da eminenti uomini d'affari italiani e americani la Banca Italo-Americana fu simile alle altre. Entrambi, Fugazi e Sbarboro, non erano riusciti a stabilire un dialogo diretto con la comunità italiana nè quindi a ottenerne il consenso. North Beach aveva bisogno di proprietari di case, d'uno sviluppo edilizio adeguato a contenere il crescente numero di immigrati italiani; e più padroni di casa avesse avuto la comunità, più solida sarebbe stata la sua condizione finanziaria. Ma sia la Banca Colombo che la Banca Italo-Americana commisero entrambe l'errore di ignorare il piccolo risparmiatore che un dollaro alla volta andava costruendo il suo gruzzolo, e che invece fu considerato con fastidio e sufficienza. North Beach e la comunità italiana avevano ancora estremo bisogno d'un istituto di credito le cui azioni fossero distribuite tra il maggior numero possibile di risparmiatori, così da dar loro la certezza d'avere una banca al loro servizio.[55]

Nato in California da genitori genovesi, Amadeo Peter Giannini[56] si era ritirato dagli affari all'età di 31 anni, dopo aver diretto una delle ditte di prodotti ortofrutticoli all'ingrosso più attive di San Francisco. La sua attività era ormai limitata all'amministrazione delle sue proprietà e di quelle di suo suocero, quando ereditò il seggio di quest'ultimo in seno al consiglio direttivo della Banca Colombo; e fin dall'inizio, tentò di indirizzare la banca a

in order to help them. Unsuccessful in this endeavor, he formed his own bank, Banca d'Italia, incorporated on August 10, 1904, with a capital stock of $300,000 of which half was paid by backers.

Before the Banca d'Italia was chartered, Giannini and his right-hand man, Charley Grondona, walked, talked, and sold bank stocks throughout the Italian Colony. Neither seemed to have any difficulty in selling these shares since they were both trusted and well-liked businessmen. Giannini's reputation as an honest, fair, hard-working commission dealer was known throughout the Colony, and it was to the commission merchants that Giannini first turned for suport. Charles Grondona, a few years younger than Giannini, was a real estate investor in North Beach and was regarded as a bright Italian boy with a future. His father-in-law, Frank Arata, had bequeathed to Charley his seat on the board of directors of the Banca Colombo which the board refused to honor on the basis that Charley was an "outsider". The real reason for the adamant position of the board was their fear that Grondona would turn out to be another maverick like Giannini. The incident stirred up resentment against the Banca Colombo among the family and friends of Grondona who responded by transferring their funds from the Banca Colombo to the new Banca d'Italia.[57]

Meanwhile, Giannini had mustered together some of the leading merchants of the Italian district to attract the small Italian depositors. Notable Italian sponsors such as Antonio Chichizola, importer; Giacomo Costa, real estate investor; Lorenzo Scatena, Giannini's stepfather and leading commission merchant; Joseph Cavagnaro, an attorney; and James Fagan, vice president of the American National Bank and a personal friend of Giannini, were the greatest assets that the Banca d'Italia had at that time.

Charley Grondona was busy doing the same thing. He convinced Luigi DeMartini, the head of a large confectioner supply house, and G. Iacchieri, an undertaker, that the new bank was the one for them. George Caglieri, whose partnership with John Fugazi had been obtained through the benevolence of the Arata family, was convinced by Grondona that his future was with the new bank. When Frank Arata died and Fugazi deliberately ignored paying the Arata estate money due on the shares which Arata had in the Banca Colombo, Caglieri openly stated his disapproval of Fugazi's "welching". This forced Fugazi into paying at least half of the money due on the Arata estate and it caused Caglieri to pull out of the Banca Colombo. Each of these men had a following in the Italian Colony among the small businessmen and their decision to do business with

promuovere un rapporto meno distante e più liberale con i piccoli risparmiatori. Infine, visto inutile ogni tentativo, il 10 agosto 1904, con un capitale di 300 mila dollari, metà dei quali versati da soci sostenitori, Giannini fondò una banca sua, che chiamò Banca d'Italia.

Prima ancora che la Banca d'Italia prendesse forma, Giannini e il suo braccio destro, Charles Grondona, avevano setacciato l'intera comunità italiana, cercando di convincere la gente a comprarne le azioni. Nessuno dei due ebbe difficoltà a vendere i titoli, in quanto entrambi erano uomini d'affari simpatici e di solida reputazione. Il nome che Giannini s'era fatto lavorando sul mercato ortofrutticolo, di uomo d'affari onesto, equo e laborioso, era noto infatti a tutta la comunità. Furono comunque gli uomini d'affari del mercato ortofrutticolo che Giannini avvicinò per primi a chiedere appoggio. Di qualche anno più giovane di Giannini, Charles Grondona era proprietario di immobili a North Beach ed era considerato un ragazzo italiano intelligente con un brillante futuro. Suo suocero, Frank Arata, gli aveva ceduto il proprio seggio in seno al direttivo della Banca Colombo, cessione che però il consiglio d'amministrazione della banca aveva respinto, sostenendo che Grondona era un "estraneo". Il vero motivo della netta presa di posizione del direttivo della banca era stato invece il timore che Grondona sarebbe diventato un altro anticonformista dissidente al pari di Giannini. Il rifiuto scatenò contro la banca il risentimento della famiglia e degli amici di Grondona, che reagirono in gruppo trasferendo i loro capitali dalla Banca Colombo alla nuova Banca d'Italia.[57]

Nel frattempo, per attrarre l'interesse dei piccoli risparmiatori, Giannini aveva conquistato l'appoggio di alcuni dei più noti uomini d'affari del quartiere italiano. Tra loro, la Banca d'Italia vantò come clienti l'importatore Antonio Chichizola, Giacomo Costa grosso proprietario di immobili, Lorenzo Scatena, patrigno di Giannini e grosso mercante, l'avvocato James Cavagnaro, e il vice presidente dell'American National Bank, James Fagan, amico personale di Giannini.

Charles Grondona, intanto, impegnato anche lui nella stessa attività promozionale, era riuscito a convincere Luigi De Martini, capo d'una grossa ditta fornitrice di generi per l'industria dolciaria, e G. Iacchieri, titolare d'una ditta di pompe funebri, che la nuova banca era quanto faceva per loro. Anche George Caglieri, divenuto socio di John Fugazi tramite la famiglia Arata, fu convinto da Grondona che il suo futuro era con la nuova banca. Così, quando alla morte di Frank Arata, Fugazi ignorò deliberatamente di pagare i dividendi dovuti alle azioni possedute da Arata sulla Banca Colombo, Caglieri ne condannò apertamente la condotta. L'incidente non soltanto costrinse Fugazi a pagare quantomeno metà del denaro dovuto agli eredi Arata, ma causò infine l'uscita di Caglieri dalla banca. Ognuno di questi uomini godeva d'un suo seguito tra i piccoli commercianti italiani: di conseguenza, la loro decisione di preferire la nuova banca di Giannini ebbe

Giannini's new bank carried great weight in the Colony.

The bank shares sold like "hot-cakes". One or two were sold at a time or in blocks as large as 25 to fishermen, peddlers, policemen, saloon-keepers, and to people from every walk of life.[58] The distribution of the original 3,000 shares pleased Giannini. The eleven directors had a combined total of 905 shares; six large stockholders held blocks of 25 to 100 shares at a combined total of 460; five shares belonged to Anania Quilici, and the Berino family bought ten shares. The remaining 1,620 shares were held by 143 small stockholders who represented a cross-section of the Italian community except for the one non-Italian stockholder.

Giannini was encouraged. News of the formation of the new bank traveled quickly among the Italians. So many people came in to open accounts or make deposits during the first days open that Grondona could barely keep his desk cleared. Some who had not been given a chance to invest in Giannini's "baby bank" were hurt, but were quickly appeased when Giannini and Grondona sold them some of their own shares. The number of Italians in North Beach who did not believe in banks or who remembered family losses in the failure of the French Mutual Provident Savings and Loan Society in 1878 began to take interest in the Banca d'Italia.[59] Giannini firmly rooted his bank in the Italian Colony when he actively sought out the accounts of these small depositors.

When the Bank of Italy expanded into branch banking, Giannini's personal philosophy became the guideline for the plans of the architect. Glass partitions, and soundproof executive office were eliminated, and bank executives sat at desks facing the public to be more accessible to the depositors.

The leg work begun by Giannini and Grondona was continued by others such as the tall, handsome, and very popular Alfred A. Micheletti who was very "well connected" in the North Beach District. Giannini sent him to call on these Italian businessmen who mistrusted banks and did their business on a cash basis only. Micheletti moved among people who never had a bank account and he instructed them in the advantages of commercial checking and savings accounts. He showed the small businessmen how to write out deposit slips, checks, balance their ledgers, and at the end of the session, Micheletti might suggest a bank loan to expand the business.[60]

Giannini gambled and won. There were more small depositors and

notevole peso in seno alla comunità italiana.

Le azioni della Banca d'Italia, tremila in tutto, furono vendute con facilità estrema, una o due alla volta o in blocchi fino a 25, a pescatori, a venditori ambulanti, a poliziotti, a baristi e a gente d'ogni condizione sociale:[58] una ripartizione che piacque a Giannini. Gli undici membri del consiglio d'amministrazione controllavano insieme 905 titoli azionari; altri sei grossi azionisti possedevano pacchetti da 25 fino a 100 azioni ciascuno, per un totale di 460 azioni; cinque azioni erano proprietà di Anania Quilici e altre dieci erano state acquistate dalla famiglia Berino. Le restanti 1.620 azioni erano suddivise tra ben 143 piccoli azionisti che, fatta eccezione d'un unico azionista non-italiano, rappresentavano nel loro insieme uno spaccato della comunità italiana.

Giannini ne fu incoraggiato. Tra gli italiani, la notizia della nascita della nuova banca fece velocemente il giro e durante i primi giorni di attività, fu tanta la gente che affluì ad aprire un conto o a depositare i suoi risparmi, che a stento Grondona riusciva a sbrigarne le pratiche. Alcuni addirittura si dissero offesi per non esser stati interpellati e invitati a investire i loro soldi nella nuova banca: furono comunque immediatamente accontentati da Giannini e da Grondona, che cedettero loro alcune azioni di proprietà personale. Infine, tanti italiani che continuavano a non aver fiducia nelle banche o che ricordavano di soldi perduti nel 1878, nel fallimento della banca French Mutual Provident Savings and Loan Society, cominciarono a seguire con interesse le attività della Banca d'Italia.[59] Fu sollecitando il deposito dei risparmi di questa gente, che Giannini radicò profondamente la sua banca in seno alla comunità italiana.

Quando la Banca d'Italia iniziò a estendere la sua attività, questa filosofia di Giannini a favore del piccolo risparmiatore dettò anche le scelte degli architetti e degli arredatori: nelle filiali furono eliminati i consueti divisori di cristallo e gli uffici chiusi e insonorizzati dei dirigenti che, per apparire più accessibili, ebbero invece la scrivania posta in bella mostra e rivolta verso il pubblico.

Il lavoro di gambe iniziato da Giannini e da Grondona fu portato avanti di altri, per esempio da Alfred A. Micheletti, personaggio piacente e popolare che a North Beach godeva ottime conoscenze. Giannini usò inviarlo a visitare gli uomini d'affari italiani che non nutrivano fiducia nelle banche e che usavano condurre i loro commerci soltanto in contanti. Micheletti operò tra gente che non aveva mai avuto un conto in banca, suggerendo i vantaggi di un conto corrente o d'un libretto di risparmio, insegnando al piccolo negoziante come compilare una nota di versamento, come riempire un assegno, come quadrare un bilancio sul libro mastro; quindi, al termine dell'incontro, Micheletti era lì, a suggerire l'espansione del giro d'affari del suo interlocutore tramite un prestito della Banca d'Italia.[60]

Giannini giocò d'azzardo e vinse. In volume d'affari, il peso dei clienti più

borrowers than there were large ones and these were grateful for the push that Banca d'Italia gave them. The direct appeal of Giannini to the Italian Colony consisted of a simplified course in banking procedures. To be able to fill out deposit slips for Italian clients and to explain banking procedures, tellers were required to speak both Italian and English. This requirement became voluntary as the Bank grew even though young clerks were encouraged during their training to enroll in Italian language classes and courses in Italian shorthand.[61] From this grew the Foreign Department of the Banca d'Italia for every immigrant group residing in San Francisco. Tellers were encouraged to solicit business among their own countrymen. Small brochures were printed in Italian explaining the assets of the bank, the loan procedures, deposits, interest rates, special accounts for women, checking accounts and the newest idea, banking by mail.[62] A legal department was added which specialized in wills. Bank hours and days were geared to the convenience of customers. Monday through Friday the bank was opened from 9 a.m. until 4 p.m. and 9 a.m. until 1 p.m. on Saturdays to accommodate the commission dealers and other merchants. This direct appeal was made more emphatic with clever newspaper advertisements which guaranteed that hard work and savings were the beginnings of a fortune.

The response of the people, judging by the deposits made between October 17, 1904, up to December 1904, was enthusiastic. On October 17, 1904, $8,780 was received in deposits from Italian businessmen and well-wishers.[63] This grew to $41,610 by the end of the month. By November, deposits climbed to $68,761 and in December they jumped to $109,413. At the January 1905 stockholders meeting, the Banca d'Italia had 303 savings accounts and 59 commercial accounts. The total assets of the Banca d'Italia were $330,989.75, quite an impressive figure for the little "dago" bank.[64]

It was during the fire and earthquake of 1906 that both Giannini and Sbarboro came to the relief of the Italian Colony. While Sbarboro had been quick to lend money to Italian property owners for building purposes, Giannini set up his ledger books on a makeshift table on the Washington Street wharf and made available to both his own stricken depositors and to the depositors of other banks the necessary funds for reconstruction. Giannini's action created a lasting impression on the Italians. He spread the Bank's rescued $80,000 in gold to as many as he possibly could. He allowed depositors to withdraw only a portion of their savings and told borrowers

modesti superò infatti quello dei grossi clienti; e i primi non dimenticarono l'aiuto ricevuto. Il dialogo di Giannini con la comunità italiana iniziò come un corso elementare di tecnica bancaria. Per porli in grado di compilare le note di deposito dei clienti italiani e spiegare loro i vari procedimenti bancari, agli impiegati di sportello fu richiesta la conoscenza delle lingue italiana e inglese. Il requisito divenne facoltativo con l'espandersi della banca, tuttavia, durante il loro periodo di prova i nuovi impiegati furono incoraggiati a frequentare corsi di lingua e di stenografia italiana.[61] Da qui ebbe origine l'Ufficio Esteri della Banca d'Italia, destinato a servire clienti d'ogni nazionalità immigrati a San Francisco; e i dipendenti della banca furono incoraggiati a promuovere rapporti d'affari tra l'istituto e i rispettivi connazionali. Furono editi opuscoli in italiano a rendere di pubblica ragione il bilancio della banca, a spiegare norme e procedure di deposito e di prestito, tassi d'interesse, speciali conti correnti riservati alle donne e, ultima trovata, a offrire la possibilità di effettuare transazioni bancarie via posta.[62] Per aiutare i clienti nella compilazione dei testamenti, fu anche istituita una sezione legale. E anche gli orari di lavoro vennero congegnati secondo la convenienza dei clienti: dal lunedì al venerdì la banca era aperta dalle nove del mattino alle quattro del pomeriggio, e il sabato dalle nove all'una, per servir meglio i commercianti del mercato ortofrutticolo e altri mercanti. A questa politica fu data enfasi attraverso un'intelligente campagna pubblicitaria sui giornali, nella quale si asseriva che il lavoro e il risparmio erano all'origine della prosperità.

La risposta del pubblico, a giudicare dai depositi effettuati tra il 17 ottobre e il dicembre 1904, fu entusiastica. In un solo giorno, il 17 ottobre 1904, uomini d'affari e sostenitori italiani depositarono in totale 8 mila 780 dollari.[63] L'ammontare dei depositi crebbe fino a 41.610 dollari alla fine del mese. Alla fine di novembre i depositi erano saliti a 68.761 dollari, e a 109.413 alla fine di dicembre. All'assemblea degli azionisti riuniti nel gennaio 1905, la Banca d'Italia contava già 303 conti di risparmio e 59 conti correnti; allo stesso tempo, il capitale sociale era salito a 330 mila 989 dollari e 75 centesimi, una cifra abbastanza notevole per una piccola banca di immigrati italiani.[64]

Fu durante il terremoto e l'incendio del 1906 che sia Giannini che Sbarboro vennero in aiuto della comunità italiana. Mentre da un canto Sbarboro provvide immediatamente a concedere prestiti di ricostruzione ai proprietari di immobili distrutti o danneggiati, Giannini a sua volta, sistemati i suoi libri contabili su un tavolo di fortuna piazzato sul molo di Washington Street, rese immediatamente disponibili, sia ai suoi clienti che a clienti di altre banche, i fondi indispensabili per la ricostruzione: un intervento destinato a lasciare un'impressione profonda sugli italiani. Giannini distribuì 80 mila dollari in monete d'oro salvate dal disastro tra quanta più gente possibile, consentendo ai suoi clienti titolari di conti di risparmio di ritirare

that if: "you raise half...we'll raise the other". He even accepted fire insurance policies as security for business loans. This resulted in the deposit of thousands of dollars in hidden gold coins,[65] which made possible more loans to home owners and businessmen. Seven hundred building permits were granted to the Italian residents of North Beach which were valued at four million dollars. During the one year period from April 1906 to April 1907, over 600 Italian businessmen invested over three million dollars in the reconstruction of their businesses.[66] Both Giannini[67] and Sbarboro[68] were reported to have had lumber shipped down from the north solely for the rebuilding of the Italian Quarter.

Giannini and Sbarboro were not the only two Italians busy trying to rebuild homes and attempting to re-establish the Italian businesses. John Fugazi, president of the Banca Colombo for twelve years, had been urged by friends to go back into banking.[69] Fugazi established the Banca Popolare Operaia Italiana on November 3, 1906, in the main office of his Agenzia Fugazi.[70] This time Fugazi did not limit himself strictly to a savings bank, but he also included commerical accounts. The Banca Popolare was considered to be as liberal as the two other Italian banks in dealing with the Italian clients.[71] Nevertheless, by 1906 the most popular Italian bank in the Colony was the Banca d'Italia since the Italian patrons had come to regard it as their bank.

Giannini reopened his bank after the devastation of 1906 determined that the Banca d'Italia would expand geographically to meet the needs of all the Italian people who had been scattered by the fire and earthquake. The Italian truck farmers in the Mission District were joined by many North Beach Italians who had been hit hard by the fire and who had decided that the Mission was a much safer place to live in than the North Beach District. The Mission was developing into a commercial and industrial area and by the time that the Banca d'Italia opened its first branch in the outer Mission, there were four other banks already in operation.[72] The policy of the new branch, opened on August 1, 1907, was dedicated to the building up of the "Mission District just the same as the main branch" had built up the North Beach District.[73] By following the Italian people into their districts, Giannini had firmly rooted the expansion of the bank to the growth and prosperity of these Italian districts. Most important for banking in California, Giannini had laid the foundations of branch banking with these small depositors.

By 1922, the Italians were served by two branches of the Banca d'Italia and by three other competitive banks. The main branch of the Banca d'Italia in the financial district served the North Beach until November 1922, when the Bank acquired a branch on the corner of Green and Stockton Streets, the Columbus Branch. The enthusiasm for this second North Beach branch was

soltanto parte dei rispettivi depositi, e proponendo a chi chiedeva un prestito: "Se riuscirete a racimolare metà di quanto vi occorre... noi vi presteremo l'altra metà", accettando in garanzia anche polizze d'assicurazioni contro gli incendi. Risultato: la gente affidò alla sua banca migliaia di dollari in monete d'oro rimaste fino ad allora nascoste sotto il materasso,[65] consentendo così ulteriori prestiti ipotecari e fiduciari. Agli italiani di North Beach furono concesse in tale periodo settecento licenze di costruzione, per un valore complessivo di quattro milioni di dollari di immobili. E in un anno, dall'aprile del 1906 a quello del 1907, più di seicento uomini d'affari italiani investirono oltre tre milioni di dollari a promuovere la ripresa dei loro commerci.[66] Entrambi, Giannini[67] e Sbarboro,[68] secondo quanto fu riferito, fecero giungere dal nord del legname che fu impiegato esclusivamente nella ricostruzione del quartiere italiano.

Giannini e Sbarboro non furono gli unici a impegnarsi nell'opera di ricostruzione edilizia e nella ripresa delle attività commerciali italiane. John Fugazi, già presidente per dodici anni della Banca Colombo, sollecitato da suoi amici a far ritorno all'attività bancaria,[69] il 3 novembre 1906 fondò la Banca Popolare Operaia Italiana, con sede negli stessi uffici della sua agenzia di viaggi.[70] Stavolta però Fugazi non limitò l'attività bancaria soltanto ai conti di risparmio ma incluse anche i conti correnti. Nelle facilitazioni di credito concesse ai clienti italiani, la Banca Popolare fu considerata così alla stregua delle altre due banche italiane.[71] Ciò nondimeno, nel 1906 la banca italiana più popolare nella comunità fu la Banca d'Italia, che gli italiani erano ormai giunti a considerare la loro banca.

Dopo la rovina del 1906, Giannini riaprì i battenti della Banca d'Italia deciso a espanderne i limiti geografici, per andare incontro alle necessità degli italiani costretti dal terremoto e dall'incendio a trasferirsi altrove. Agli orticoltori italiani del distretto di Mission s'erano aggregati ora molti italiani di North Beach che duramente colpiti dall'incendio avevano deciso che Mission era luogo molto più sicuro. Mission stava trasformandosi in una zona commerciale e industriale, e al tempo in cui la Banca d'Italia vi aprì la sua prima filiale ospitava già altre quattro banche.[72] La linea di condotta decisa per la nuova filiale, inaugurata il primo agosto 1907, fu quella di operare a Mission così come la sede centrale aveva operato a North Beach.[73] Seguendo gli italiani nei loro diversi insediamenti, Giannini aveva legato l'espansione della banca al progresso di queste comunità. Ma più importante per le sue conseguenze sull'intera attività bancaria californiana, mettendosi al servizio del piccolo risparmio, aveva suggerito la fondazione delle filiali.

Nel 1922, gli italiani erano serviti da due sedi della Banca d'Italia e da tre altre banche concorrenti. La sede centrale della Banca d'Italia, sita nel distretto finanziario, servì da sola il quartiere di North Beach fino al novembre del 1922, data in cui fu aperta una filiale, chiamata Columbus Branch, all'incrocio di Green Street con Stockton Street. Questa seconda

as great as in the Mission. Twenty-five new accounts, savings and commercial, were opened in one morning. This branch, as the one in the Mission, was managed by the "Italian boys".[74] By this time, the Banca d'Italia was growing throughout the state with branches springing up wherever an Italian Colony could support one.[75] The Fugazi Banca Popolare was not to be outdone and they, too, established branches in Santa Barbara, Oakland, and Redding, California. The Banca Italo-Americana continued to occupy an important position within the Italian Colony and by November 28, 1923, it had purchased the Banca Colombo.[76] These remaining three banks carried on a heated newspaper campaign, each having claimed that they were bigger and better than their competitors. They listed their assets and guaranteed that they were more expedient than the rest in sending money back to Italy. The advertising that these banks did strongly indicated that the Italian Colony had money to invest.

The Italian community was not so much a wealthy community, as it was an economical and rather frugal community. There were few Italian millionaires in the Colony. The prosperity of the Colony was based upon the accumulated savings of the entire Colony. The "connazionali" considered themselves to be well off when they compared the Italian standard of living to the one they enjoyed in America. Even school children were taught to save and to help them, the Banca d'Italia introduced school savings accounts. The Columbus Branch in North Beach reported for February 1924 a total of 173 school savings accounts valued at $3,961.33. By March 1924, there were 181 accounts into which $4,394.47 had been deposited. Almost three years later, for November 1927, the Columbus Branch boasted of 495 school savers with deposits of $9,969.62.[77]

Whether the Italian immigrants liked to admit it or not, they were assimilated into the American economic structure. For the most part, they found security in building up their savings until they had sufficient amount to invest in real estate. Although the failure of the French Mutual Provident Savings and Loan Society had occurred in 1878, a number of Italians had remembered it and felt it best to put their money either under the mattress or to invest it in land, rather than in a bank which gambled with their earnings. This desire for land was a noticeable economic characteristic of the Italian immigrants in San Francisco[78] with such examples before them as A. Paladini, who had invested his money in real estate, and A. P. Giannini, who retired at 31 on the return he received from his property investments. Giannini's father-in-law, Joseph Cuneo, who had lost his shirt in the mining

filiale fu accolta con lo stesso entusiasmo che aveva accolto quella di Mission: in una sola mattinata vi furono aperti venticinque nuovi conti. Al pari di quella di Mission, la filiale di North Beach fu diretta da italiani.[74] La Banca d'Italia stava espandendosi intanto in tutto lo Stato aprendo filiali ovunque una comunità italiana fosse in grado di sostenerne l'attività.[75] Per non essere da meno, la Banca Popolare di Fugazi aprì delle filiali californiane nelle città di Santa Barbara, Oakland e Redding. La Banca Italo-Americana continuò a sua volta a rivestire un ruolo importante in seno alla comunità italiana e il 28 novembre 1923 rilevò la Banca Colombo.[76] Rimaste in tre, le banche italiane scatenarono sui giornali una accesa campagna concorrenziale, ognuna affermando d'essere più grande delle altre due; ognuna inoltre usò fare pubblicare il proprio bilancio di gestione, e garantire infine d'essere la più abile di tutte nell'effettuare rimesse di denaro in Italia. La pubblicità fata da queste banche indica comunque chiaramente che la comunità italiana del tempo ebbe notevole disponibilità di capitali da investire.

Piuttosto che ricca, la comunità italiana fu invece economa e frugale. I milionari italiani furono pochi infatti, e la prosperità della comunità fu fondata piuttosto sui risparmi accumulati un pò da tutti. I connazionali usarono considerarsi benestanti paragonando invece lo standard di vita vissuto in Italia a quello goduto in America. Il concetto del risparmio fu insegnato anche nelle scuole, e per incoraggiare gli scolari, la Banca d'Italia istituì speciali libretti di risparmio. Nel febbraio del 1924, la filiale Columbus di North Beach diede resoconto di 173 libretti di risparmio scolastico, pari a un deposito complessivo di 3 mila 961 dollari e 33 centesimi; nel mese successivo i conti erano saliti a 181, per totali 4 mila 394 dollari e 47 centesimi. Circa tre anni più tardi, nel novembre del 1927, la stessa filiale vantava 495 conti di risparmio scolastico, pari a un deposito complessivo di 9 mila 969 dollari e 62 centesimi.[77]

Che agli immigrati italiani piacesse ammetterlo o meno, essi erano ormai assimilati alla struttura economica americana. Molti, la grande maggioranza, preferirono accumulare i loro risparmi fino al tanto sufficiente a compiere investimenti immobiliari. Sebbene infatti il fallimento della French Mutual Provident Savings and Mutual Loan Society avesse avuto luogo nel 1878, erano ancora molti a ricordarne le conseguenze e quindi a ritenere che piuttosto che affidarli a una banca che giocava d'azzardo con i risparmi altrui, i soldi era meglio conservarli sotto il materasso, oppure investirli in terreni. Questa passione per le case e i terreni fu evidente caratteristica economica degli italiani di San Francisco,[78] che imitarono l'esempio di A. Paladini, uno che aveva investito in immobili tutti i suoi capitali; di Amadeo Peter Giannini, che era riuscito a ritirarsi dagli affari all'età di 31 anni grazie appunto alle sue rendite immobiliari; infine di Joseph Cuneo, il suocero di Giannini, che dopo aver perduto anche la camicia facendo il cercatore d'oro, tornato in città aveva aperto un negozio di generi alimentari,

fields, returned to the city, opened a grocery store and amassed a fortune which he invested in North Beach land.[79]

In order to protect their investments, Italians followed the examples of their American neighbors and joined property association clubs and real estate promotional associations to improve their homes. Marius J. Spinello, writing for *Sunset Magazine* in 1905, noted that the taxes collected from Italians in California represented over $12,000,000 worth of property, real and personal.[80] During the 1920s, many Italians moved into the Marina District and built fashionable and ornate homes.

Those who had not invested in real estate had put their money in investment companies such as the Capitalo Investor Corporation which controlled six state and national banks, two general insurance companies, and possessed valuable land holdings and securities.[81] A great many Italians also invested in the stock market. Although they understood the value of real estate, many gambled and lost heavily in the stock market. In order to save the stock of the Bank of Italy and its related holdings, $250,000 came from North Beach Italians to hold the line.[82] These Italians kept pouring money into the market to save their stocks even after the Bank of Italy had warned them to be cautious.[83]

By 1930, the Banca d'Italia was the only Italian bank left in North Beach. Sbarboro's Banca Italo-Americana had merged with Giannini's spreading institution on February 17, 1927, and Fugazi's Banca Popolare went through several mergers before it too merged with the Banca d'Italia on November 3, 1930.

By winter of 1929, this generation of Italian immigrants, along with the rest of America, faced a new chapter in their economic history with the crash of the stock market. For the Italians, it meant that their dream of America had turned into a reality of misery. Many of the "connazionali" added the word "relief" to their English vocabulary.

accumulando una fortuna che aveva quindi investito nei terreni di North Beach.[79]

Per proteggere i loro investimenti, gli italiani seguirono l'esempio dei loro vicini di casa americani ed entrarono a far parte di club e di associazioni tra proprietari di immobili. Un articolo firmato Marius J. Spinello e pubblicato nel 1905 sul periodico *Sunset Magazine* precisò che le tasse pagate quell'anno dagli italiani in California erano l'equivalente di oltre dodici milioni di dollari di proprietà immobiliari e mobiliari.[80] Durante gli anni 1920, furono molti gli italiani che si trasferirono nel ricco rione di Marina, costruendovi case di elaborato disegno e all'ultima moda.

Chi non volle investire in immobili, affidò i suoi risparmi a gruppi finanziari quali la Capitalo Investor Corporation, società che controllava sei diverse banche statali e nazionali, due compagnie di assicurazioni generali, e possedeva terreni e titoli azionari.[81] Pur capendo il valore del mercato immobiliare, molti italiani preferirono investire il loro denaro in borsa, spesso perdendo pesantemente. Per salvare le azioni in ribasso della Banca d'Italia e mantenerne le quotazioni, gli italiani di North Beach in una occasione intervennero con un finanziamento di 250 mila dollari.[82] E pur di non perdere i loro titoli, questi azionisti continuarono a pompare denaro in borsa anche dopo esser stati consigliati ad una maggior cautela dalla stessa Banca d'Italia.[83]

Alla fine del 1930, la Banca d'Italia era ormai l'unica banca italiana rimasta a North Beach: il 17 febbraio 1927 la Banca Italo-Americana di Sbarboro s'era fusa con quella in espansione di Giannini che, il 3 novembre 1930, aveva infine assorbito anche la Banca Popolare di Fugazi.

Il crollo del mercato azionario dell'inverno del 1929 costrinse gli immigrati italiani ad affrontare un nuovo capitolo della loro storia economica; e per tanti questo significò che il sogno dell'America s'era trasformato in una misera realtà. Molti connazionali aggiunsero così parola *relief*, cioè pubblico sussidio, al loro vocabolario inglese.

5

Chapter Notes

[1] Italian popular song cited in C. Levi, "Italy's Myth of America", *Life*, 23:89-90. July 7, 1947.
[2] W. Scott, "Old Wine in New Bottles: When Italy Comes to California Through the Panama Canal, Then What?" *Sunset*, 30:520. May, 1913.
[3] "Reminiscences", pp. 117, 120, 122-123, 129, 133. Letter, A. Sbarboro to G. C. Pardee, March 9, 1905, and March 10, 1905. Bancroft Library, Pardee File. "Articles of Incorporation: Italian Swiss Agricultural Colony", Sept. 5, 1885, San Francisco. In deposit: California Historical Society, San Francisco. E. Lord, et al., *The Italian in America*. 2nd edition. New York: Young People's Missionary Movement, 1905. P. 137. Receipt Book, Article 3, Section 1, Italian Swiss Agricultural Colony, c. 1885, San Francisco. In deposit: California Historical Society. San Francisco, California.
For fuller treatment of this area see, D. P. Gumina, "Andrea Sbarboro, Founder of the Italian Swiss Colony Wine Company", *Italian Americana*, 2:1-17. Autumn, 1975.
[4] "Reminiscences", p. 120. A. Sbarboro interview, San Francisco, California, Nov. 29, 1972. Henceforth cited as Sbarboro Interview. Receipt Book, Article 17. Italian Swiss Agricultural Colony, c. 1885, San Francisco.
[5] Sbarboro Interview.
[6] Receipt Book, Article 17. Italian Swiss Agricultural Colony, c. 1885, San Francisco.
[7] Sbarboro Interview.
[8] "Miscellaneous Notes: Italian Swiss Colony", Italian Swiss Colony File, California Historical Society, San Francisco.
[9] "Reminiscences", pp. 124, 125, 128. Sbarboro Interview.
[10] "Reminiscences", pp. 128-129.
[11] H. C. Palmer, "Italian Immigration and the Development of California Agriculture", p. 270. Also, "Reminiscences", p. 131. Palmer, "Italian Immigration and the Development of California Agriculture", p. 270. Also, "Reminiscences", pp. 131-132.
[12] G. Husmann, "Grape, Raisin and Wine Production in the United States", U.S. Dept. Agricultural Yearbook, 1902. P. 416.
[13] "From the California Wine Makers' Corporation", *Pacific Wine and Spirit Review*, p. 16. Aug. 7, 1895. Also, *American Wine Press*, p. 4. April 5, 1897.
[14] "Wine War On", *Pacific Wine and Spirit Review*, p. 9. June 11, 1897.
[15] Palmer, "Italian Immigration and the Development of California Agriculture", p. 273. "From the California Wine Makers' Corporation", *Pacific Wine and Spirits Review*, p. 16. Aug. 7, 1895.
[16] *Pacific Wine and Spirit Review*, p. 16. March 20, 1897.
[17] "Decided to Hold Out", *Pacific Wine and Spirit Review*, p. 16. March 20, 1897.
[18] *Pacific Wine and Spirit Review*, p. 8. June 11, 1897.

[19] "Reminiscences", pp. 149-152 ff.
[20] "Reminiscences", p. 158. "Hundreds of Couples Dance In A Big Wine Vault", San Francisco *Call*, p. 3.May 15, 1898.
[21] "Settlement of the Wine War", *Wine, Spirit and Tobacco Review*, pp. 7-8. Dec. 31, 1898.
[22] Palmer, "Italian Immigration and the Development of California Agriculture", pp. 251, 272.
[23] Sbarboro, *Overland Monthly*, n.s., p. 76. Jan., 1900. *Italian Swiss Colony, Asti, California*, n.p., c. 1914. P. 30. In deposit: California Historical Society, San Francisco, California. F. Norris, "Italy in California", *The Wave*, 15:8-9. Oct. 24, 1896. E. Peixotto, *Romantic California*. New York: Charles Scribner's Sons, 1910. Pp. 1011. "Reminiscences", pp. 261-263. *An Illustrated History of Sonoma County, California*. Chicago: The Lewis Publishing Co., 1889. P. 488.
[24] "Reminiscences", pp. 125, 134-137, 194.
[25] "Reminiscences", pp. 207, 218. Also, "The Wine Grower's Convention", *Pacific Wine and Spirit Review*, p. 28. June 31, 1908.
[26] Palmer, "Italian Immigration and the Development of California Agriculture", p. 276.
[27] "Death Takes A. Sbarboro", San Francisco *Examiner*, p. 2. March 1, 1923. "A. Sbarboro Will Be Buried on Saturday", San Francisco *Call and Post*, p. 8. March 1, 1923. "The Big Wine Deal", *Fortune*, 28:248. Sept., 1943.
[28] Levick, *Sunset*, 30:93. Jan., 1913.
[29] E. Patrizi, *Gl'Italiani in California*. San Francisco: L'Italia Publishing Co., 1911. Unnumbered.
[30] "A Pleasing Celebration", *Daily Alta California*, p. 1. Oct. 12, 1885. "La Lege Dei Mille", San Francisco *Call*, p. 2. May, 1889. Lord, *The Italian in America*. P. 92.
[31] L. Kinnaird, *History of the Greater San Francisco Bay Region, III*. New York: The Lewis Historical Publishing Co., 1966. P. 253.
[32] H. G. Langley, compiler, *San Francisco Directory for 1881*. San Francisco: Henry G. Langley, 1881. P. 151. "Reminiscences", p. 169. H. C. Palmer, "Italian Immigration and the Development of California Agriculture", unpublished Ph.D. dissertation, University of California, Berkeley, 1965. P. 280.
[33] H. C. Palmer, *Italian Immigration and the Development of California Agriculture*. Ph.D. dissertation, University of California, Berkeley, pp. 241-245. R. L. MacBride, editor, *West From Home Letters of Laura Ingalls Wilder to Almanzo Wilder*. New York: Harper and Row Publishers, 1974. Pp. 44-46.
[34] Lord, *The Italian in America*. Pp. 91-92. Knight, *Industrial Relations*. P. 276.
[35] "Site Purchased For Cigar Factory", San Francisco *Chronicle*, p. 8. Feb. 11, 1922.
[36] J. Voiles, editor, *Reminiscences of Old Newton by John Gardella*. Placerville: Pioneer Press, 1968. P. 50.
[37] Knight, *Industrial Relations*. P. 276.
[38] *Ibid.*, pp. 46, 252.
[39] "Per organizzare i panettieri", *Il Corriere del Popolo*, p. 2. Aug. 18, 1916.
[40] "Bakers Merge as Flour Rises", San Francisco *Examiner*, p. 4. Aug. 22, 1916.
[41] A. Dondo, "A Fisherman's Wage", *Overland Monthly*, 82:271-282. June, 1924.
[42] "Probabile sciopero di pescatori Italiani", *Il Corriere del Popolo*, p. 1. March 30, 1913. Interview: Fr. Gandolfo, June 1, 1969.
[43] "Lo sciopero dei salumieri continua", *Il Corriere del Popolo*, p. 2. April 11, 1919. "Strikers to Leave McCloud", San Francisco *Call*, p. 1. June 17, 1909. Reports of Business Development Efforts, Branch and Area Conditions and Bank Image, 1919-1920, Bank of America NT&SA Archives, San Francisco.
[44] Patrizi, *Gl'Italiani in California*. P. 65.
[45] M. James and B. R. James, *Biography of A Bank: The Story of the Bank of America*. New York: Harper Bros., 1964. P. 10. "I funerali del pioniere J. F. Fugazi", *Il Corriere del Popolo*, p. 1. June 6, 1916. "John F. Fugazi", *The Bay of San Francisco*, 2. Chicago: The Lewis Publishing Co., 1892. P. 54. "Bank President Fugazi, Donor Highly Honored", San Francisco *Call*, p. 5. Feb. 13, 1913. Patrizi, *Gl'Italiani in California*. P. 65. *Historical Abstract of San Francisco*. San Francisco: Oscar T. Schuck, I, 1897. P. 103.
[46] Patrizi, *Gl'Italiani in California*. Pp. 22, 65. The Italians have a clear distinction between a savings bank and a commercial one.

Where There's a Will, There's a Way

[47] I. B. Cross, *Financing an Empire: History of Banking in California*, 11. San Francisco: The S. J. Clarke Publishing Co., 1927. P. 613.
[48] Notes of J. Macarger, Bank of Italy File, Bank of America, NT&SA Archives, San Francisco.
[49] Patrizi, *Gl'Italiani in California*. P. 22.
[50] Cross, *Financing an Empire*, II. P. 636. *Crocker-Langley San Francisco Directory for 1900*. San Francisco: H. S. Crocker and Co., 1900. Pp. 533, 657.
[51] Patrizi, *Gl'Italiani in California*. P. 23.
[52] Gregory, *History of Sonoma County*. P. 377.
[53] Langley, *San Francisco Directory for 1899*. San Francisco: J. B. Painter and Co., 1899. P. 98.
[54] Cross, *Financing an Empire*, II. P. 639.
[55] James and James, *Biography of A Bank*. Pp. 14-15.
[56] For the life of A. P. Giannini, consult: J. Dana, *A. P. Giannini: Giant in the West*. New York: Prentice-Hall, Inc., 1947. James, *Biography of A Bank*. The Bank of America NT&SA Archives, San Francisco.
[57] C. F. Grondona Papers, Bank of Italy File, Bank of America, NT&SA Archives, San Francisco.
[58] Grondona Papers.
[59] C. Gore, "Chronology of the Bank of Italy", 1904, Bank of America, NT&SA Archives, San Francisco.
[60] James and James, *Biography of A Bank*. P. 54. Bank of Italy File, 1910, Bank of America, NT&SA Archives, San Francisco.
[61] Miscellaneous File: Employee Staff Training, 1924, Bank of America, NT&SA Archives, San Francisco.
[62] *Banca d'Italia*. San Francisco: Polyglot Press, c. 1904. Bank of America, NT&SA Archives, San Francisco.
[63] James and James, *Biography of A Bank*. P. 17.
[64] "First Annual Report, Jan 18, 1905", *First Book of Minutes*, Bank of Italy, Bank of America, NT&SA Archives, San Francisco.
[65] James and James, *Biography of A Bank*. Pp. 28-30.
[66] "Facts and Figures Worthy of Consideration", *L'Italia*, p. x. April 18, 1916.
[67] James and James, *Biography of A Bank*. P. 29.
[68] Levick, *Sunset*, 30:93. Jan., 1913.
[69] Patrizi, *Gl'Italiana in California*. P. 65. I. W. Hellman had assumed the presidency of Banca Colombo.
[70] Banca Popolare Operaia Italiana, Minutes 1, 1907, p. 1. Bank of America, NT&SA Archives, San Francisco.
[71] Patrizi, *Gl'Italiani in California*. P. 24. Cross, *Financing An Empire*, 2. P. 700.
[72] "The Mission Banks", *The Mission Times*, p. 2. Feb. 9, 1907.
[73] James and James, *Biography of A Bank*. Pp. 36-37.
[74] Memoranda of Headquarters with offices in Travel States, 1922-1931. Letter Nov. 15, 1922.
[75] Reports of Business Development Efforts, Branch and Area Conditions and Bank Image, 1919-1920. Bank of America, NT&SA Archives, San Francisco.
[76] Cross, *Financing An Empire*, 2. P. 639.
[77] Letter and Enclosure: to Pedrini from P. J. Lawler, Manager School Savings Dept. March 13, 1924. Bank of America, NT&SA Archives, San Francisco.
[78] C. Gore, "Chronology", Bank of America, NT&SA Archives, San Francisco.
[79] N. G. Wilson, *Here Is The Golden Gate*. New York: William Morrow and Co., 1962. P. 157. J. Dana, *A. P. Giannini: Giant in the West*. New York: Prentice-Hall, Inc., 1947. P. 46.
[80] M. J. Spinello, "Italians of California", *Sunset* Magazine, 14:256. Jan., 1905.
[81] G. M. Tuoni, editor, *Attività Italiane in America*. San Francisco: Mercury Press, 1930. Pp. 67-68.
[82] J. DePauli, "Tony-A Foreign Market At Home", *Western Advertising*, 19:31. Jan. 7, 1932.
[83] Letter: July 17, 1928, to A. Pedrini from U. Olivieri, Bank of America, NT&SA Archives, San Francisco.

First program of the Italian Theatre, April 9, 1905.

Italian Swiss Colony Wines trade mark, n.d.

ESTABLISHED 1854

B. PASQUALE CO.
MANUFACTURERS OF
MILITARY, NAVAL AND SOCIETY GOODS

FLAGS, BANNERS, BADGES

654 MISSION STREET   SAN FRANCISCO 5, CALIF.

Positively No Return or Exchange of Trimmings

Italian American business firm label.

6
Institutions and Societies of the Colony

Abbiamo in seno alla colonia italiana di San Francisco numerose istituzioni e società.

Ettore Patrizi[1]

For the Italians, the definition of poverty is a psychological one, encompassing far more in meaning than a meager living condition. They refer to it as "miseria", distress, to describe the mental aspects of poverty. "Miseria" was the depth of human wretchedness, wont ignorance, abject poverty, and a melancholic attitude which lent itself to a helplessness which one feels he can never escape.[2]

The congested neighborhoods within Telegraph Hill and North Beach, the housing shortage caused by the constant stream of new arrivals from Italy, the unemployment, and the inability to learn English brought "miseria" to the Italian Colony. Epidemics of whooping cough, typhoid fever, diphtheria, and scarlatina which took a heavy toll of life in the Mission District and Telegraph Hill during the 1890s. The reports from the Adult Probation officers who found Italians accused of assault, battery, drunkenness, petty theft, and even murders spurred the demand for the creation of the Colony's own social agencies specifically for the Colony which would be staffed with capable Italian workers to guide and counsel the "connazionali" in need.

Mutual Relief Associations

Fraternal and charitable associations in San Francisco remained a private affair as each immigrant group found its own way of providing for the relief

6

Istituzioni e associazioni della comunità

> Abbiamo in seno alla colonia italiana di San Francisco numerose istituzioni e società.
>
> Ettore Patrizi[1]

Per gli italiani, la definizione di povertà può anche essere psicologica, a significare molto più della scarsezza delle cose necessarie al vivere. Perciò la povertà è anche chiamata miseria, a indicarne anche le eventuali condizioni psichiche. Nel secolo scorso, a San Francisco, miseria significò stato di indigenza morale, di ignoranza congenita, di abietta povertà e infine di quello sconforto che genera quel senso di impotenza dal quale uno ritiene che non potrà mai evadere.[2]

Cause di miseria nella comunità italiana furono il sovraffollamento dei quartieri tra Telegraph Hill e North Beach, la scarsezza di alloggi provocata dal costante fluire di nuovi arrivi dall'Italia, la disoccupazione e l'incapacità di tanti di imparare l'inglese. Epidemìe di pertosse, di febbre tifoidea, di difterite e di scarlattina riscossero inoltre un pesante pedaggio di vite umane a Mission e a Telegraph Hill durante gli anni 1890. Aggiungendosi ai rapporti di polizia secondo i quali tanti italiani risultavano imputati di aggressione, percosse, ubriachezza, furto e anche omicidio, queste condizioni condussero infine alla creazione nella comunità di centri di guida e assistenza sociale, che vennero affidati a funzionari italiani idonei ad assistere i connazionali in bisogno.

Le associazioni di mutuo soccorso

Le associazioni di mutuo soccorso e di carità di San Francisco rimasero invece affidate all'iniziativa privata, ogni gruppo di immigrati lasciato a sè, a provvedere al sussidio dei propri poveri e dei propri malati. Un articolo

of their poor and sick. M. W. Shinn, in an article for the *Overland Monthly* for November of 1889, noted that the city "seemed to remain ignorant of the conditions of poverty in her midst".[3] Apparently ignorance persisted since the poverty which was noticeable was not so sordid as to instigate the necessary reforms.[4] Rather, the obvious poverty of the immigrants was romanticized by artists and writers. For example, Ernest Peixotto, an illustrator for the San Francisco magazine *The Lark*, drew his inspiration from the residents of the Latin Quarter and Chinatown. He was instructed to use his material not in a "realist way, for we were pledged to romance..."[5]

The social workers and the city's charitable institutions were insufficiently staffed to handle the number of cases that came their way. Day homes, child care centers, and juvenile recreation areas were urgently needed. The poverty and neglect of so many small children was so bad that Elizabeth Armer,[6] with the encouragement of Monsignor John Prendergast and Archbishop Joseph Alemany,[7] rented a small house on Pine Street and opened her first day home. She founded the Sisters of the Holy Family in 1872 and, under her direction, they pioneered the Catholic social services in San Francisco.[8] The Sisters were so successful in their work at their St. Francis Day Home, established around 1878 in the heart of North Beach, and at St. Francis of Assisi Church, that in May 1881 they were invited to work among the Italians at the Spanish Church of Our Lady of Guadalupe on Vallejo Street.[9] They did such a magnificent job with the Italian children that they were known as the "Apostles of North Beach".[10]

Within the Italian Colony, fraternal lodges and benevolent associations had been established which attempted to alleviate the conditions of their poor. The first Italian benevolent organization was the Società di Mutua Beneficenza, the Italian Mutual Benevolent Society, whose activities included every possible form of charity and mutual aid as well as educational work.[11] The Society was founded in October 17, 1858,[12] and was particularly noted for its assistance to the sick of the Colony. Employing the services of a fulltime physician, the members of the Society received medical care in exchange for dues. By 1868, the Società had accumulated the necessary funds to build and operate the Colony's first Italian Hospital, located at 28th and 29th Streets between Castro and Noe Street. The hospital was four blocks away from City Hall, an area of San Francisco in which land values were reasonable.[13] It was a large two-story brick building equipped with modern conveniences and enough rooms to accommodate forty patients.[14]

Construction was financed in part by a subscription drive in the Italian Colony with the list of donors dutifully published in *La Voce del Popolo*.[15]

del mensile *Overland Monthly* firmato M. W. Shinn, nel novembre del 1899 rilevò che la città "sembrava continuare a ignorare le condizioni dei suoi poveri".[3] Tale ignoranza continuò a permanere, probabilmente anche perchè la povertà più evidente non appariva allora sordida al punto da suggerire indispensabili riforme.[4] Al contrario, l'ovvia miseria di tanti immigrati fu rappresentata da artisti e da scrittori dal punto di vista pittoresco. Per esempio, un illustratore del periodico *The Lark* di San Francisco, certo Ernest Peixotto, che trasse ispirazione dagli abitanti del Quartiere Latino e di Chinatown, aveva ordine di non ritrarre la gente "con realismo", per non turbare l'indirizzo "romantico" della pubblicazione.[5]

Gli assistenti sociali e gli istituti di carità di San Francisco non erano invece in numero sufficiente a trattare i tanti casi a loro affidati, e c'era anche urgente bisogno di centri sociali, di asili nido e di centri ricreativi giovanili. Furono la povertà estrema e lo stato di abbandono in cui versavano così tanti bambini che mossero a pietà Elizabeth Armer[6] che, con l'incoraggiamento di monsignor John Prendergast e dell'arcivescovo Joseph Alemany,[7] prese in affitto una modesta casa su Pine Street aprendovi il suo primo asilo, e fondando quindi nel 1872 l'Ordine delle Suore della Sacra Famiglia. Sotto la guida della Armer, furono queste le prime religiose a iniziare servizi sociali cattolici a San Francisco.[8] L'attività svolta dall'Ordine sia nell'Asilo di San Francisco, che era stato fondato nel 1878 nel cuore di North Beach, e sia presso la chiesa di San Francesco d'Assisi, ebbe tanto successo che nel maggio 1881 le Suore della Sacra Famiglia furono invitate a prestare la loro opera tra i parrocchiani italiani[9] della chiesa spagnola di Nostra Signora di Guadalupe, in Vallejo Street. La loro presenza tra i bambini italiani fu talmente stimata che furono chiamate "le missionarie di North Beach".[10]

In seno alla comunità italiana, per aiutare i meno abbienti, erano sorte logge di fratellanza e associazioni di mutua assistenza. Il primo di questi sodalizi fu la Società di Mutua Beneficenza, che svolse opera di carità e di mutuo soccorso tra i suoi soci e anche attività didattica.[11] Fondata il 17 ottobre 1858,[12] l'associazione fu nota particolarmente per l'assistenza sanitaria fornita ai malati della comunità italiana: dietro pagamento d'una quota associativa, ogni socio aveva infatti diritto alle cure d'un medico che era impiegato a tempo pieno. Nel 1868, la Società riuscì finalmente a raccogliere i fondi necessari per costruire e gestire il primo ospedale italiano della comunità, che sorse nell'isolato compreso tra la 28esima e la 29esima Street, e tra Castro Street e Noè Street, distante quattro isolati dal municipio di San Francisco, una zona dove il costo degli immobili era relativamente moderato.[13] L'ospedale aveva sede in un grande edificio a due piani costruito in mattoni, era dotato di attrezzature moderne e aveva una capacità di quaranta letti.[14]

La costruzione fu finanziata in parte con i fondi d'una sottoscrizione promossa tra la comunità italiana, e l'elenco dei donatori venne debitamente

The list was never overwhelming, and the donations given were seemingly insufficient to support a building drive. By the end of 1873, the Italian Hospital succumbed to high mortgage payments and it began slowly to sink financially. The Italian Swiss Colony was temporarily able to hold back the inevitable foreclosure of the Italian Hospital when they merged their hospital with the Italian Hospital in 1874.[16] The Italian Swiss Colony had erected their hospital on the southeast corner of Folsom and Third Streets which remained in this location until 1874. The move of the Italian Swiss Hospital out to the Noe Valley was a probable effort to save the Italian Hospital. However, on April 20, 1876,[17] the Italian Hospital was sold and the inmates were removed and sent to the French Hospital or Saint Mary's Hospital where they were treated at the expense of the Società.[18] It was a bitter day in the Colony when they lost their hospital, which had become a symbol of ethnic solidarity in the new world. Financial failure was part of the story. Although the hospital was well run, there was the suspicion that the hospital was beyond the means of most Italians. In addition, the Italian Hospital was located in the Noe Valley, almost at the opposite end of the city and the Italian Colony in North Beach,[19] which meant that the traveling distance was too much for the "connazionali".

Together with the Società, two other fraternal orders, which were actually military drill teams, undertook charitable works in the Colony in addition to providing sick benefits and burial expenses for their members. Both the Garibaldini Guards, founded in 1870,[20] and the Bersaglieri Guards, founded in 1873, had mutual aid auxiliaries which sponsored fund drives and raised money by hosting balls and various social gatherings during the year.[21] Their wives and other women, who were able to give their time to the relief of sick and needy "connazionali", joined the Italian Ladies Aid Society, which was founded in 1875. They met every first Monday of the month at the residence of their president.[22] Two more drill teams joined the list of benevolent associations. The Italian Reali Carabinieri organized in 1889 and the Italian Sharpshooters of the Alps were very active in the Colony.[23] These societies were undoubtedly successful among the Italians already established in the Colony who needed a little "push". However, when the flow of Italian immigrants increased during the 1880s and again in the 1900s, the demand for professional social workers accelerated.

Some time after the turn of the century, regular social welfare services were instituted in the Italian Colony beginning with the Committee of Relief, Comitato di Soccorso.[24] This was the first attempt to establish a permanent organization affording continuous relief as opposed to the fundraising activities of the benevolent and fraternal orders. Among the regular activities which the Comitato undertook were the alleviation of the suffering

pubblicato sulla *Voce del Popolo*.[15] Il loro numero comunque non divenne mai esorbitante, e i contributi versati risultarono infine chiaramente inadeguati a coprire le spese: gravate dal peso di grossi pagamenti ipotecari, alla fine del 1873 le finanze dell'Ospedale Italiano iniziarono lentamente ad affondare. L'inevitabile fallimento fu arrestato temporaneamente nel 1874 dall'Italian Swiss Colony, che intervenne assorbendo l'Ospedale Italiano al proprio.[16] L'ospedale dell'Italian Swiss Colony sorgeva all'angolo sud orientale dell'incrocio tra Folsom Street e Third Street; e il suo trasferimento alla Noè Valley, nel 1874, fu probabilmente dettato dall'intenzione di salvare appunto l'Ospedale Italiano. Ciò malgrado, il 20 aprile 1876[17] quest'ultimo fu venduto e i suoi pazienti trasferiti al French Hospital e al Saint Mary Hospital, le spese a carico della Società di Mutua Beneficenza.[18] La perdita dell'ospedale, che per la comunità italiana era divenuto un simbolo di solidarietà etnica nel nuovo mondo, fu sentita con amarezza. Il deficit finanziario fu comunque soltanto una delle cause del fallimento. Anche se ben gestito, fu detto infatti che i suoi costi erano inaccessibili alla maggioranza degli italiani. Inoltre, l'ospedale aveva sede nella Noè Valley, quasi all'estremo opposto della città e della comunità italiana di North Beach,[19] troppo distante cioè dalla maggioranza dei connazionali.

Insieme alla Società di Mutua Beneficenza, in seno alla comunità svolsero opera di assistenza altri due sodalizi italiani, i quali, oltre che a fornire assistenza medica a favore dei loro soci, e in caso di morte provvedere alle spese dei funerali, furono in realtà gruppi paramilitari. Entrambi questi sodalizi — la Guardia Garibaldina, fondata nel 1870,[20] e la Guardia dei Bersaglieri, fondata nel 1873 — avevano gruppi ausiliari femminili di mutuo soccorso che promuovevano raccolte di fondi, organizzando feste danzanti e altre attività sociali.[21] Insieme ad altre signore della comunità, le mogli dei soci che avevano disponibilità di tempo per aiutare connazionali malati o in miseria, fecero parte dell'Italian Ladies Aid Society, un'associazione fondata nel 1875, che si riuniva ogni primo lunedì del mese nella casa della presidente di turno.[22] Alla lista dei sodalizi più attivi in seno alla comunità si aggiunsero più tardi altri due gruppi paramilitari: quello dei Carabinieri Reali, fondato nel 1889, e quello dei Cacciatori delle Alpi.[23] Tutte queste associazioni ebbero indubbio seguito tra gli italiani in bisogno; almeno fin quando, negli anni 1880, e di nuovo durante i primi anni del '900, con l'aumentare del flusso di nuovi immigrati crebbe anche la domanda per un'assistenza sociale più qualificata.

Qualche tempo dopo il volgere del nuovo secolo, in seno alla comunità italiana furono istituiti così servizi d'assistenza sociale permanenti, primo tra questi il Comitato di Soccorso,[24] che rappresentò il primo tentativo di stabilire un'organizzazione impegnata in un'opera di assistenza continua, in contrasto alle estemporanee raccolte di fondi promosse dai diversi sodalizi. Tra le attività svolte in modo stabile dal Comitato di Soccorso vanno

of the poor, the aged, the widowed, the families disgraced by tragedies, and the laborers unemployed for months due to "industrial crimes", or strikes.[25] Yet, the most important activity of the Comitato was the formation of a special committee to take care of the incoming immigrants. Members of the Comitato would meet the arriving Italian immigrants at the Oakland pier, and would take them to San Francisco where they were introduced to the Italian Colony. Since the Italian Government was concerned about the fate of her nationals once they arrived in American cities, the Italian Consul of San Francisco was a participant in the activities of the Comitato. Although the Comitato di Soccorso and the Comitato d'Immigranti were self-supported, the Patronato degli Emigranti was aided by the Italian Government's Royal Emigration Commission. For some unknown reason, the Patronato was not able to function effectively and was soon abolished,[26] while the Comitato d'Immigranti was soon absorbed by the Comitato di Soccorso.

The Comitato had so succeeded in guiding the Italian immigrants that in 1916 it was reorganized into a more effective and permanent body, the Italian Board of Relief, which functioned as a clearing house for all charitable works undertaken among the Italians in the city.[27] One of the special interests of the Board was the maternity fund which was placed under the supervision of the socially prominent Vittoria Colonna Club as the Board's women auxiliary under the direction of Dr. Mariana Bertola. All of the activities of the Board were supported by donations and drives held in the Colony.[28]

The Italian Board of Relief provided medical aid, satisfied material needs of the immigrants, found jobs for the immigrants, and even bailed the troublemakers out of jail. At the time of the establishment of the Board, the Italian Colony was in the midst of attempting to accommodate the Italian immigrants. Although the Colony was able to expand geographically and build more resident dwellings, a shortage of housing existed as the recently arrived immigrants crowded into makeshift places along the waterfront or beneath Telegraph Hill. The humanitarian spirit of the Board cannot be denied nor placed second in its intention to help these people. Nevertheless, it cannot be denied that under the pressure of an increase in immigrants lost in this new world, both the directors of the Board and the established residents of the Colony felt that they had to protect the economic and social structure of their Little Italy which had taken them years of work to create.

The fact that the Italian Colony pulled itself together with little or no help from outside the Colony is proof of the stability of the "connazionali". They

ricordate quelle in aiuto ai poveri, agli anziani, alle vedove, alle famiglie colpite da improvvise disgrazie, agli operai disoccupati da mesi a causa di infortuni sul lavoro o di scioperi.[25] Ma l'attività più importante svolta dal Comitato di Soccorso fu la formazione d'una commissione speciale incaricata di accogliere gli immigranti al loro arrivo. Membri di questo gruppo usarono ricevere gli emigranti andando loro incontro sui moli di Oakland, accompagnandoli quindi a San Francisco e presentandoli successivamente alla comunità. Siccome il Governo italiano seguiva le sorti dei suoi cittadini anche nel loro trapianto in America, alle attività del comitato partecipò anche il Console d'Italia a San Francisco. Insieme al Comitato di Soccorso e al Comitato degli Immigranti, che erano economicamente autonomi, ebbe vita così anche un Patronato degli Emigranti finanziato dalla Regia Commissione per l'Emigrazione del Governo italiano. Per motivi rimasti ignoti, il Patronato non fu comunque in grado di funzionare efficacemente e venne ben presto abolito,[26] mentre il Comitato degli Immigranti venne assorbito dal Comitato di Soccorso.

Nella sua opera di guida a favore degli immigranti italiani, il Comitato di Soccorso ebbe così tanto successo che nel 1916 fu riorganizzato in ente permanente, e ribattezzato Italian Board of Relief divenne centro motore di tutte le attività assistenziali svolte a favore degli italiani della città.[27] L'ente ebbe particolare cura per una cassa maternità che fu affidata alla gestione del club "Vittoria Colonna", un circolo femminile di buon livello sociale diretto dalla dottoressa Marianna Bertola. Le attività dell'Italian Board of Relief furono interamente finanziate da donazioni private e da campagne di raccolta di fondi svolte in seno alla comunità italiana locale.[28]

Agli immigranti italiani l'Italian Board of Relief forniva assistenza medica, sussidi economici, repериva offerte di lavoro, pagando inoltre le cauzioni degli imputati in attesa di giudizio. Al tempo in cui l'ente fu fondato, la comunità italiana era impegnata nello sforzo di far posto ai suoi nuovi immigrati. Ciò malgrado, pur riuscendo ad espandere i suoi limiti geografici e a costruire nuove abitazioni man mano che nuovi immigrati affollavano alloggiamenti di fortuna lungo il fronte del porto o ai piedi di Telegraph Hill, la gente continuava a lamentare penuria di alloggi. Così, pur non negando lo spirito umanitario che animò l'Italian Board of Relief, nè le sue migliori intenzioni nell'aiutare i nuovi venuti, non si può neppure negare che, subendo la pressione generata dall'incremento del numero di nuovi immigranti, sia i dirigenti del Board of Relief e sia gli italiani già da tempo residenti nella comunità, agirono anche spinti dal desiderio di proteggere la struttura sociale ed economica della loro *Little Italy*, alla cui formazione avevano dedicato anni di lavoro.

In fatto che la comunità italiana riuscì a svilupparsi da sè, con poco o nessun aiuto esterno, sta a provare la saldezza delle sue strutture; e gli italiani della prima generazione furono estremamente orgogliosi di questo

were quite proud of their ability in having provided for the "connazionali". One of the proudest days in the Italian Colony came in 1921 when the Italian Hospital and Benevolent Association purchased the Alder Sanitarium on Van Ness Avenue and Broadway Street. They re-named the hospital Sanitarium Dante Hospital and considered its acquisition as having marked a new era for the Italian community welfare services.[29]

The Ethnic Church

Ethnic historians have debated the worth and role of ethnic, or national parishes in preparing the foreign immigrants for life in the United States. Some historians have considered that the ethnic parishes failed in carrying out programs of assimilation, while others maintain that the ethnic parishes were an intermediate institution which enabled the immigrant to practice the familiar religious and social traditions of the old world as they adjusted to a new environment. In either case, the ethnic parishes functioned importantly as one of the principal social agencies and gathering places of an immigrant colony.[30]

The first church to accommodate the City's Catholic Italian immigrants was St. Francis of Assisi Church located on the corner of Dupont and Vallejo Streets at the foot of Telegraph Hill. The Italians had been entrusted to the care of a Father Valentini, a Portuguese and a diocesan priest, who had begun working with the "connazionali" sometime in 1870. Tolerant of the casual attitudes of the Italians towards their religious practices, he, along with a handful of Italian Jesuits from Saint Ignatius College, cared for the Italian immigrants throughout San Francisco.[31]

The apostolate of Father Valentini was indeed complex. The Italian immigrants continued to fan the fires of their old world web of political, social, economic, and religious embroilments. The struggle of Italy for national unity was the source of constant bickering among the "connazionali". The major benevolent societies, the Garibaldini Guards, the supporters of the new republic of Italy and the Bersaglieri Guards, persuaded some that the unification of Italy made it impossible for one to be both a faithful Catholic and a loyal Italian national. Victims of a corrupt clergy and political malefactors back in Italy, the "connazionali" continued in San Francisco, to regard the church with disdain. In this sense, the "connazionali" who did turn away from the Church might not be opposed to the teachings of Catholicism per se, as they were upset with the clergy, and were in reality anticlerical and not anti-Catholic.

While the advocates of anticlericalism were attempting to lure the "connazionali" from the Church, the constant influx of newly arrived Italian

fatto, d'esser stati cioè capaci di provvedere appunto senza aiuti esterni ai connazionali giunti successivamente. In tal senso, uno dei suoi giorni più splendidi la comunità italiana di San Francisco lo visse nel 1921, quando l'Italian Hospital and Benevolent Association acquistò l'Alder Sanitarium, una casa di cura sita all'incrocio di Van Ness Avenue con Broadway Street, ribattezzandola Sanitarium Dante Hospital: un acquisto che fu considerato l'inizio d'una nuova era per i servizi assistenziali della comunità.[29]

La Chiesa etnica

Gli studiosi di fenomenologia etnica non sono d'accordo sul valore e sul ruolo da attribuire all'opera svolta dalle chiese di diversa nazionalità nel preparare gli immigrati alla vita americana. Secondo alcuni, la Chiesa cosiddetta etnica mancò di dar vita a programmi volti a facilitare questo trapianto; altri invece sostengono che, consentendo agli immigrati di continuare a praticare le loro tradizioni sociali e religiose originarie, la Chiesa etnica costituì una presenza propedeutica, facilitando una assimilazione meno traumatica. Nell'uno o nell'altro caso, le parrocchie etniche svolsero comunque un ruolo di primaria importanza, fungendo da centri di riunione e di assistenza sociale a favore delle rispettive comunità di immigrati.[30]

La prima chiesa di San Francisco che accolse immigrati cattolici italiani fu quella di San Francesco d'Assisi che era sorta alle pendici di Telegraph Hill, all'incrocio tra Dupont Street e Vallejo Street. I fedeli italiani erano stati affidati alle cure spirituali di padre Valentini, un sacerdote portoghese della diocesi che aveva iniziato la sua attività tra i connazionali nel 1870. Accettando con indulgenza il comportamento non sempre ortodosso degli italiani nei confronti dell'osservanza religiosa, insieme a pochi gesuiti italiani del locale Collegio di Sant'Ignazio, padre Valentini ebbe cura di tutti i connazionali cattolici immigrati a San Francisco.[31]

L'opera di apostolato di padre Valentini non fu semplice. Anche da emigrati, gli italiani continuavano infatti ad attizzare il fuoco sull'intrico di imbrogli politici, sociali, economici e religiosi eredità del vecchio continente. La lotta dell'Italia per l'unità nazionale era per esempio fonte di continue liti. L'atteggiamento dei sodalizi locali più influenti — la Guardia Garibaldina e quella dei Bersaglieri — a sostegno d'una nuova Italia, aveva infatti persuaso più d'un immigrato che l'unità italiana rendeva in un qualche modo impossibile l'essere al tempo stesso cattolico osservante e leale patriota italiano. Già vittime in Italia d'un clero e d'una classe politica corrotti, a San Francisco gli italiani continuavano a considerare la Chiesa con disprezzo. In questo senso, quelli che se ne allontanarono lo fecero non per opporne gli insegnamenti ma piuttosto condannandone il clero; in realtà furono cioè anticlericali, e non anticattolici.

Mentre da un lato i fautori dell'anticlericalismo tentavano di attrarre i connazionali fuori dalla Chiesa, dall'altro, il costante affluire di nuovi

immigrants into the congestion of North Beach was of grave concern to San Francisco's Archbishop, Joseph Alemany. In an effort to care for these new arrivals, Archbishop Alemany granted special dispensation to the Spanish Church of Our Lady of Guadalupe on Broadway between Mason and Taylor Streets to divide the services of the parish between the Spanish-speaking Catholics and the Italians.

Originally intended to serve the Spanish and Portuguese Catholics in the North Beach and Russian Hill neighborhoods, the pastoral duties were divided between the Italian assistant pastor who offered the 9:00 a.m. Sunday Mass in Italian, and the Spanish pastor who said the 10 a.m. Mass in Spanish. The two priests shared the parish from its opening on Christmas morning 1875 until early in 1884 when the assistant pastor, Carlo Franchi, left the Spanish church to establish the first Italian parish in San Francisco.

In less than one year, from the laying of the cornerstone until the completion of the structure, sufficient funds had been collected from the Italians to support their own parish. Located on the northeast corner of Dupont and Filbert Streets, the Church of San Pietro was ready for the marriage of Giovanni Baptista Ottino and Maria Valente on July 16, 1884. The very adoption of Saint Peter as the patron of the Colony's first church came in response to the anticlerical and anti-Catholic factions who lured the parishioners with material benefits of life insurance policies, death benefits for widows and children, and accident pensions gained if the "connazionali" joined their organizations and renounced the Church.

The strongest challenge, however, came from the seven-year-old Masonic Lodge, "Speranza Italiana Loggia", which was reportedly packed with Waldensian believers who were encouraging other "connazionali" to join Protestant sects to gain the social and religious equality denied them in the American Catholic Church. A charter was granted by the Grand Lodge of Masons in California on October 11, 1872 to form the Loggia Speranza Italiana No. 219. Andrea Sbarboro was the First Senior Warden of that new Italian lodge. Although Sbarboro was an active Mason, when he died he was given a Requiem Mass and services at the Catholic Cathedral of St. Mary's in San Francisco. One may only assume that he may have lived as a Mason, but in appearance he must have died a Catholic. The circumstances which gave birth to the Loggia Speranza Italiana came about during the 1870s when the Italian residents of San Francisco commemorated and celebrated the unification of Italy with grand festivities in the City including parades, speeches, dinners and the like. It was after one of these celebrations that the Italian members who had belonged to various masonic lodges in San Francisco inquired of the grand marshall to form their own Italian lodge as the French and the Germans had their own lodges. Their wish was

immigranti italiani nel rione già congestionato di North Beach era fonte di preoccupazioni per l'arcivescovo di San Francisco Joseph Alemany che, intenzionato ad avere maggior cura pastorale dei nuovi giunti, con una speciale dispensa consentì alla chiesa spagnola di Nostra Signora di Guadalupe (sita su Broadway Street, tra Mason Street e Taylor Street) di ospitare servizi religiosi per i parrocchiani italiani separati da quelli per gli spagnoli.

Originariamente intesi a servire i cattolici spagnoli e portoghesi di North Beach e di Russian Hill, i compiti pastorali della chiesa spagnola furono così suddivisi tra un vice parroco italiano, che celebrava la messa per gli italiani ogni domenica mattina alle nove, e un parroco spagnolo, che celebrava la messa domenicale per gli spagnoli un'ora più tardi. I due sacerdoti condivisero la parrocchia dal Natale del 1875 fino agli inizi del 1884, data in cui il viceparroco don Carlo Franchi lasciò la chiesa spagnola per fondare la prima parrocchia italiana di San Francisco.

In meno d'un anno, dalla posa della prima pietra fino al completamento del tempio, tra gli italiani furono raccolti fondi sufficienti a finanziare l'attività d'una chiesa soltanto italiana. Sita all'angolo nord-orientale dell'incrocio tra Dupont Street e Filbert Street, la chiesa di San Pietro fu consacrata il 16 luglio 1884 col matrimonio di certo Giovanni Battista Ottino con tale Maria Valente. La scelta di San Pietro a patrono della prima chiesa della comunità italiana fu una risposta... apostolica all'azione delle fazioni anticlericali e anticattoliche locali, che allettavano i parrocchiani con l'offerta di beni materiali cioè di polizze d'assicurazione sulla vita, di sussidi alle vedove e agli orfani, di pensioni d'invalidità, offerte a quei connazionali che aderendo ai loro sodalizi rinunciavano alla Chiesa.

La sfida più temibile in tal senso fu rappresentata dalla loggia massonica "Speranza italiana", notoriamente gremìta di italiani di rito valdese che facevano opera di proselitismo tra connazionali, offrendo in seno alla loro setta protestante quell'uguaglianza sociale e religiosa negata loro nella Chiesa cattolica americana. La Loggia numero 219 "Speranza italiana" nacque l'11 ottobre 1872, con autorizzazione formale della Gran Loggia massonica della California. Numero due della nuova loggia fu Andrea Sbarboro che, sebbene massone osservante, quando morì ebbe però messa da requiem e onoranze funebri nella cattedrale cattolica St. Mary di San Francisco. Nei suoi riguardi è lecito così ritenere che pur avendo vissuto da massone, almeno apparentemente sia morto da cattolico. Le circostanze che portarono alla formazione della Loggia "Speranza italiana" ebbero origine verso la fine del 1870, quando gli italiani di San Francisco vollero celebrare l'unità d'Italia con grandi festeggiamenti, con parate, discorsi, banchetti e via di questo passo. Fu al termine d'una di queste manifestazioni che alcuni massoni italiani aderenti a diverse logge locali suggerirono ai loro capi la formazione d'una loggia soltanto italiana, pari a quelle già esistenti dei francesi e dei

granted, and they became known as Loggia Speranza Italiana (The Hope of Italy).[32]

During the 1870s, with the sudden arrival of Italian immigrants throughout the United States, the Catholic Church faced the loss of Italian Catholics because of the austerity of the practices of the Irish Catholics who dominated the Church. In San Francisco, the Irish Catholics not only failed to understand the reasons for the Italians anticlerical attitude, but interpreted anticlericalism as anti-Catholicism. Furthermore, the lack of a sufficient number of Italian priests to care for the "connazionali" compounded the situation.

In response to these factions, the Italian parish of Saint Peter in 1888 enlisted the patronage of the second prince of the Apostles, Saint Paul, and became the Church of Saints Peter and Paul. Father Franchi, alone and overworked, continued to guide his parishioners. The year 1888 was highlighted by the confirmation of 150 girls and 100 boys, and the christening of Alfreda Margherita Bolla, on April 14th, which marked the parish's first baptism. Father Franchi retired in 1890 succeeded by Fathers Raffaele De Carolis and Cherubino De Romanis.

Under their direction, 550 children were enrolled in Sunday School classes. The League of the Sacred Heart listed 400 members; the Altar Society, 200 members; the Holy Angels Society, 125 members; and the Holy Childhood Society, 100 members. Of the smaller clubs, the Saints Peter and Paul Society counted 61 members; the Saints Peter and Paul Young Men's Society, 30 members; and the Sanctuary Society, 25 members. With the arrival of the Salesian fathers, the 7 a.m. and 9 a.m. Sunday Mass schedule was expanded to include the 6 a.m., 8 a.m., and a solemn high Mass at 10:30 a.m.[33]

The movement to bring a province of educated Italian priests to serve the parish of Saints Peter and Paul came from the direct appeal of San Francisco's Archbishop Patrick Riordan to the Jesuit Provincial in Turin, Joseph Sasia. With no Jesuit priests to spare, Sasia went to the head of the Salesian order in Turin to plead Riordan's case for help. By 1897, four years after Riordan's petition, the first Salesians arrived in San Francisco.

On Thursday morning, March 11, 1897, the newly appointed Salesian pastor, Raffael Piperni arrived in San Francisco accompanied by his assistant, Father Valentino Cassini from Buenos Aires, lay Brother Nicholas Imielinski, and Brother Joseph Oreini. An experienced missionary, the 54-year-old Piperni had successfully directed three orphanages in Palestine and had spent 14 years among the poor in Puebla, Mexico, and organized Salesian

tedeschi. La loro richiesta fu accolta, e nacque così la Loggia "Speranza italiana".[32]

Nel corso degli anni 1870, con l'improvviso arrivo negli Stati Uniti della grande ondata migratoria italiana, la Chiesa cattolica si trovò a dover far fronte alla perdita di fedeli italiani, per colpa, anzitutto, del rigore religioso dei cattolici irlandesi, presenza dominante della chiesa americana. A San Francisco, infatti, i cattolici irlandesi non soltanto non erano riusciti a capire le motivazioni dell'atteggiamento anticlericale degli immigrati italiani, ma addirittura avevano malinteso il loro anticlericalismo per anticattolicesimo. Inoltre, la situazione non era resa più facile dalla mancanza d'un numero sufficiente di preti italiani che prendessero cura dei loro connazionali.

Reagendo alla pressione esercitata da queste opposte fazioni, la chiesa italiana di San Pietro volle impetrare anche la protezione del secondo principe degli Apostoli, e nel 1888 fu ribattezzata chiesa dei Santi Pietro e Paolo. Pur oberato di lavoro, padre Franchi continuò da solo ad aver cura dei suoi parrocchiani. Massimo evento di quell'anno fu la cresima di 150 ragazze e di 100 ragazzi e, il 14 aprile dello stesso 1888, il battesimo di Alfreda Margherita Bolla, il primo della nuova parrocchia. Padre Franchi lasciò l'incarico nel 1890, sostituito da due sacerdoti, don Raffaele De Carolis e don Cherubino De Romanis.

Sotto la loro guida, il catechismo della domenica fu frequentato da 550 bambini. Inoltre, ebbero vita diverse associazioni parrocchiali, e cioè la Lega del Sacro Cuore, che annoverava 400 aderenti; la Società dell'Altare, con 200; la Società dei Santi Angeli, con 125; e la Società della Sacra Infanzia, con 100. Altre associazioni minori furono la Società dei Santi Pietro e Paolo, con 61 soci; la Società Giovanile dei Santi Pietro e Paolo, con 30; infine la Società del Santuario, con 25 soci. Con l'arrivo, verso la fine del secolo, dei padri Salesiani, il numero delle messe fu espanso, e alle due messe originarie delle 7 e delle 9 del mattino ne furono aggiunte altre tre: alle 5, alle 8 e una solenne alle 10 e mezzo.[33]

L'iniziativa di formare una nuova provincia di religiosi italiani idonei a servire le necessità della parrocchia dei Santi Pietro e Paolo fu presa dall'arcivescovo di San Francisco, Patrick Riordan, che rivolse appello in tal senso al padre provinciale dei Gesuiti di Torino, Giuseppe Sasia. Non avendo disponibilità di sacerdoti nel suo Ordine, Sasia girò la richiesta al capo dei Salesiani di Torino, e così, nel 1897, quattro anni dopo la petizione di Riordan, i primi Salesiani giunsero a San Francisco.

Il nuovo parroco salesiano, padre Raffaele Piperni, giunse a San Francisco la mattina del giovedì 11 marzo 1897, accompagnato dal vice parroco padre Valentino Cassini da Buenos Aires, e dai due conversi frà Nicholas Imielinski e frà Joseph Oreni. Missionario di provata esperienza, il 54enne padre Piperni aveva già diretto con successo tre orfanatrofi in Palestina, aveva vissuto 14 anni tra i poveri di Puebla, in Messico, e aveva inoltre fondato

colleges in Mexico City. Ordained a member of the Holy Family Order, he became a Salesian while in Mexico, was promoted to superior and selected to head the first Salesian house in the United States.

The Sunday following, on March 14th, Father Piperni introduced himself to the gathered parishioners, and told them of the Salesians' dedication to the Italian people. Through a reorganization of parish activities and the creation of new programs, they aimed to make the Italian "connazionali" exemplary citizens and good Catholics. The four priests set to work redecorating the church, constructing classrooms for the instruction of English and catechism, and social rooms for the youngsters.[34] Punctually at 6 a.m., Brother Nick unlocked the doors and left them open until the evening in the hopes of attracting as many parishioners as possible.

While Piperni busied himself with the "connazionali" in North Beach, his assistant, Father Valentino Cassini in 1898 established what was referred to as a missionary, or auxiliary, parish on Alemany and Santa Rosa Avenue for the Italians living in the Outer Mission District. Under Cassini, a wooden frame church was erected to serve the hundreds of Italian vegetable farmers, flower growers, and marble cutters in the area. The parish church, known as Corpus Christi, was a mixture of Italians and Irish parishioners who did not seem to mind the fact that they did not have priests who were in permanent residence at their parish.

Months passed before the Salesians gained the confidence of the more dubious. Copies of a lurid weekly, *L'Asino*, were posted on the church doors, while liberal and radical intellectuals swayed the naive to mistrust the good intentions of the Fathers. With nearly half of the faithful contributing, the Salesians were hard-pressed to pay the $13,000 construction loan advanced by the Hibernia Bank. Whatever was collected from baptisms, marriages, Altar Society, and Sunday offerings, plus pew rentals, went to reduce the $66.00 interest rate.

The hard work of the fathers resulted in success, and by 1899, Piperni found himself with 500 children for religious instruction and no English-speaking priest to teach them. If Piperni prayed for a solution, his prayers were quickly answered. Four young Irishmen had been recruited by the Salesians in Rome and two of them were sent to California. The first to arrive was Father Bernard Redahan who proved to be so popular with the young people of the Italian Colony that within several years some 2,000 students were enrolled in his religious classes. The energetic Redahan was also the moderator of the Salesian Council of the Young Men's Institute.

collegi salesiani a Città del Messico. Dopo aver preso i voti dell'Ordine della Sacra Famiglia, Piperni era divenuto salesiano durante il suo soggiorno in Messico, dove più tardi era stato promosso padre superiore e infine chiamato a dirigere la prima casa salesiana negli Stati Uniti.

La domenica successiva al suo arrivo, il 14 marzo 1897, padre Piperni si presentò ai nuovi parrocchiani, spiegando quindi l'opera dei Salesiani nei confronti degli italiani. Riorganizzando le attività già esistenti della parrocchia e creandone altre nuove, i nuovi giunti si dedicarono così a elevare il livello di vita spirituale e civile dei loro connazionali: i quattro religiosi si misero al lavoro riaddobbando la chiesa, costruendo aule scolastiche per l'insegnamento dell'inglese e del catechismo, allestendo centri di ricreazione per i giovani.[34] Puntuale, ogni giorno alle 5 del mattino frà Nicholas apriva le porte della chiesa che, nella speranza di attrarre quanti più parrocchiani possibile, restavano aperte fino a sera.

Mentre padre Piperni badava alle cure dei connazionali di North Beach, il suo vice, padre Valentino Cassini, era impegnato nel distretto periferico di Mission dove, nel 1898, fu fondata infine una parrocchia ausiliaria. Sotto la guida di padre Cassini, all'incrocio di Alemany Avenue con Santa Rosa Avenue, a Mission sorse così una chiesa costruita in legno, ad accogliere le centinaia di ortolani, di fioricoltori e di marmisti italiani della zona. Il tempio fu chiamato Chiesa del Corpus Christi ed ebbe parrocchiani italiani e irlandesi i quali apparentemente accettarono di buon grado il fatto che nessun sacerdote risiedesse stabilmente nella loro parrocchia.

Passarono comunque mesi prima che i Salesiani riuscissero a conquistare la fiducia dei parrocchiani meno ferventi. Sulle porte della chiesa venivano affisse copie de "L'Asino", un settimanale scandalistico, mentre intellettuali liberali e radicali locali tentavano di convincere i più ingenui a non fidarsi delle buone intenzioni dei frati. Disponendo delle offerte di soltanto metà dei parrocchiani, i Salesiani si trovarono perciò in difficoltà nel restituire i 13 mila dollari di ipoteca prestati dalla Ibernia Bank. Tutte le offerte provenienti da battesimi, matrimoni, dalla Società dell'Altare, dalla questua domenicale e dal nolo dei banchi in chiesa, furono così assorbite per pagare i 66 dollari al mese di interessi bancari.

Il duro lavoro dei Salesiani ebbe infine successo, e nel 1899 padre Piperni contava ormai 500 bambini nella scuola di catechismo della parrocchia, ancora però senza nummeno un prete capace di insegnare in inglese. Se Piperni aveva invocato un intervento divino per risolvere il problema, le sue preghiere vennero comunque esaudite: a Roma, tra i loro novizi i Salesiani contavano quattro giovani irlandesi, e due di loro vennero inviati in California. Il primo a giungere fu padre Bernard Redahan, che divenne così popolare tra i giovani della comunità italiana che, nel giro di alcuni anni, circa duemila ragazzi si iscrissero ai suoi corsi di catechismo. Il dinamico padre Redahan fu inoltre il "moderatore" del Circolo Salesiano Giovanile,

Created in 1901, the Council started with 38 members and by the 1920s had grown 400 strong.[35] Designed to combat anticlerical and anti-Catholic influences, the Council filled that gap in the organizational structure of the Colony providing limited social welfare services.[36] A branch of the Mutual Benefit Italian Catholic Society, the Don Bosco Council was similarly organized in July 1907 under Father Piperni. By 1924, the Council, which boasted of a reading circolo, had 100 members. Since most of the societies thus far created were aimed at attracting the Italian men, Father Redahan moderated the Auxiliary Institute of Young Ladies created in 1912.[37]

The Salesians inaugurated evening English and citizenship classes in their Americanization School. Regretfully, after the 1906 earthquake and fire destroyed the church, English classes were not resumed until October 1916, and by 1924 the parish school had graduated only seven classes. As more Italian parents enrolled their children in public schools, the need to teach the parents English intensified. However, most of the older "connazionali" continued to ignore these classes and preferred to speak their own dialects. In April 1917, the Catholic Women's Professional Club composed of lay teachers attempted to reach the young and old of the Italian Colony through a program which instructed the mothers.[38]

Along with the English School, 550 Italians took citizenship classes in the Americanization School.[39] It was the ambition of the Salesians to make their Italian parishioners not only good Catholics, but upstanding citizens as well. The Americanization School was considered among the "connazionali" to be far more important than the English language school. They came to America not to learn a new language, but to improve their economic conditions and to see that their children received the opportunities which had been denied to them in Italy. Although the American way of life was difficult for the Italians to appreciate, they were eager to become naturalized citizens to enjoy the economic and political privileges guaranteed them as United States citizens. These citizenship classes were in demand especially after World War I and several Italian and Italian American clubs sponsored their own classes. The American Progressive Association and the Italian American Political Club were Italian political organizations which sought to unite all Italians into one voting bloc, requiring that all members become naturalized.[40] The Italian Catholic Union, also a benevolent and social

gruppo d'azione cattolica della parrocchia che nato nel 1901 con 38 membri, negli anni Venti arrivò a contarne fino a 400.³⁵ Nato per opporre l'influenza delle fazioni anticlericali e anticattoliche, il Circolo Salesiano colmò inoltre un vuoto nella struttura organizzativa della comunità italiana, fornendo pur limitatamente un servizio di assistenza sociale.³⁶ Sotto la direzione di padre Piperni, nel luglio del 1907 nacque quindi, come filiazione dell'Associazione Cattolica Italiana di Mutua Beneficenza, il "Circolo Don Bosco", che vantava tra l'altro un gruppo di lettura, e che, nel 1924, arrivò ad avere 200 soci. E siccome le associazioni e i circoli sorti fino ad allora erano soltanto maschili, nel 1912 nacque infine un Circolo Giovanile Femminile, la cui direzione fu affidata a padre Redahan.³⁷

I Salesiani diedero inoltre vita ad una scuola serale di "americanizzazione" dove oltre alla lingua inglese si insegnavano le nozioni indispensabili per superare l'esame richiesto per la naturalizzazione. Purtroppo, dopo che il terremoto e l'incendio del 1906 ebbero distrutto la chiesa, i corsi d'inglese furono interrotti fino all'ottobre del 1916. Fino al 1924, comunque, nella scuola parrocchiale soltanto sette corsi furono completati fino al conseguimento del diploma elementare. Man mano che in numero sempre maggiore le famiglie italiane iscrivevano i propri figli alle scuole pubbliche, crebbe insieme la necessità di insegnare la lingua inglese anche ai genitori. In gran parte, tuttavia, i connazionali più anziani continuarono a ignorare questi corsi, preferendo continuare a parlare ognuno il proprio dialetto. Nell'aprile del 1917, il Circolo Professionale Donne Cattoliche, composto da insegnanti laiche, diede vita così a un programma didattico per sole donne, a beneficio delle madri giovani e meno giovani.³⁸

Insieme ai corsi di inglese, 550 italiani frequentarono i corsi della scuola "di americanizzazione",³⁹ tramite la quale i Salesiani miravano a fare dei loro parrocchiani non soltanto dei buoni cattolici ma anche dei buoni cittadini. Tra i connazionali, i corsi preparatori per ottenere la naturalizzazione americana furono considerati comunque molto più importanti dei corsi di lingua inglese: erano giunti in America infatti non per apprendere un'altra lingua, ma per migliorare le loro condizioni economiche e far sì che ai loro figli fossero offerte quelle opportunità che a loro erano state negate in Italia. E sebbene quello americano fosse per molti un tipo di vita difficile ad apprezzare, tanti erano ugualmente impazienti di ottenere la naturalizzazione, così da poter godere appieno dei privilegi economici e politici garantiti dal possesso della cittadinanza statunitense. Questi corsi che insegnavano come conseguire la cittadinanza americana, furono molto richiesti soprattutto dopo la I Guerra mondiale, e furono promossi anche da diversi circoli italiani e italo-americani. La American Progressive Association e l'Italian American Political Club, per esempio, organizzazioni politiche locali che miravano a unire tutti gli italiani in un solo blocco elettorale, richiesero la naturalizzazione a tutti i loro aderenti.⁴⁰ Così operò anche l'Italian Catholic

religious body, aimed to bring back many Italians to the church by encouraging naturalization, thereby fostering loyalty to both church and country.[41]

The Salesians have always been noted for their work among the young people and the Italian Colony provided them with the opportunity of influencing and guiding a new generation of youngsters, many of whom were born in America. Nothing was spared to attract these young and impressible Italian Americans to the parish recreation halls and Sunday catechism classes. There were hand-ball courts, social halls, and a gymnasium constructed to draw the attention of the young boys who were the first concern of the priests. The "Salesian Club", founded on January 6, 1921, by Father Oreste Trinchieri, called "Father Trink" by his boys, was to give a broader form to the work which had been going on for years among the boys of the Italian Colony.[42] Redahan had organized a boy's club setting up hand-ball courts, recreation rooms, and a gym. The Salesian Club provided an outlet for the members to spend their free time in recreation and relaxation "far from the dangers of the streets or bad companions".

Through a constructive athletic and moral program, the Salesian Club won national recognition in the prevention of juvenile delinquency as more boys stayed off the streets. Under the firm hand of Father Oreste Trinchieri, the Club flourished. A talented orator, he trained a group of young debators he recruited from the membership ranks. As the Club grew in prestige, it became the social and recreational outlet for every Italian boy. The counterbranch, the Salesian (Girl's) Auxiliary met every Monday and Thursday evenings. A variety of courses were offered including the popular sewing and embroidery classes taught by the Sisters of the Holy Family, as well as music and reading classes and personal hygiene.[43] On Sunday mornings, catechism classes were held.

The parish was hyperactive and loyal. After the fire and earthquake Ss. Pietro e Paolo functioned from a stable fitted with windows which temporarily served the parish. Within four months the new church was erected from funds collected in the Colony. The fire and earthquake had destroyed the church, but not the spirit of the Fathers. Once reconstructed, the social calendar was filled with family outings, picnics, fairs, and afternoon matinees. Some of these were fund-raising events for the new church, while the rest were special holidays. These events gave the Italian Colony time to adjust to their new surroundings, meet new friends, and learn the American ways. The entire Salesian program built up the confidence of their Italian parishioners which had been tested by the experience of migration and

Union, gruppo sociale e religioso impegnato a ricondurre gli italiani in seno alla Chiesa, che incoraggiò i cattolici a prendere la cittadinanza americana, favorendo insieme la fedeltà alla Chiesa e agli Stati Uniti.[41]

Noti sin dalla loro fondazione per la loro opera in seno alla gioventù, nella comunità italiana di San Francisco i Salesiani ebbero l'opportunità di educare e guidare una nuova generazione di giovani, molti dei quali nati in America. Nulla fu così risparmiato da parte loro per attrarre i giovani italoamericani ai circoli ricreativi della parrocchia e al catechismo domenicale. Annessi alla chiesa esistevano cortili per giocare a pallamano, sale di ricreazione e anche una palestra, il tutto inteso appunto per attrarre i giovani, la cui educazione, come noto, è parte della regola della congregazione. Il 6 gennaio 1921, padre Oreste Trinchieri (che i ragazzi chiamavano "padre Trink") fondò così un Circolo Salesiano, che estese ancor più l'opera svolta ormai da anni tra i ragazzi della comunità italiana.[42] Redahan aveva organizzato un circolo giovanile, facendo allestire i campi di pallamano, le sale ricreative e la palestra: a tutto questo il Circolo Salesiano aggiunse un ambiente aperto a tutti i ragazzi che volevano trascorrere in tranquillità le ore libere, "lontani dalle insidie della strada e delle cattive compagnie".

Attraverso la realizzazione d'un costruttivo programma atletico e spirituale, così facendo il Circolo Salesiano acquisì riconoscimento a livello nazionale, specie per la sua azione nella prevenzione della delinquenza giovanile; e guidata con mano ferma da padre Oreste Trinchieri, la sua attività fiorì. Ottimo predicatore, il Salesiano insegnò anche oratoria a un gruppo di giovani scelti tra le file dei frequentatori del Circolo, che crescendo via via in prestigio divenne centro delle attività sociali e ricreative d'ogni ragazzo italiano. La sua controparte, il Circolo Salesiano Femminile, riuniva dal canto suo le ragazze ogni lunedì e giovedì pomeriggio, offrendo una varietà di corsi, per esempio di cucito e di ricamo, insegnanti le Suore della Sacra Famiglia, che diedero vita inoltre a corsi di musica, di lettura, d'igiene,[43] e di catechismo la domenica mattina.

La chiesa ebbe parrocchiani devoti e fedeli. Dopo il terremoto e l'incendio, la chiesa dei Santi Pietro e Paolo aveva continuato, temporaneamente, le funzioni in una stalla, ma grazie agli aiuti offerti dalla comunità, a quattro mesi dal disastro fu possibile costruire una nuova chiesa. L'incendio e il terremoto avevano infatti abbattuto il tempio ma non lo spirito dei Salesiani. Una volta completata l'opera di ricostruzione, il calendario sociale parrocchiale si animò di nuovo di attività, di gite collettive, di picnic, di fiere e di spettacoli pomeridiani. Alcune organizzate per sollecitare offerte a beneficio della nuova chiesa, altre per celebrare festività solenni, queste manifestazioni offrirono alla comunità italiana l'opportunità di adattarsi senza scosse al trapianto nel nuovo mondo, di incontrare nuovi amici, di apprendere infine le maniere americane. Nel loro insieme, le attività svolte dai Salesiani servirono a ridare ai parrocchiani italiani quella fiducia in sé stessi messa a

adjustment in a new land. The parish kept the Italian Colony together as an ethnic whole and enabled a gradual program of assimilation to penetrate the Colony.[44]

Touched by the activity of the Italian parish, Archbishop Riordan on a visit to the parish told the congregation that one day they would possess a most beautiful church. At the time, the Archbishop's consoling words were politely received.

Two years after on Easter Sunday, April 19, 1908, the parish was informed of the Archbishop's acquisition of the lot facing Washington Square on Filbert Street between Stockton and Powell Streets as the site of the new parish. Four years later, excavation began on the church basement, and for the next twelve years, construction progressed slowly due to an overburdening parish debt. To avoid disgrace, the finance committee planning the Golden Jubilee celebration of Father Piperni raised a purse in his honor for the building fund.

An estimated 1,400 persons attended the Pontifical Mass honoring Father Piperni on Sunday, May 20, 1917. At the parish residence, the Salesian and Don Bosco Councils formed a special honor escort along with 50 green-capped, red-gowned altar boys, one to symbolize each year of Piperni's priestly service. Joined by American and Italian bands, the young men led the host of religious and civic dignitaries, the Archbishop, the Consul General of Italy, and parishioners to church. Afterwards, a reception and dinner were hosted by the New Buon Gusto Restaurant at the Salesian Hall.

The three-day festivities climaxed on Monday evening with the presentation of the $10,000 purse. Many had dug deeply into their pockets for the priest who kept a large laundry basket filled with food on the doorsteps of his residence for the parish poor. Now, they had repaid their "Padre of the Basket".[45] On Saturday, February 19, 1922, Archbishop Edward Hanna, friend and eager participant in the festivities of the Italian Colony, signed the contract for the erection of the steel frame of the new church of Saints Peter and Paul. Each point of construction, from the driving of the first rivet on May 7th to the blessing of the cornerstone on October 15th, were

dura prova dalle vicissitudini dell'emigrazione e del trapianto in una nuova terra. In altre parole, la parrocchia servì a mantenere l'unità etnica della comunità italiana, consentendone un'assimilazione graduale e senza traumi.[44]

Favorevolmente impressionato dall'attività della parrocchia italiana, nel corso d'una sua visita l'arcivescovo Riordan promise ai fedeli riuniti che un giorno non lontano essi avrebbero avuto una bellissima chiesa. Lì per lì, le parole del presule furono accolte con garbato scetticismo.

Due anni dopo, comunque, la domenica di Pasqua del 19 aprile 1908, i parrocchiani italiani furono informati che il Vescovo aveva acquistato, per erigervi la nuova chiesa, un lotto di terreno fabbricabile con fronte su Washington Square, sul tratto di Filbert Street compreso tra Stockton Street e Powell Street: quattro anni più tardi, furono iniziati i lavori di scavo per le fondazioni del tempio. Per i successivi dodici anni però, essendo le spese eccessive per la parrocchia, i lavori di costruzione progredirono lentamente. Infine, per evitare critiche e brutte figure, un comitato incaricato di pianificare le celebrazioni del cinquantenario di vita sacerdotale di padre Piperni, a nome del parroco organizzò una colletta destinata però al fondo per la costruzione della erigenda chiesa.

Una folla di 1.400 fedeli prese parte, la domenica del 20 maggio 1917, alla messa pontificale celebrata in onore di padre Piperni. Partendo dalla canonica, i membri del Circolo Salesiano e del Circolo Don Bosco formarono un'eccezionale scorta d'onore, insieme a 50 chierichetti che in zucchetto verde e tonaca rossa rappresentavano simbolicamente gli anni di sacerdozio del vecchio parroco. Accompagnati dalle musiche di fanfare americane e italiane, i giovani guidarono verso la chiesa un corteo formato da autorità religiose e civili, tra loro l'Arcivescovo e il Console Generale d'Italia a San Francisco, e numerosi parrocchiani. Dopo il rito, nell'auditorium della chiesa ebbe luogo un ricevimento, seguito infine da un banchetto allestito a cura del ristorante "New Buon Gusto".

I tre giorni di festeggiamenti in onore di padre Piperni culminarono il lunedì sera con l'offerta al vecchio sacerdote d'una borsa di diecimila dollari destinati a favore dell'erigenda chiesa. Molti avevano infatti contribuito alla colletta con estrema generosità, in segno di gratitudine verso il Salesiano che con altrettanta generosità aveva sempre avuto cura dei poveri della parrocchia, facendo preparare per loro ogni giorno una grossa cesta colma di cibo che veniva lasciata sui gradini d'ingresso della canonica. Ora erano gli ex beneficiati a dimostrare gratitudine verso il "Padre della cesta".[45] Il sabato del 19 febbraio 1922, l'arcivescovo Edward Hanna, amico della comunità italiana e assiduo frequentatore delle sue feste, firmò il contratto per il montaggio delle strutture d'acciaio della nuova Chiesa dei Santi Pietro e Paolo. Ogni fase della costruzione, dal fissaggio del primo bullone, il 7 maggio di quell'anno, fino alla benedizione della posa simbolica della prima pietra, il 15 ottobre successivo, fu occasione di grandi celebrazioni. La

occasions for great celebrations. The "Church of the Fishermen", as the "connazionali" referred to their parish, had come a long way.

The church was completed in 1924 and was poignantly reminiscent of the Romanesque period and the grandeur of Italian artistry with the terracotta facade and ornamented arched cornice. Mosaics of Christopher Columbus' landing in the new world, and Dante's writing the first two verses of *Il Paradiso* were intended to have been placed above the main entrance, but because of insufficient funds, they were never imported. Eventually, the first two verses of *Il Paradiso* were inscribed over the center archway.

The main altar was elegant, but simple and was graced by the remodeled side altars removed from the old church. An elaborate lighting and plumbing system and elevator completed this modern structure. The fourteen classrooms constructed for the Sunday and Americanization School in the upper portions of the church were converted into an elementary school for the boys in 1925. It was not until the 1950s that the girls of the parish attended Saints Peter and Paul Grammar School. Until then, the girls were sent to St. Francis School which was conducted by the Sisters of the Presentation. The Salesian fathers were indeed an energetic lot. One of the basic precepts of their order was to follow the Italian people throughout the world and minister to their needs. In San Francisco, the Salesians had more than lived up to their motto. Although they cannot be credited with the success of any Americanization program, and it is doubtful that any institutional program would have been successful among the Italian people of San Francisco, the very fact that the young people of the parish responded to the Salesian fathers is proof that this ethnic parish was not just one of several important social agencies and gathering places of the "connazionali", rather, that it was the most important agency and social center for the entire Italian Colony of San Francisco.

"Chiesa dei pescatori", così gli italiani chiamarono la loro chiesa, aveva percorso parecchia strada. Costruita con la facciata in terracotta ornata d'una cornice di stile romanico, in commovente omaggio alla grandezza dell'arte italiana, la chiesa fu completata nel 1924. Secondo il disegno originario, sopra la porta principale dovevano esser sistemati due mosaici ordinati in Italia, uno a rappresentare lo sbarco di Cristoforo Colombo nel nuovo mondo, l'altro a rappresentare Dante Alighieri nell'atto di scrivere i primi due versi del "Paradiso". Per mancanza di fondi, però, i lavori non vennero mai importati, e i primi due versi del "Paradiso" furono dipinti successivamente sulla navata centrale.

All'interno, l'altar maggiore ebbe disegno semplice ed elegante, abbellito da due altari laterali, che erano stati rimossi a suo tempo dalla vecchia chiesa e ricostruiti. La struttura moderna dell'edificio era completata da elaborati impianti idraulici e di illuminazione e infine da un ascensore. Le quattordici aule costruite in origine per il catechismo e per la scuola "di americanizzazione", furono trasformate nel 1925 nella Scuola Elementare dei Santi Pietro e Paolo, che soltanto 25 anni più tardi, però, nel 1950, fu aperta anche alle bambine della parrocchia, che fino ad allora avevano frequentato la Scuola di San Francesco retta dalle Suore della Presentazione. Il gruppo dei Salesiani fu certamente attivo. Obbedendo a uno dei primi precetti della loro regola, cioè quello di aver cura spirituale degli italiani in tutto il mondo, a San Francisco i religiosi si dimostrarono più che all'altezza del loro compito. E sebbene nessuno dei loro programmi di "americanizzazione" avesse avuto successo (è comunque da dubitare che qualsiasi programma del genere avrebbe mai attecchito tra gli italiani di San Francisco), tuttavia, il solo fatto che i giovani della parrocchia risposero alle loro iniziative sta a provare che la chiesa "etnica" non fu soltanto uno dei tanti importanti sodalizi o dei tanti luoghi di riunione tra connazionali, ma piuttosto l'organizzazione e il centro sociale più importante dell'intera comunità italiana di San Francisco.

6

Chapter Notes

[1] "We have in the heart of the Italian Colony of San Francisco numerous institutions and societies." E. Patrizi, Gl'Italiani in California. San Francisco: L'Italia Publishing Co., 1911. P. 33.

[2] A. Mangono, "The Effect of Emigration Upon Italy: Hard Lives of the Peasants the Reason for Emigration, Misery, Misery, Misery", Charities and Commons, 19:1475. Feb. 1, 1908. E. C. Banfield, The Moral Basis of a Backward Society. New York: The Free Press, 1958. Pp. 62-66.

[3] M. W. Shinn, "Poverty and Charity in San Francisco, Part 1", Overland Monthly, 14:535. Nov., 1889.

[4] Ibid., p. 537.

[5] Peixotto illustrated a few years for The Lark after his return from Europe in 1895. O. Lewis, Bay Window Bohemia. San Francisco: Doubleday and Co., Inc., 1956. P. 83. O. Lewis, editor and compiler, This Was San Francisco. New York: David McKay Co., 1962. P. 248.

[6] O. L. Kapsner, Catholic Religious Orders. 2nd edition. Collegeville: St. John's Abbey Press, 1957. P. 47.

[7] For a life of Archbishop Alemany, consult J. B. McGloin, S.J., California's First Archbishop: The Life of Joseph Sadoc Alemany. New York: Herder and Herder, 1966.

[8] "Our Nuns: California's Heroines Are the 2400 Sisters Serving the Archdiocese", The Monitor, 96:105. Sept. 4, 1935.

[9] The Italians shared this church until 1884 when the first Italian church, San Pietro, was opened on the corner of Dupont and Filbert Streets.

[10] D. J. Kavanagh, S.J., The Holy Family Sisters of San Francisco. San Francisco: Gilmartin Co., 1922. Pp. 102, 111.

[11] F. B. Lenz, "San Francisco's Immigrants", The Immigrants in America Review, 2:68. July, 1916.

[12] This was the date given by Langley, San Francisco Directory for 1870. P. 830. California Historical Society card catalog dates the Society's foundation as of Nov. 9, 1858.

[13] M. Dore, Catalog of Valuable Business and Residence Property. In deposit: California Historical Society, San Francisco. Langley, San Francisco Directory for 1874, 1874. P. 54.

[14] B. E. Lloyd, Lights and Shades in San Francisco. San Francisco: A. L. Bancroft and Co., 1876. Pp. 431, 433.

[15] See copies of La Voce del Popolo for 1868, Bancroft Library, University of California at Berkeley. "Fair of the Italians", San Francisco Chronicle, p. 3. May 12, 1869, gave a brief description of one of their fund-raising gatherings.

[16] Langley, San Francisco Directory for 1870, 1870. P. 3350. Langley, San Francisco Directory for 1874, 1874. P. 774.

[17] Langley, *San Francisco Directory for 1870*, 1870. P. 830. Lloyd, *Lights and Shades*. Pp. 431-433.
[18] Langley, *San Francisco Directory for 1867*, 1867. San Francisco: Henry G. Langley, Publisher, 1867. P. 669.
[19] Langley, *San Francisco Directory for 1874*, 1874. P. 54.
[20] *Società Di Mutuo Soccorso Della Compagnia Garibaldina*, Langley, *San Francisco Directory for 1870*, 1870. P. 74. Langley, *San Francisco Directory for 1886*, 1886. P. 91. The Ligurians dominated this organization while the Toscani held to the *Società*. J. Giovinco, "Democracy in Banking: The Bank of Italy and California's Italians", *California Historical Society Quarterly*, 47:199. Sept. 1968.
[21] *Società Di Mutuo Soccorso Della Compagnia Garibaldina*, Langley, *San Francisco Directory for 1886*, 1886. P. 91.
[22] Langley, *San Francisco for 1876*, 1876. P. 1086.
[23] Langley, *San Francisco Directory for 1896*, 1896. P. 44. Langley lists no founding date for the Sharpshooters, Langley, *San Francisco Directory for 1892*, 1892. P. 79.
[24] U. Coletti. "The Italian Immigrant", *Proceedings of the National Conference of Charities and Correction*, 39th Annual Session, pp. 249-250. Cleveland, Ohio, 1920.
[25] Patrizi, *Gl'Italiani in California*, p. 34. "Il Comitato di Soccorso e il Patronato di Protezione", *Il Topo*, 1:4. Sept. 3, 1904.
[26] Patrizi, *Gl'Italiani in California*. Pp. 33-34.
[27] "Italian Relief Board Opens Headquarters", San Francisco *Chronicle*, p. 4. March 2, 1917.
[28] Conversations with Rena Bocci, Executive Secretary of the Italian Welfare Agency of San Francisco.
[29] E. K. Porter, "Notre Dame Hospital", *Bulletin: Official Bulletin of the San Francisco County Nurses Association*, 9:1. Dec., 1957.
[30] S. M. Tomasi, editor, *The Religious Experience of Italian Americans*. New York: The American Italian Historical Association, 1975. P. 133.
[31] "National Churches of the Archdiocese", *The Monitor*, 57:18. Jan. 23, 1904. Jubilee edition.
[32] E. A. Sherman, compiler and editor, *Fifty Years of Masonry in California*. Vol. 2. San Francisco: George Spaulding and Co., 1898. Pp. 413-414.
[33] Langley, *San Francisco Directory for 1890*, 1890. P. 66.
[34] "I Salesiani a San Francisco — The Salesians in San Francisco", *New Italian Church of Ss. Peter and Paul*, pp. 39-41. Dedicatory pamphlet, 1924.
[35] *Ibid.*, p. 43.
[36] Kavanagh, *Holy Family Sisters*. Pp. 106-111.
[37] "I Salesiani in San Francisco", pp. 43-45.
[38] *Ibid.*, p. 53.
[39] *Ibid.*
[40] "Italian Club meets Monday", San Francisco *Examiner*, p. 6. March 14, 1919.
[41] "Italian Catholic Body Seeks to Incorporate", San Francisco *Chronicle*, p. 12. May 17, 1919.
[42] Kavanagh, *Holy Family Sisters*. Oo. 121-122.
[43] *Il Nuovo Tempio di San Pietro e Paolo*, I:53. Sept., 1914. Kavanagh, *Holy Family Sisters*. Pp. 121-122. R. M. Piperni, S.S.F.S., "Ss. Peter and Paul", *The Monitor*, pp. 81-82. July 16, 1910.
[44] N. Russo, "Three Generations of Italians in New York City: Their Religious Acculturation", *The International Migration Review*, 3(2):5. Spring, 1969.
[45] "Padre of the Basket $10,000 Purse for Building Fund", San Francisco *Chronicle*. May 21, 1917.

Italian billboard, n.d.

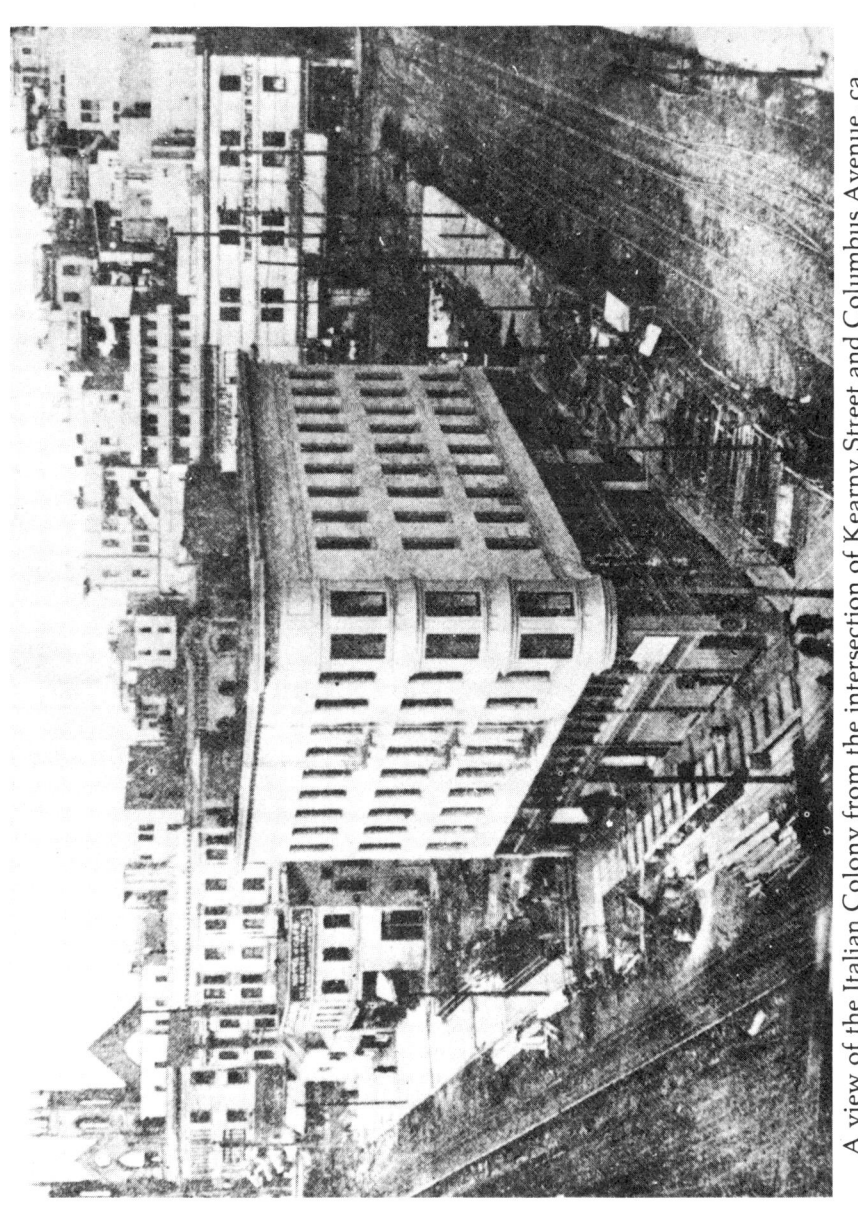

A view of the Italian Colony from the intersection of Kearny Street and Columbus Avenue, ca. 1908.

7

The Coming of a New Generation

"Va in California? Oh, vedrà allora che ottima Colonia troverà a San Francisco! Quella, sì, è veramente la Colonia modello!"

Ettore Patrizi[1]

The young generation of Italians born in America were a mixture of two cultures. Although they were far removed from the experience of migration, they recognized their uniqueness as a blend of old world Italy and America. It would be up to them to keep the spirit of Italianism alive. For the most part, these Italian American youngsters had been left on their own by busy parents who were occupied with making a living. The resentment which the Italian American generation bore towards their parents' generation marked a lack of understanding and a generation gap. They failed to see the need of the older generation to retain the primacy of "things" Italian.

If one took a sampling of the members of this new generation who rose to prominence in San Francisco during the 1920s, one would find that most were born to immigrant parents who were settled either within the Italian Colony of San Francisco or in parts of California where there were settlements of Italians. This generation of Italian Americans valued their family ties, as well as the preservation of their Italian culture. They had gained sufficient social mobility to have married spouses of non-Italian descent, and they usually lived in waspish districts of the City such as St. Francis Woods and Pacific Heights. They valued an education, and tended to be professional men or business oriented. Although many became Masons, many too remained devout Catholics. They affiliated with the Republican

7

L'avvento d'una nuova generazione

"Va in California? Oh, vedrà allora che ottima Colonia troverà a San Francisco! Quella, sì, è veramente la Colonia modello!"

Ettore Patrizi[1]

Gli italiani della prima generazione nata in America, cioè i primi italo-americani, furono un miscuglio di due culture. Pur lontanissimi dall'esperienza dell'emigrazione, essi furono consci della loro unicità, prodotto della fusione del mondo italiano con quello americano. Sarebbe dipeso da loro tener vivo o meno lo spirito di italianità originario. In gran parte, questi giovani crebbero abbandonati a sè stessi da genitori totalmente impegnati a guadagnarsi di che vivere. Così, il risentimento che la prima generazione italo-americana nutrì nei confronti della precedente generazione fu segno della conseguente mancanza di comprensione e dell'alienazione sorta tra le due generazioni, e i giovani non riuscirono a capire la necessità della precedente generazione di ritenere il primato delle "cose" italiane.

A voler prelevare e analizzare un campione tipo di quanti di questa nuova generazione salirono agli onori della ribalta di San Francisco nel corso degli anni Venti, si sarebbe constatato che, in massima parte, essi erano figli di immigrati stabilitisi o all'interno della comunità italiana di San Francisco, o in altre comunità italiane simili sorte all'interno della California. Questa prima generazione di italo-americani ebbe a cuore i propri vincoli familiari, e al tempo stesso ebbe gelosa cura delle proprie tradizioni italiane. Molti avevano raggiunto comunque una "mobilità sociale" sufficiente a contrarre matrimonio con coniugi d'origine non italiana, e di norma abitavano in quartieri "bene" della città, come St. Francis Wood o Pacific Heights. Diedero peso agli studi scolastici, preferendo in genere far carriera nelle libere professioni o negli affari, e sebbene molti avessero abbracciato la fede massonica, numerosi altri rimasero cattolici osservanti. Infine, essi preferirono

Party over the Democratic Party, and they were civic minded, active not only in the associations for the betterment of the Italian Colony, but in organizations aimed at the improvement of San Francisco.

Education was a hotly contested issue between the second generation Italian Americans and their parents. While some Italian parents placed little value upon an education, others encouraged their children to continue their education beyond the primary grades. A fair number of the Italian American generation attended business college for one or two years, or they went on to a four-year college. Both the University of California and Saint Ignatius College educated many, but it was the Italian Jesuits at Santa Clara College who attracted far more, since Italian parents felt that these priests would teach their boys to be good lawyers.[2] Both Saint Ignatius College, now the University of San Francisco, and Santa Clara College, presently the University of Santa Clara, were founded by the mid-1850s by two Italian Jesuit priests, Anthony Maraschi and Giovanni Nobili.

A minority of Italian youngsters received a college education. The major obstacle for the majority was their difficulty in learning the English language. Many parents insisted that their children speak Italian at home which resulted in the child's apathetic attitude in learning a new language. These children lived in a Colony in which English was considered secondary by their elders and was spoken only when necessary. The children conveyed this attitude in learning English at school. Teachers at Jean Parker, Garfield, and Washington Elementary Schools in North Beach thought that the Italian children were more disposed toward learning practical skills than academic ones. Edna Dessery, who studied the mental potential of the Italian immigrant and used the San Francisco Colony as her case study, concluded that these Italians were not mentally inferior as a race, but rather the program of Americanization had not been a thorough one. She contended that the Italians had to be Americanized first and then educated.[3]

In relation to this situation, Italian schools were established which gave instruction in proper Italian and considered themselves to be complementary to American schools. Since the founding of the Colony, Italian American evening schools had been open to all who were interested in perfecting their knowledge of Italian grammar and literature. The earliest was started by Andrea Sbarboro in 1860. He began with 30 students and even compiled his

il Partito repubblicano a quello democratico, e presero parte alle attività non soltanto delle associazioni impegnate al miglioramento della comunità italiana, ma anche di organizzazioni civiche volte a elevare il livello di vita dell'intera San Francisco.

Il problema della scuola fu un argomento scottante tra i giovani della seconda generazione italo-americana e i loro genitori. Mentre alcuni genitori attribuirono poco peso agli studi, altri invece incoraggiarono i figli a continuarli anche oltre le scuole elementari. Un discreto numero di italo-americani giunse così a frequentare l'università fino al primo biennio di scienze economiche, e alcuni riuscirono a continuare gli studi fino alla laurea. L'Università di California e il Saint Ignatius College ebbero numerosi studenti italo-americani, ma furono i Gesuiti italiani del Santa Clara College che attrassero la maggioranza; il motivo dovuto al fatto che tanti genitori italiani erano convinti che questi religiosi erano i più qualificati a trasformare i loro ragazzi in buoni avvocati.[2] Entrambi, il Saint Ignatius College (oggi Università di San Francisco), e il Santa Clara College (oggi Università di Santa Clara), erano stati fondati verso la metà degli anni 1850 dai due gesuiti italiani Anthony Maraschi e Giovanni Nobili.

Soltanto una minoranza di giovani italiani conseguì comunque un'istruzione di livello universitario. Per la maggioranza, il più grosso ostacolo fu rappresentato dalla difficoltà di apprendere la lingua inglese. Molti genitori insistevano infatti a parlare in italiano con i loro figli, col risultato che il bambino sviluppava spesso un atteggiamento apatico verso l'apprendimento della nuova lingua. Inoltre, questi bambini vivevano in una comunità dove l'inglese era considerato lingua secondaria dagli adulti e parlato soltanto quando era indispensabile. I bambini, di conseguenza, proiettarono questo atteggiamento verso l'inglese anche a scuola. Gli insegnanti delle scuole elementari "Jean Parker", "Garfield" e "Washington" di North Beach ritennero così che i loro alunni italiani fossero più portati all'apprendimento di nozioni pratiche, a imparare cioè un mestiere, piuttosto che nozioni accademiche. Edna Dessery, che studiò livello e capacità intellettuali degli immigrati italiani attingendo dati dalla comunità di San Francisco, osservò che i soggetti studiati non erano mentalmente inferiori nel senso razziale, ma che piuttosto la loro "americanizzazione" era riuscita soltanto parzialmente. In altre parole, secondo la sua opinione, gli italiani bisognava anzitutto "americanizzarli" e quindi istruirli.[3]

In conformità a questo stato di cose, vennero aperte scuole italiane dove l'insegnamento era impartito in italiano, e che furono considerate complementari a quelle americane. Sin dalla nascita della comunità italiana, a San Francisco avevano avuto vita delle scuole serali italo-americane aperte a chiunque avesse interesse a perfezionare la conoscenza della grammatica e della letteratura italiane. La prima era stata fondata nel 1860 da Andrea Sbarboro, che era partito con 30 alunni e che, siccome a San Francisco non

own text book in the Italian language since there were none available in San Francisco.[4] Other Italian language schools were established with enrollment open to both Italian and Americans who were interested in Italian literature.[5] Italian School was held every day after regular school from 4 to 6 p.m. The final examinations, written and oral, were given by representatives of the Italian Consulate.

The Italian labor society, Società Operaia Italiana, received a small stipend from the Italian Government and support from the Italian "connazionali" to maintain its own Italian school.[6] Even the Italian theatre groups had staged benefit performances to support the Italian School Fund in 1906. A number of prominent Italians raised about $10,000 for the purchase of a site for the construction of an Italian high school which would perpetuate the Tuscan dialect among the Italian American generation.[7] Some were gravely concerned for the preservation of the Italian language since the North Beach Italians virtually created a dialect unique to themselves by anglicizing their Italian, or speaking half English and half Italian within the same sentence.

By the 1930s, there were nine Italian language schools in San Francisco and 47 schools throughout the state, all under the supervision of an Italian school board.[8] These Italian schools were closed in 1936 for fear that they were spreading fascist propaganda as subversive agencies of the Mussolini government. The Italian Colony was not only interested in an educational program which passed on the ethnic solidarity of the immigrant generation, but in a program which would make their children proud to call themselves "Italian Americans". Since few Italian parents could afford to send their children to the private Scuola Italiana, the majority attended either public or parochial schools in the day and Italian classes in the afternoon. The president of the Dante Alighieri Club, Teodoro Bacigalupi, was asked to teach Italian in the American schools,[9] to reach a greater number of youngsters which would also serve to indicate that the Italians had become a dominant minority group in San Francisco. The immigrant generation felt the sting of discrimination and feared that their children would be ashamed and rebellious. The San Francisco *Examiner* sensed this feeling and paid the Italian Colony a high compliment in an article which stated that a race that produced a Dante and a people that cherished their language "need not be ashamed" of their Italian background.[10]

Many Italian Americans shared the enthusiasm and love of their parents

era possibile reperire nessuna grammatica italiana, era addirittura giunto al punto di compilare da sè il libro di testo.[4] Altre scuole di lingua italiana vennero fondate successivamente, con le iscrizioni aperte sia agli italiani che agli americani che nutrivano interesse verso la cultura italiana.[5] Le lezioni di italiano avevano luogo ogni giorno dalle 4 alle 6 del pomeriggio, dopo la scuola d'obbligo, e gli esami finali, scritti e orali, ebbero come esaminatori i funzionari del Consolato d'Italia.

La Società Operaia Italiana diede vita a una scuola italiana che fu sussidiata dal Governo italiano e dalla comunità italiana locale.[6] Perfino le compagnie teatrali italiane diedero vita nel 1906 a rappresentazioni a favore d'un Fondo scolastico italiano. Un gruppo di leader italiani riuscì a raccogliere circa 10 mila dollari per l'acquisto d'un lotto di terreno dove erigere un liceo italiano che, nelle intenzioni, avrebbe dovuto tramandare il dialetto toscano, cioè l'italiano, alle future generazioni italo-americane.[7] Alcuni immigrati infatti ebbero seriamente a cuore la salvaguardia della lingua italiana, che ritennero minacciata dal fatto che, anglicizzando il loro povero italiano, oppure esprimendosi, spesso nella stessa frase, a metà in inglese e a metà in italiano, gli italiani di North Beach avevano virtualmente creato un loro nuovo dialetto.

Nel 1930, a San Francisco esistevano nove scuole di lingua italiana, ed erano 47 nell'intera California, tutte sotto la supervisione d'un provveditorato agli studi italiano.[8] Tutte queste scuole vennero fatte chiudere nel 1936 dalle autorità americane, nel timore che fossero divenute strumento sovversivo di propaganda fascista del governo Mussolini. La comunità italiana ebbe interesse non soltanto a un programma didattico che garantisse la continuazione della solidarietà etnica propria della generazione immigrata, ma volle anche un programma che avrebbe reso i suoi figli orgogliosi della loro identità italo-americana. Siccome poche famiglie potevano permettersi il lusso di mandare i loro figli alla "Scuola Italiana" privata, la maggioranza dei giovani frequentò le scuole pubbliche oppure quelle cattoliche di parrocchia, frequentando quindi, doposcuola, corsi pomeridiani di italiano. Così, per diffondere quanto più possibile l'insegnamento dell'italiano tra i giovani, e anche a indicare che a San Francisco gli italiani erano ormai divenuti una minoranza etnica dominante, il presidente della Società "Dante Alighieri", certo Teodoro Bacigalupi, venne invitato a insegnare italiano nelle scuole pubbliche.[9] La generazione immigrata sentì comunque su di sè il marchio della discriminazione, e paventò così che, di conseguenza, i suoi figli sarebbero cresciuti complessati e ribelli. Avvertendo questo sentimento diffuso, il quotidiano *Examiner* di San Francisco pagò un alto tributo alla comunità italiana pubblicando un articolo nel quale era scritto che una razza che aveva prodotto un Dante e un popolo che amava la propria lingua "non dovevano vergognarsi" delle proprie origini.[10]

Molti italo-americani condivisero l'interesse e l'amore dei loro genitori nei

for the Italian culture and they formed sophisticated social clubs geared toward the preservation and appreciation of the Italian culture and language. Clubs such as the Circolo Italiano established by the students at the University of California and the Italy-America Society glorified the best of both the Italian and American cultures.[11] It was during the early 1920s that these social and cultural clubs flourished. The Italian Touring Club was very popular as was the Cenacolo which had political leanings towards fascism.[12]

Other clubs were formed on regional and provincial lines as La Veneta, Ligurian Club, Marche Club, and Piemonte Club which kept the spirit of "campanilismo" alive. The only attempt to bring all the regionals together in one organization as representative of one Italian nationality and not an amalgamation of regionals was accomplished by the Sons of Italy. The order made its way to California in the twenties after having been successful on the East Coast since its founding in 1904. The Grand Lodge of California was inaugurated on September 22, 1925, as a means of aiding and unifying the Italian people. The San Francisco lodge, Vita Nuova, or New Life, established a hospital and a mortuary fund for the needy, an athletic committee, a scholarship fund, and a press and propaganda committee to boost the Italian image.[13]

Even the wives of successful and prominent businessmen in the Colony were members of the exclusive Vittoria Colonna Club. The society columns in the San Francisco newspapers covered in detail the activities of these Club women. There were three events to which the club devoted its time in fundraising activities. After World War I, the Italian veterans were in need of medical supplies; the opera association was staging a come-back in San Francisco; and, of special importance to the Colony, the chair of Italian culture at the University of California was to be established. The club hosted afternoon teas, balls, luncheons, and fairs to raise contributions from both the Italian Colony and the American community in the city.

In addition to these activities, there was the creation of a "bluebook" society among the "connazionali". Yearly publications such as the *Libro d'Oro della Nobilità Italiana* listed the names of those Italians who bore royal titles. Another publication was *Attività Italiane in California* which included a brief biographical sketch of most of the outstanding contributions of the Italian businesses in the city. In 1930, the title was changed to *Attività Italiane in America*.

Both the Italian immigrants and the Italian Americans were as interested in the political affairs of the city as they were in the civic affairs. Several immigrants had been nominated from their wards for the Board of Supervisors such as Frank Marini[14] and Theodore Bacigalupi,[15] several others had been elected to the Board of Supervisors such as Joseph Pescia,[16]

confronti della cultura italiana, e diedero vita a circoli eleganti che sostennero la difesa della lingua e della cultura italiane. Club come il Circolo Italiano, fondato da studenti dell'Università di California, e come la "Italy-America Society", si adoperarono per dare risalto al meglio di entrambe le culture, italiana e americana.[11] Questi circoli sociali e culturali fiorirono specialmente al principio degli anni Venti, e i più popolari tra loro furono il Touring Club Italiano e il Cenacolo, che nutrì simpatie politiche verso il fascismo.[12]

Altri club, come l'Associazione Veneta, il Circolo Ligure, il Circolo Marche e il Circolo Piemonte, ebbero invece fisionomia regionale, e tennero vivo lo "spirito di campanile". L'unico tentativo di fondere assieme i diversi gruppi regionali in un unico sodalizio che rappresentasse l'intera nazionalità italiana e non invece un amalgama di gente proveniente da regioni diverse, ebbe vita con l'Ordine dei Figli d'Italia in America. Il gruppo si diffuse in California nel corso degli anni Venti, dopo essersi affermato sulla costa orientale degli Stati Uniti, dove era stato fondato nel 1904. La "Gran Loggia della California" nacque ufficialmente il 22 settembre del 1925, col proposito di aiutare e unire gli italiani di tutto lo Stato. La Loggia "Vita Nuova" di San Francisco organizzò a favore dei meno abbienti un fondo per spese mediche e funerarie, un fondo borse di studio, formò un comitato sportivo e un altro di stampa e propaganda, incaricato di esaltare il prestigio italiano.[13]

Le mogli degli uomini d'affari più facoltosi della comunità fecero parte invece del circolo femminile "Vittoria Colonna", le cui attività ebbero spesso risalto sulle rubriche di vita mondana dei giornali di San Francisco. Il club fece parlare di sè specialmente in occasione di tre diverse sottoscrizioni, promosse, la prima per inviare medicinali ai feriti italiani della I Guerra mondiale, la seconda per incoraggiare il ritorno dell'opera lirica a San Francisco, e infine la terza, particolarmente importante per la comunità, per finanziare l'istituzione d'una cattedra di italiano presso l'Università di California. Per sollecitare le offerte sia della comunità italiana che di quella americana, il circolo diede vita a tè pomeridiani, a feste danzanti, a pranzi e a fiere di beneficenza.

In aggiunta a queste attività, fu inoltre fondato un circolo nobiliare che curò la pubblicazione annua d'un *Libro d'Oro della Nobiltà Italiana*, un almanacco cioè dei nobili italiani. Un'altra pubblicazione, intitolata *Attività Italiane in California*, dava invece elenco, corredato di note biografiche, dei più importanti uomini d'affari italiani presenti nella città e nello Stato. Nel 1930, quest'ultima pubblicazione venne ribattezzata *Attività Italiane in America*.

Sia gli immigrati italiani e sia gli italo-americani, parteciparono attivamente anche alla vita politica locale. Diversi immigrati, come ad esempio Frank Marini,[14] e Teodoro Bacigalupi,[15] furono nominati dalle loro circoscrizioni elettorali al consiglio amministrativo comunale; altri vi furono eletti, come ad esempio Joseph Pescia,[16] il medico Guido Caglieri, Attilio Giannini, e

Guido Caglieri, M.D., Attilio Giannini, and Angelo Rossi who was mayor of San Francisco from 1931-1944.[17] Alfredo Roncouieri and Dr. D'Ancona served on the Board of Education. Although most Italian voters were followers of the Republican Party, a characteristic of the Italian voter was to mix his vote among the parties.[18] It was not until after the depression and the repeal of prohibition that a number of Italians actually swung over to the Democratic Party.

Both generations were patriotic and proud of their contributions in two American wars: The Spanish American War in which 11 members of the Italian Colony served[19] and World War I. For these two reasons alone, the Italians were infuriated when Congress passed discriminatory, restrictive immigration laws during the early twenties which deliberately limited the number of Italians eligible for admission into the United States.[20] The Colony strongly reacted to the use of the word dago by Senator Shields of Tennessee in his speech on the Versailles Treaty.[21] Nevertheless, these same Italians were guilty of discrimination against German factory workers after the First World War[22] and against Japanese immigrants. John Badaracco, a candidate for the Assembly, organized a political club in North Beach opposed to the increase in the number of Japanese workers in California.[23]

The 1930s was a decisive decade for the Italian Colony. The rise to power of Benito Mussolini divided the Colony into profascist and antifascist groups. In the opinion of sociologist Paul Radin who studied the development of the Italians in San Francisco, this division retarded the process of Americanization.[24] Mussolini had proclaimed that an Italian citizen must remain an Italian citizen no matter when he lived in the world, even to the seventh generation. Italians, he proclaimed, were to keep alive the cult with Italy as the eternal light of salvation. Predictably, he added, that Italians were also to keep physically, morally, and culturally fit to serve Italy in her finest hour. Without doubt, Mussolini was preparing for war hoping that Italians throughout the world would answer his call to arms.

While many Italians within the Colony were excited about Mussolini's aims to make Italy into one of the great nations of the world, some Italian Americans went so far as to flirt with the idea of returning to Italy to live. However, there were serious repercussions for those who involved themselves with the politics of fascism. Gangs of young fascists attacked the antifascist supporters of Benedetto Croce in San Mateo and beat them. San

infine Angelo Rossi, che fu sindaco di San Francisco dal 1931 al 1944.[17] Altri, come Alfredo Ronconieri e il dottor D'Ancona, fecero parte del provveditorato agli studi. Anche se la maggioranza preferì il Partito repubblicano, fu caratteristica dell'elettorato italiano votare, secondo il momento, a favore di candidati dell'uno o dell'altro partito.[18] Fu soltanto dopo la "depressione" e dopo l'abrogazione del proibizionismo, che numerosi italiani passarono nelle file del Partito democratico.

Entrambe generazioni, quella italiana e quella italo-americana, dimostrarono patriottismo verso gli Stati Uniti, e furono orgogliose del loro contributo alla guerra Ispano-Americana del 1898, alla quale presero parte undici italiani di San Francisco,[19] e alla I Guerra mondiale. Ricordando questi due contributi, più tardi, agli inizi degli anni Venti, gli italiani reagirono rabbiosamente quando il Congresso approvò nuove discriminatorie leggi sull'immigrazione, che deliberatamente limitavano il numero degli italiani idonei all'ammissione negli Stati Uniti.[20] Inoltre, nel 1920, la comunità italiana di San Francisco denunciò con veemenza l'atteggiamento del senatore Shields del Tennessee che, riferendosi agli italiani, davanti al Senato riunito a discutere il Trattato di Versailles,[21] nel corso del suo intervento aveva fatto uso dell'aggettivo dispregiativo "dago". Ciò malgrado, finita la I Guerra mondiale, questi stessi italiani si resero colpevoli di atti discriminatori ai danni di operai d'origine tedesca;[22] e un certo John Badaracco, candidato all'assemblea statale, fondò a North Beach un club politico che oppose l'aumento in California di manodopera d'origine giapponese.[23]

Gli anni Trenta furono per la comunità italiana un decennio decisivo. L'ascesa al potere di Benito Mussolini divise la comunità in gruppuscoli filo-fascisti e antifascisti. Secondo l'opinione del sociologo Paul Radin, che studiò lo sviluppo dell'insediamento italiano a San Francisco, questa frattura ne rallentò il processo di "americanizzazione".[24] Mussolini aveva proclamato che, in qualsiasi angolo del mondo vivesse, ogni italiano doveva conservare la sua cittadinanza, anche fino alla settima generazione. Gli italiani, aveva detto, dovevano tener vivo il culto della Patria come una inestinguibile fiaccola di salvezza, e inoltre, mantenersi in forma fisicamente, moralmente e intellettualmente, così da esser pronti a servire l'Italia nell'ora della gloria. Ovviamente, Mussolini si preparava al conflitto sperando che a suo tempo, gli italiani sparsi in tutto il mondo avrebbero risposto alla sua chiamata alle armi.

Mentre da un canto molti italiani della comunità di San Francisco seguivano con entusiasmo le ambizioni di Mussolini nel voler fare dell'Italia una delle grandi potenze del mondo, altri giunsero addirittura al punto di prendere in seria considerazione l'idea di trasferirsi in Italia. Per quanti ebbero a che fare con l'ideologia e con la politica fasciste, le conseguenze furono serie. Squadracce di giovani fascisti attaccarono, per esempio, picchiandolo, Benedetto Croce, nel corso d'una conferenza antifascista tenuta

Francisco Italian American businessmen, particularly importers and exporters, fearful of losing profits, were caught in the middle of a dilemma. If they supported Mussolini they were accused of disloyalty to the United States, and if they condemned the fascist government, their goods were boycotted in Italy. In addition to this they feared the intimidation of relatives back home.

The outbreak of World War II intensified the uncertainty of the Italian Americans' loyalty to the United States. With the action of General John L. DeWitt, Commander of the Western Defense Command headquarters at San Francisco's Presidio to exclude and intern those of Japanese origin and ancestry, rumors spread wildly throughout the Italian Colony of similar action towards Italian Americans.

A "Citizens Committee To Aid Italians Loyal To The United States" was organized in 1942 by a group of prominent North Beach Italians who met with the General's aide and then Attorney General of California, Earl Warren, to discuss the possibility of internment. It is doubtful that the Committee's meeting with government officials prevented the inevitable.

Although it was claimed that of the 60,000 Italian aliens in the United States only 200 were interned, among them were Ettore Patrizi, the Colony's newspaper editor, and Sylvester Andriano, a San Francisco Supervisor. The fishermen of the Bay, most of whom were Italian aliens only because the process of Americanization and the learning of English had been too difficult a learning process for them, were carefully screened and watched. Some of these men who had fished for decades were now ordered to fish only from those boats in which the captain or 50 percent of the crew were American citizens.[25]

The Italian Colony throughout World War II was an active center wherein was headquartered a Red Cross station staffed and maintained by the North Beach Italians who sewed, knitted, and wrapped bandages. There were as many as 50 volunteers who worked daily at the station. Committees were formed like Americans All, Win the War, and Disaster Relief, all of which were supported by the Italian Colony. The Italians of San Francisco were to have subscribed eight million dollars towards the sale of Liberty Bonds to build a hospital ship.[26] After the war, the Italian "connazionali" worked for relief committees that sent bundles of clothing to Italy. In 1948 when the

dal filosofo italiano a San Mateo. Gli uomini d'affari italo-americani di San Francisco, particolarmente gli importatori e gli esportatori, per non perdere i loro profitti si trovarono divisi a metà dal dilemma: quelli schierati a favore di Mussolini furono accusati di tradimento nei confronti degli Stati Uniti, quelli che invece condannarono il regime fascista vennero boicottati nei loro commerci in Italia. In aggiunta a questo, molti paventarono rappresaglie contro i familiari rimasti oltreoceano.

Lo scoppio della II Guerra mondiale rese ancora più precaria la posizione di tanti italo-americani nei confronti degli Stati Uniti. In seguito all'azione decisa dal generale John DeWitt, capo del Comando Difesa Occidentale con quartier generale nel Presidio di San Francisco, che aveva ordinato l'internamento in campi di concentramento di tutta la popolazione d'origine giapponese, nella comunità italiana si sparse la voce incontrollata che azione analoga sarebbe stata decisa anche nei confronti degli italo-americani.

Nel 1942 nacque così un "Comitato cittadino per aiutare gli italiani fedeli agli Stati Uniti", composto da un gruppo di leader italiani di North Beach che si incontrarono con Earl Warren, aiutante del generale DeWitt e procuratore distrettuale dello Stato della California, per opporre l'eventualità dell'internamento della popolazione italiana. È comunque da dubitare che l'intervento di questo comitato presso le autorità americane abbia avuto alcun peso nel prevenire la misura.

Sebbene sia stato affermato che dei 60 mila cittadini italiani allora presenti negli Stati Uniti, soltanto duecento furono internati, a San Francisco furono chiusi in campo di concentramento il direttore del giornale italiano locale, Ettore Patrizi, e l'assessore comunale Sylvester Andriano. I pescatori della baia, molti dei quali avevano conservato la cittadinanza italiana soltanto perchè non erano mai riusciti ad apprendere la lingua inglese e quindi ad "americanizzarsi", furono anch'essi sottoposti ad attento scrutinio e controllati attentamente. E compresi alcuni di loro che avevano esercitato la pesca nelle acque di San Francisco da decenni, ebbero permesso di pescare soltanto su barche dove o il capitano o almeno metà dell'equipaggio avevano cittadinanza statunitense.[25]

Durante la II Guerra mondiale, la comunità italiana divenne centro di attività patriottiche, e ospitò tra l'altro un distaccamento della Croce Rossa operato e finanziato da italiani di North Beach dove, a tessere, cucire e preparare bende per il fronte, lavorarono quotidianamente fino a 50 volontari. Sorsero inoltre, sempre col concorso della comunità italiana, comitati d'azione civica con nomi come "Tutti Americani" e "Vincere la guerra", e un comitato "di soccorso in caso di disastro". Tramite una sottoscrizione di otto milioni di dollari in "Buoni della Libertà", gli italiani di San Francisco contribuirono inoltre all'allestimento d'una nave-ospedale.[26] A guerra finita, gli italiani formarono poi dei comitati di soccorso che provvidero a raccogliere e spedire pacchi vestiario ai sinistrati in Italia. Nel

United States Government announced the Marshall Plan to aid European nations recover from the devastation of the war as well as preventing Communist takeovers in countries like Italy, relief committees were vigilant in carrying out the program.

There is one note concerning many of the Italian American servicemen who were sent to the Italian front. For many, it had been their first encounter with the Italy of their ancestry, and for the first time they understood those "things" Italian which their parents and grandparents had valued so dearly. Upon their return to the United States, the resentment they bore had reversed itself into a reawakening for their Italian heritage and culture.

La Colonia Modello

Ettore Patrizi, editor of the Colony's newspaper *L'Italia*, wrote in 1911 that the Italian Colony of San Francisco took shape hand in hand with the formation of the city. It was this early association of an immigrant colony with an emerging city which gave direction to the economic structure of the Italian Colony and to the city as well. Italian immigrants were skilled in their trades and profession, and they put their talents to good use. Their initial success in these two areas gave them the confidence to create a sound, permanent colony. During the first period of Italian immigration, the "connazionali" distributed themselves throughout the northern parts of the state, thereby avoiding the possibility of congesting San Francisco. For every one Italian who migrated to San Francisco after 1860, three settled in other areas of California.

Although the trip to California was costly for Italians during both periods, not many regretted it. In contrast to the Italian immigrants who had remained on the East Coast, these Italian Californians were considered to be a "picked lot". Patrizi stated that there was something unique about each Italian who migrated to California which enabled him to function in a more orderly and determined fashion than his eastern immigrant cousins. Even Californians regarded themselves fortunate in having acquired such a group of active, economical, and progressive immigrants.[27] The Italian Government was proud of the Italian Californians and indirectly encouraged further immigration to the Pacific with her support of the Camera di Commercio, the Scuola Italiana, and the Patronato d'Emigranti.[28] California farm lands were producing for an Italian nation through the efforts of these Italian Californians.

San Francisco was the center of Italian Californian operations for the

1948, quando ad aiutare la ricostruzione dei paesi europei devastati dalla guerra e, insieme, a prevenire eventuali colpi di mano comunisti in paesi come l'Italia, il Governo degli Stati Uniti varò il Piano Marshall, i comitati di soccorso italiani di San Francisco collaborarono alla realizzazione del programma.

C'è qui una considerazione da fare sui tanti soldati italo-americani che furono inviati sul fronte italiano: per molti si trattò del loro primo incontro con la patria dei loro progenitori, e per la prima volta molti ebbero finalmente modo di capire quelle "cose" italiane che i loro genitori e i loro nonni avevano avuto tanto care. Dopo il loro ritorno negli Stati Uniti, così, il risentimento che in origine avevano nutrito nei confronti dell'Italia mutò, manifestandosi in un risveglio di interessi verso il loro retaggio e verso la cultura italiana.

La comunità modello

Ettore Patrizi, direttore de *L'Italia*, il giornale italiano locale, nel 1911 ebbe a scrivere che la comunità italiana di San Francisco aveva preso forma insieme alla città stessa. Fu questa precoce simbiosi, d'una comunità di immigrati con una città in via di sviluppo, che orientò la struttura economica sia della prima che della seconda. Gli immigrati italiani erano abili e capaci nei loro mestieri e nei loro commerci, e seppero fare buon uso del loro talento. Il successo iniziale ottenuto in tal senso diede loro la fiducia necessaria per creare una comunità solida e stabile. Durante il primo periodo dell'immigrazione considerato, gli italiani si sparsero attraverso le regioni settentrionali dello Stato, evitando in tal modo di concentrarsi in San Francisco. Per ogni italiano immigrato a San Francisco dopo il 1860, altri tre si stabilirono infatti in altre località della California.

In entrambi i periodi migratori considerati, il costo del viaggio dall'Italia alla California non fu mai a buon mercato; ciò nonostante, pochi rimpiansero i soldi spesi. A differenza degli italiani immigrati nella costa orientale degli Stati Uniti, gli italo-californiani furono considerati "un gruppo scelto". Patrizi dichiarò che c'era un qualcosa di unico in ogni italiano immigrato in California, che lo rendeva idoneo a funzionare in maniera più ordinata e decisa di quella dei connazionali stabilitisi sulla sponda opposta del continente. Gli stessi californiani si considerarono fortunati per aver acquisito un gruppo di immigrati così attivi, frugali e progressisti.[27] Il Governo italiano fu anch'esso fiero delle conquiste degli italo-californiani, e indirettamente — cioè tramite la Camera di Commercio, la Scuola Italiana, e il Patronato degli Emigranti — incoraggiò l'emigrazione verso le coste del Pacifico.[28] Così, grazie all'impegno degli italo-californiani, i terreni agricoli della California stavano dando frutto anche in Italia.

San Francisco fu il centro delle attività italiane presenti nell'intera fascia

entire northern section of the state. There were Italian theatres, markets, schools, churches, benevolent societies, libraries and newspapers which supplied the small Italian communities throughout the interior of the state. It was here in San Francisco that these Italian immigrants had built a successful economic, social, and cultural community. They had grouped together well and had put their regional talents to good work despite their differences. The Genoese, who were quick in the art of buying and selling, made excellent fish brokers and commission merchants. The Sicilians, who had been tempered by the rough Mediterranean seas, found San Francisco Bay to be no different. The Toscani, who knew how to peddle and bargain, made up the bulk of small businessmen and shop owners. Finally, the Ligurians, who had settled in the San Francisco-Colma area, cultivated hillsides into green truck gardens.

These Italian "emigranti" were so proud of their accomplishments that they believed they had created a "model colony". This attitude prevailed until the middle 1930s when the immigration laws of the 1920s stopped the reinforcement of Italian immigrants and a new generation of Italian Americans had spread beyond the Italian Colony into an American world. This immigrant colony had served its purpose. It had sheltered a people who had taken a giant step across two continents and an ocean, but who were not prepared for the transformation into a new culture. Regardless, they gave birth to a generation which would complete the process of their parents' migratory experience. With the birth of the Italian American, there was no longer a need for geographic immigrant colony. One era had passed, but a new era, a blend of two worlds, had unfolded.

settentrionale della California. La città fu ricca di teatri, di mercati, di scuole, chiese, sodalizi, biblioteche e giornali italiani cui fecero capo anche le comunità italiane minori sparse all'interno dello Stato. Era a San Francisco che gli immigrati italiani avevano costruito con successo una comunità economica, sociale e culturale, e dove, superando le differenze dovute alle diversità delle rispettive regioni di provenienza, avevano saputo porre a frutto le loro capacità. I genovesi, per esempio, abili nei commerci, dominarono i mercati ittici e quelli ortofrutticoli, mentre gli altri immigrati liguri, che s'erano stabiliti nella zona tra San Francisco e Colma, trasformarono le colline attorno in frutteti e orti. Temprati dai difficili mari del Mediterraneo, i siciliani dominarono facilmente le acque della baia di San Francisco; mentre i toscani, abili nel commercio e nel barattare, costituirono il nucleo dei piccoli commercianti e dei negozianti della città.

Questi "emigranti" italiani furono così fieri delle loro conquiste, da ritenere d'aver creato una "comunità modello". Questo atteggiamento prevalse fino alla metà degli anni Trenta, fin quando cioè, conseguenza delle leggi sull'immigrazione varate nel decennio precedente, l'afflusso di altri immigrati italiani si esaurì quasi completamente; e inoltre, quando la nuova generazione di italo-americani si sparse oltre i confini della comunità, integrandosi al resto della società americana. L'originaria comunità di immigrati aveva cioè raggiunto il suo fine ultimo: aveva dato asilo a gente che attraversando un oceano e due continenti aveva sì compiuto un passo gigantesco, ma che era giunta impreparata al trapianto in una nuova terra. Tuttavia, questa gente aveva dato vita a una generazione che avrebbe concluso felicemente il trapianto iniziato dai suoi genitori. Con la nascita della generazione italo-americana ormai non c'era più necessità quindi d'una comunità di immigrati confinata entro precisi confini geografici. Un'era era trascorsa, ma se ne apriva una nuova, prodotto della fusione di due mondi.

7

Chapter Notes

[1] "Going to California? Oh, what an active Colony you will find in San Francisco. That is truly a model Colony!" E. Patrizi, *Gl'Italiani in California*. San Francisco: L'Italia, 1911. P. 17.
[2] J. Voiles, editor, *Reminiscences of Old Newton by John Gardella*. Placerville, California: Pioneer Press, 1968. P. 28.
[3] E. L. Dessery, "A Study of the Mental Inferiority of the Italian Immigrant", M.A. thesis, University of California at Berkeley, 1922.
[4] F. M. Nicosia, *Italian Pioneers of California*. Italian Chamber of Commerce of the Pacific Coast, Nov. 12, 1960, no pagination. In deposit: Bancroft Library, University of California, Berkeley.
[5] "Italian Taught Free", San Francisco *Chronicle*, p. 2. Oct. 12, 1892.
[6] Patrizi, *Gl'Italiani in California*. P. 33.
[7] J. M. Scanland, "An Italian Quarter Mosaic", *Overland Monthly*, 47:330. April, 1906.
[8] *Report Joint Fact Finding on Un-American Activities in California*. California Legislative Senate, 55th Session, 1943, Part V: Fascist Activities, p. 300.
[9] "La Dante Alighieri", *Rassegna Commerciale*, 23:5. Jan., 1908.
[10] "Dante", San Francisco *Examiner*, p. 18. May 2, 1921.
[11] R. Turco, "La Cultura Italiana in California", *Attività Italiane in California*, ed. by G. Tuoni. San Francisco: Mercury Press, 1929. P. 122. "Circolo Italiano", *La Voce del Popolo*, p. 2. Jan. 4, 1868.
[12] *Report on Un-American Activities in California*, Part 5. P. 301.
[13] E. L. Biagi, *The Purple Astor: A History of the Order of the Sons of Italy in America*. Veritas Press, 1961. P. 180.
[14] F. Marini, *Autobiography*. In deposit: The Italian Welfare Agency. "City Park to be Named for Late Los Altos Man", *Little City News*, July 23, 1953. In deposit: Italian Welfare Agency file, San Francisco.
[15] "Theodore Bacigalupi", *The Bay of San Francisco*, 2:418-419. Chicago: The Lewis Publishing Co., 1892.
[16] "Joseph Pescia, M.D.", *The Bay of San Francisco*, 2:588. Chicago: The Lewis Publishing Co., 1892.
[17] G. H. Meyer, et al., editor and compiler, *Municipal Blue Books of San Francisco 1915*. San Francisco: California Press, 1915. Pp. 144, 211-212.
[18] Dal Ferro noticed this in his early travels to California. F. G. Bohme, translator and editor, "Vigna Dal Ferro's Un Viaggio Nel Far West Americano", *California Historical Society Quarterly*, 41:158. June, 1962.
[19] *General Headquarters, State of California*, pp. 6, 12-13, 45, 47-49. Feb. 15, 1899. In deposit: California Historical Society.

[20] "San Francisco Italians Score Immigration Bill", San Francisco *Chronical*, p. 3. Feb. 11, 1924.
[21] "Senator Stirs Wrath by Using Word 'Dago' ", San Francisco *Examiner*, p. 7. March 5, 1920.
[22] "Ancora uno sciopero alla fabbrica Ghirardelli", *Il Corriere del Popolo*, p. 1. March 26, 1918. "Italiani arrestati per opposizione al tedeschismo", *Il Corriere del Popolo*, p. 1. March 29, 1918.
[23] "Pro candidatura Badarracco in North Beach", *Il Corriere del Popolo*, p. 1. July 23, 1920.
[24] P. Radin, *The Italians of San Francisco. Their Adjustment and Acculturation*. Monograph No. I, Part II, pp. 145-189. Abstract from the SERA Project 2-12-98 Cultural Anthropology, Aug., 1935.
[25] Unpublished article by Presiding Justice John B. Molinari, State Court of Appeals, on the San Francisco Italians during World War II.
[26] Notes taken from the resume of G. Besozzi.
[27] R. N. Lynch, "La California e l'Emigrante", *Il Monitore California*, 1:11-12. Oct. 15, 1913.
[28] Patrizi, *Gl'Italiani in California*. P. 34. E. Falbo, "State of California in 1856: Federico Biesta's Report to the Sardinian Ministry of Foreign Affairs", *California Historical Society Quarterly*, 42:315. Dec., 1963. Also: "The Italians in California", *The California Mail Bag*, 1:xxii-xxv. June, 1871.

Epilogue

The year 1930 marked a turning point in the history of the Italian Colony of San Francisco. Census-wise, the number of foreign-born Italians to migrate westward to California peaked, and has never been equaled since 1930. Although the Italians can claim the distinction as the most numerous of all the foreign-born European groups in California, by 1930 they were surpassed by the Mexicans who became the largest of all foreign-born groups to settle in California. Coupled with the influx of Mexican migrants who came to work in California farmlands, and the enforcement of national restrictive immigration laws, the continued growth of the Italian Colony of San Francisco as purely an immigrant enclave ended in 1930.

The decades 1930 and 1940 were fraught with challenges to the Italian Colony by the political pressures of world events. Fascism divided the Colony into pro and anti factions, and the outbreak of a Second World War posed the question of the loyalty of Italian Americans. The internment of the Italian Colony on a large scale was deterred only because the task of relocation would have been too great for the United States government to undertake. The war years were hard times for the Italian Colony. Humiliated that their beloved mother country had come to blows with their adopted land, some, particularly the young, were embarrassed that they were of Italian descent.

The pattern of settlement by the Italians also changed in the 1940s. The Italian residents of North Beach in response to the encroachment of an expanding and neighboring Chinatown, began to move away from the little city atmosphere of North Beach thereby loosening the cohesiveness of the Italian Colony.[1] The need by the Italian "connazionali" for group proximity was replaced by the sense of independence gained by the younger generations

Epilogo

Il 1930 segnò una svolta nella storia della comunità italiana di San Francisco. In base ai dati censiti, il numero degli italiani immigrati in California raggiunse quell'anno la sua punta massima, e da allora non è più stato uguagliato. Benchè gli italiani possano ancora vantare il primato d'essere il gruppo di immigrati europei più numeroso della California, nel 1930 essi furono tuttavia superati in assoluto dai messicani, che divennero il gruppo di immigrati più numeroso dello Stato. Inoltre, a causa sia dell'immigrazione dei contadini messicani, e sia dell'applicazione delle leggi che limitavano l'immigrazione in base a quote nazionali, nel 1930 cessò di aumentare, come gruppo di soli immigrati, anche la comunità italiana di San Francisco.

I decenni del 1930 e del 1940 furono densi per la comunità italiana delle sfide portate dagli eventi politici mondiali: anzitutto cioè dall'avvento del fascismo, che divise la comunità in due blocchi, pro e contro; e poi dallo scoppio della II Guerra mondiale, che fece sorgere l'interrogativo della lealtà patriottica degli italo-americani. L'internamento in massa della comunità italiana in campi di concentramento fu impedito soltanto dal fatto che trasferire, sorvegliare e mantenere così tanta gente sarebbe stata impresa estremamente gravosa per le autorità americane. Gli anni della guerra furono comunque duri per la comunità italiana. Umiliati dal fatto che la loro amata madrepatria fosse in conflitto contro la loro patria di adozione, alcuni, specie i più giovani, giunsero al punto di vergognarsi della loro origine italiana.

Negli anni '40, mutò anche l'andamento della distribuzione geografica degli italiani. Reagendo all'espansione dei cinesi della confinante Chinatown, gli italiani di North Beach cominciarono ad abbandonare l'ambiente "paesano" del quartiere, allentando così la compattezza della comunità.[1]

of Italian Americans.

After the war, the second and third generation Italian Americans moved into the newer residential neighborhoods of San Francisco, or to the outlying suburbs of San Mateo and Santa Clara counties where they found work in the new industries of electronics and aerospace. What they had left behind in North Beach were the fragments of Little Italy. For them, North Beach remained Italian because of the continued presence of restaurants and delicatessens which featured the Italian delicacies, and the church of Saints Peter and Paul to which they returned for baptisms, weddings, and funerals.

In the 1950s, a new generation of Bohemian artists, known as Beatniks, headquartered themselves along Grant Avenue which once housed Italian families and businesses. When the Beat Generation ran its course, a new fad of topless dancers in the nightclubs along Broadway completely transformed that end of the Italian Colony into a totally new district. By the 1970s only 10 percent of the North Beach residents were Italian, and many of those were the elderly who were too set in their ways to move away from what was once Little Italy.

The Italian Colony of San Francisco has indeed changed since 1930. The North Beach created by the Italian "emigranti" as a small corner of the mother country no longer exists. The Italians have spread throughout San Francisco. The economic affluence of the second, third, and fourth generation descendants of the Italian "emigranti", their intermarriage with spouses of non-Italian descent and their movement into non-Italian neighborhoods has meant the loss of Italianism so important to the "connazionali". While the ethnic neighborhoods have disappeared and the regional ties with Italy lessened, what has been preserved is the attachment to the family, and it is through this framework that the Italian heritage is preserved.

During the 1970s with the emphasis placed upon programs of ethnic studies, there has been a revival by the younger generation of Italian Americans, or American Italians as they now preferred to be called, to preserve the cultural aspects of their ancestral heritage. They are fortunate in their attempts, for the City of San Francisco has absorbed well the Italianism of the "connazionali" from its architecture to its economic institutions, to the very cosmopolitan flavor of the City's repertoire of the arts, music, and cuisine.

Inoltre, il bisogno, sentito fino ad allora, di vivere in seno al proprio gruppo etnico, fu sostituito dal senso di indipendenza acquisito dalle generazioni italo-americane più giovani.

A guerra finita, gli italo-americani di seconda e terza generazione si trasferirono nei nuovi quartieri residenziali di San Francisco, e nei centri suburbani delle vicine contee di San Mateo e di Santa Clara, dove trovarono impiego nelle nuove industrie elettroniche e aerospaziali. Alle spalle, a North Beach, si lasciavano ormai soltanto i resti di quella che era stata la loro *Little Italy*. Ai loro occhi, il quartiere rimaneva italiano soltanto nella residua presenza di ristoranti e di negozi di generi alimentari che continuavano a offrire specialità italiane, e inoltre per la chiesa dei Santi Pietro e Paolo, alla quale usarono tornare per celebrarvi battesimi, matrimoni e funerali.

Negli anni '50, una nuova generazione di artisti bohemien, i Beatniks, trasformarono Grant Avenue, l'arteria che un tempo aveva accolto famiglie e negozi italiani, nel loro quartier generale. Passato il momento della generazione "beat", una nuova moda, giunta stavolta con le ballerine che si esibivano a seno nudo nei night club sorti lungo Broadway, trasformò quanto rimaneva del vecchio quartiere italiano in una zona totalmente diversa. Nel 1970, soltanto il 10 per cento degli abitanti di North Beach risultarono italiani, molti di loro anziani e troppo legati ormai alle loro abitudini, per poter abbandonare quella che un tempo era stata la *Little Italy* di San Francisco.

Dal 1930 ad oggi, la comunità italiana di San Francisco è indubbiamente cambiata. Il quartiere di North Beach, che gli immigrati italiani avevano creato come un modesto angolo della loro madrepatria lontana, non esiste più, e gli italiani sono ormai sparsi in tutta la città. Il benessere raggiunto dalla seconda, terza e quarta generazione originate dai primi "emigranti"; i loro matrimoni con coniugi d'origine non-italiana, e il loro trapianto in quartieri non italiani, hanno prodotto la perdita di quella italianità così tanto cara ai "connazionali". Scomparsi i quartieri etnici, e allentati i legami con l'Italia, delle caratteristiche originarie è rimasto soltanto il senso di attaccamento alla famiglia. Ed è tramite questo sentimento che il retaggio italiano è ancora vivo.

Nel corso degli anni '70, col sorgere d'un interesse nuovo nei confronti degli studi etnici, in seno alla generazione più giovane di italo-americani — o, come ora alcuni preferiscono definirsi, di "americo-italiani" — s'è verificato un rinnovamento volto a preservare gli aspetti culturali del retaggio originario. In questo tentativo, essi sono da considerare fortunati, in quanto San Francisco ha assimilato profondamente l'italianità dei "connazionali" d'un tempo nella sua architettura, nelle sue istituzioni economiche, e nel sapore cosmopolita della sua arte, della sua musica e del suo panorama gastronomico.

Epilogue Notes

[1] R. Scherini, "The Italian American Community of San Francisco: A Descriptive Study", unpublished Ph.D. dissertation, University of California, Berkeley, June, 1976. P. 220.

Bibliography

1. Documents

Annual Report of the Adult Probation Department, City and County of San Francisco. For the year ending Dec. 31, 1917.

California Immigrant Union. *All About California and the Inducement to Settle There.* 7th Ed. San Francisco: California Immigrant Union, 1874.

California Legislature. Senate. *Report Joint Fact Finding on Un-American Activities in California.* 55th Session, 1943. Part 5: Fascist Activities.

Egenhoff, E. L., assembler. *The Elephants As They Saw It: A Collection of Contemporary Pictures and Statements on Gold Mining In California.* As a supplement to the California Journal of Mines and Geology for Oct., 1949. San Francisco: Department of Natural Resources, Division of Mines.

General Headquarters. State of California. Feb. 15, 1899. In deposit: California Historical Society, San Francisco.

United States Commission of Fish and Fisheries. *Report of the Commissioner for 1888.* Part 16. July 1, 1888 to June 30, 1889. Washington: Government Printing Office, 1892.

2. Statistical Sources

Population of the United States in 1860, compiled from the Original Returns of the Eighth Census. J. G. Kennedy, director, Washington, D.C.: Government Printing Office, 1864.

The Statistics of the Population of the United States from the Original Returns of the Ninth Census: June 1, 1870. Washington, D.C.: Government Printing Office, 1872.

U.S. Department of the Interior. Census Office. *Statistics of the Population of the United States at the Tenth Census: June 1, 1880.* Washington, D.C.: Government Printing Office, 1883.

U.S. Department of the Interior. Bureau of Census. *Twelfth Census of the United States Taken in the Year 1900:* Part 1: Population. Washington, D.C.: Government Printing Office, 1901.

U.S. Department of Commerce. Bureau of Census. *Thirteenth Census of the United States Taken in the Year 1910.* Vol. 2, Population. Washington, D.C.: Government Printing Office, 1913.

U.S. Department of Commerce. Bureau of Census. *Fourteenth Census of the United States Taken in the Year 1920.* Vol. 2, Population. Washington, D.C.: Government Printing Office, 1922.

U.S. Department of Commerce. Bureau of Census. *Fifteenth Census of the United States, 1930: Population.* Vol. 3, Part 1, Washington, D.C.: Government Printing Office, 1932.

Procter, W. A., et al. *The Population of San Francisco: A Half Century of Change.* San Francisco: Department of City Planning, 1954.

Thompson, W. S. *Growth and Changes in California's Population.* Los Angeles: Haynes Foundation, 1955.

3. Manuscripts and Notes

Chapelle. "Comments By Chapelle Regarding the Frisco Felucca". In deposit: San Francisco Maritime Museum.

First Book of Minutes, 1904-1915, Bank of Italy. In deposit: Bank of America NT&SA Archives, San Francisco.

Fishermen of the Bay of San Francisco. At a Meeting of the Fishermen of the Bay of San Francisco held on Jan. 13, 1862. In deposit: Bancroft Library, University of California, Berkeley.

Gore, C. "Chronology of the Bank of Italy, 1904". In deposit: Bank of America NT&SA Archives, San Francisco.

Grondona, C. F. Personal Papers. Bank of Italy File. In deposit: Bank of America NT&SA Archives, San Francisco.

Hicks Engines: Heavy Duty Marine Gas Engines. Cat. No. 3. In deposit: San Francisco Maritime Museum.

Italian-Swiss Agricultural Colony Articles of Incorporation. Sept., 1885. In deposit: California Historical Society, San Francisco.

"J. Cuneo Co." *L'Italia,* July 2, 1906. In deposit: Bank of America NT&SA Archives, San Francisco.

Letter and Enclosure: To Pedrini from P. J. Lawler, Manager Schools Savings Department, March 13, 1924. In deposit: Bank of America NT&SA Archives, San Francisco.

Macarger, J. Personal Notes. Bank of Italy File. In deposit: Bank of America NT&SA Archives, San Francisco.

Marini, F. *Short Autobiography*. In deposit: Italian Welfare Society, Aug. 27, 1946.

McKinstry, W. "Italian Boat Builders, 1862-1900". In deposit: San Francisco Maritime Museum.

Miscellaneous File: Employee Staff Training 1924. In deposit: Bank of America NT&SA Archives, San Francisco.

Pedrini, A. Letter to U. Olivieri. June 17, 1928. In deposit: Bank of America NT&SA Archives, San Francisco.

Record of J. W. Felt. Panama-Pacific Exposition Company, March, 1912. In deposit: Department of Rare Books and Special Collections, San Francisco Public Library.

Reports of Business Development Efforts in Branch and Area Conditions, 1919-1924. In deposit· Bank of America NT&SA Archives, San Francisco.

Rockford, T. "Frisco Felucca". In deposit: San Francisco Maritime Museum.

San Francisco Gardeners and Ranchers Association. San Francisco. Manuscript Collection, California Historical Society, San Francisco.

San Francisco Who Died April 18, 1906. Compiled by G. Hansen. Department of Rare Books and Special Collections. San Francisco: San Francisco Public Library, 1965. Unpublished manuscript. Unnumbered pages.

Sbarboro, A. "Life of Andrea Sbarboro: Reminiscences of an Italian American Pioneer". Unpublished manuscript: San Francisco, Jan. 1, 1911. Located Bancroft Library, Berkeley, California.

Shaw, J. P. "Boats in California Waters". In deposit: San Francisco Maritime Museum.

Whitefield, M. "Two Girls and the 'Gracie E' ". In deposit: San Francisco Maritime Museum.

4. Unpublished Materials

Dessery, E. L. "A Study of the Mental Inferiority of the Italian Immigrant". Unpublished M.A. thesis, University of California, Berkeley, 1922.

Dondero, R. S. "The Italian Settlement of San Francisco". Unpublished M.A. thesis, University of California, Berkeley, 1953.

Palmer, H. C. "Italian Immigration and the Development of California Agriculture". Unpublished Ph.D. dissertation, University of California, 1965.

Light, J. R. "A History of the Commercial Fishing Industry of Pittsburg, California". Unpublished research paper, San Jose State College, July, 1971.

Pedemonte, T. A. "Italy in San Francisco: 'Old Wine in New Bottles' ". Unpublished M.A. thesis, California State College, Hayward, June, 1971.

Martinelli, P. "The Excelsior District — A Study of Ethnic Succession". Unpublished research paper, California State University, San Francisco, Jan., 1971.

5. Newspapers

California

Pacific Wine and Spirit Review, 1883 through 1916.

San Francisco *Bulletin*, 1917.

San Francisco *News Call Bulletin*, 1962.

San Francisco *Call*, 1883, 1887, 1892, 1894, 1897, 1901, 1913, 1917.

San Francisco *Chronicle*, 1869, 1872, 1883, 1885, 1892, 1917, 1918, 1919, 1921, 1922, 1924, 1928, 1932, 1935, 1936, 1954, 1964, 1965.

San Francisco, *Il Corriere del Popolo*, 1916, 1917, 1918, 1919, 1920, 1921.

San Francisco, *Cronica Italiana*, 1863.

San Francisco, *Daily Alta California*, 1852, 1870, 1871, 1885.

San Francisco, *L'Eco Della Patria*, 1867.

San Francisco, *Evening Bulletin*, 1870.

San Francisco, *Examiner*, 1915, 1916, 1917, 1918, 1920, 1921.

San Francisco, *L'Italia*, 1906, 1916.

San Francisco, *The Mission Times*, 1907.

San Francisco, *The Monitor*, 1868, 1870, 1871, 1904, 1911, 1953.

San Francisco, *Il Nuovo Tempio di San Petro e Paolo*, 1914.

San Francisco, *Telegraph Hill Bulletin*, 1957.

San Francisco, *L'Unione Nationale*, 1870.

San Francisco, *La Voce del Popolo*, 1868, 1906.

San Francisco, *Pacific Rural Press*, 1883, 1886, 1888.

Hawaii

Honolulu, *The Friend*, 1899.

Honolulu, *Hawaiian Gazzette*, 1876.

Honolulu, *The Pacific Commercial Advertiser*, 1876, 1905.

New York

The New York Times, 1906.

6. Presentations and Interviews

Presentations

Joy, X., F.S.C. An Address to the Italian Federation of the East Bay on the Subject of the Development of Columbus Day Celebrations. Oct. 8, 1966, Claremont Hotel, Oakland, California.

Roach, P. A. *Address of the Honorable Philip A. Roach on the Three Hundredth and Eighty Fifth Anniversary of the Discovery of America by Columbus, October 12, 1492*, p. 1-15. Oct. 14, 1877, South San Francisco Park.

Bibliography

Interviews

Alioto, J. L., on Aug. 4, 1969, San Francisco.
J. Alioto is a former Mayor of San Francisco and the son of the late G. Alioto of the San Francisco International Fish Company.

Alioto, M. J., on April 29, 1969, San Francisco.
The late M. J. Alioto was the son of N. Alioto, the founder of "Alioto Fish Co.", which has become Alioto's Restaurant on Fisherman's Wharf.

Bocci, R., Executive Secretary of the Italian Welfare Agency of San Francisco, Jan., 1969, San Francisco.
Bocci has been the director of the Agency for the past 38 years.

Costanzo, J., S.D.B., Pastor of Ss. Peter and Paul Church, on July 14, 1969, San Francisco.
Costanzo has been the pastor of the "Italian Cathedral" since the late 1940s.

Gandolfo, F. D., June 1, 1969, San Francisco.
Gandolfo arrived in San Francisco in 1920 and he was one of the founders of the Crab Fishermen's Protective Association.

Hoffman, C. G., on July 28, 1969, San Francisco.
Hoffman is the daughter of A.P. Giannini, the founder of the Bank of Italy.

Salbeck, G. M., S.D.B., Pastor of Corpus Christi Church, on July 21, 1969, San Francisco.
Salbeck was a young priest working among the Italians in the Mission District for several years.

Sbarboro, A., on Nov. 29, 1972, San Francisco.
Sbarboro is the son of A. Sbarboro.

Tarantino, S., on Jan. 4, 1970, San Francisco.
Tarantino is the son of the late P. Tarantino and grandson of S. Tarantino, one of the early fish brokers in the Italian Colony.

7. Biographical Compilations

Allen, D. *Legislative Sourcebook: The California Legislature and Reapportionment 1849-1965*. Sacramento: Assembly of the State of California, 1965.

Ayer, N. W. and Sons, ed. *Directory of Newspapers and Periodicals*. Philadelphia: Ayer, 1870, 1871, 1872, 1880, 1888, 1890, 1891, 1906.

Baroni, C., et al. *Gente Italiane di California*. Los Angeles: L'Italo-American Press, 1928.

The Bay of San Francisco. 2 vols. Chicago: The Lewis Publishing Co., 1892.

Bishop, D. M., compiler, *Bishop's Directory of the City and County of San Francisco, 1878*. San Francisco: B. C. Vandall, 1878.

Black, E. I., compiler and editor, *San Francisco: A Brief Biographical Sketch of Some of the Most Prominent Men Who Will Preside Over Her Destiny For At Least Two Years*. San Francisco: Pacific Publishing Co., 1902.

Bibliography

Byington, L. F., and O. Lewis, editors. *The History of San Francisco*. 3 vols. Chicago: The S. J. Clarke Publishing Co., 1931.

Crocker-Langley *San Francisco Directory for 1900, 1901, 1907, 1908, 1910*. San Francisco: H. S. Crocker and Co., 1900, 1901, 1907, 1908, 1910.

Gregory, T. *History of Sonoma County California with Biographical Sketches*. Los Angeles: Historical Record Co., 1911.

Hittel, J. S. *Commerce and Industries of the Pacific Coast of North America*. San Francisco: A. L. Bancroft and Co., 1882.

Langley, H. G., compiler. *The San Francisco Directory for 1867, 1869, 1870, 1874, 1880, 1881, 1884, 1886, 1892, 1896, 1897, 1899, 1909, 1914*. San Francisco: H. G. Langley, Publishers, 1867, 1869, 1879, 1874, 1880, 1881, 1884, 1886, 1892, 1896, 1897, 1899, 1909, 1914.

Meyer, G. H., et al., compiler and editors. *Municipal Blue Book of San Francisco, 1915*. San Francisco: California Press, 1915.

Shuck, O. T. "John F. Fugazi". *Historical Abstract of San Francisco*. 3 vols. San Francisco, 1897.

Tuoni, G. M., editor. *Attività Italiane in America*. San Francisco: Mercury Press, 1930.

Tuoni, G. M., and G. Brogelli, editors. *Attività Italiane In California*. San Francisco: Mercury Press, 1929.

Who Was Who In America. 1:1897-1942. Chicago: Marquis Publishing Co., 1966.

Young, J. P. "Emilio Lastreto", *Journalism In California*. San Francisco: Chronicle Publishing Co., 1915.

8. Books

Aiken, C. S., compiler. *California To Day*. San Francisco: California Promotional Committee, 1903.

Altrochi, J. C. *The Spectacular San Franciscans*. New York: E. P. Dutton and Co., 1949.

Asbury, H. *The Barbary Coast: An Informal History of San Francisco's Underworld*. New York: Garden City Publishing Co., 1933.

Atkins, L. *If This Be My Harvest*. New York: Crown Publishers, 1948.

Austin, L. *Around the World in San Francisco*. San Francisco: The Abbey Press, 1955.

Banca d'Italia. San Francisco: Polyglott Press, c. 1904. In deposit: Bank of America NT&SA Archives, San Francisco.

Banfield, E. C. *The Moral Basis of a Backward Society*. New York: The Free Press, 1958.

Biagi, E. L. *The Purple Astor: A History of the Order of the Sons of Italy*. Veritas Press, 1961.

Brucato, J. G. *The Farmer Goes to Town: The Story of San Francisco's Farmer's Market.* San Francisco: Burke Publishing Co., MCMXLVIII.

Calhoun, W. T., et al. *Improving the San Francisco Wholesale Fruit and Vegetable Market.* Bureau of Agricultural Economics in cooperation with the University of California College of Agriculture, Agricultural Experiment Station. Berkeley. 1943.

Cardellini, G. "I Quartieri Italiane di San Francisco". In *Attività Italiane di San Francisco.* Edited by G. M. Tuoni. San Francisco: Mercury Press, 1929.

The City of San Francisco and A Glimpse of California. San Francisco: Enterprise Publishing Co., 1889.

Colonia Italo-Svizzera. Asti, California. Booklet. San Francisco, 1907. In deposit: California Historical Society, San Francisco.

"Il Contributo Italiani allo Sviluppo della California". In *Attività Italiane In California,* edited by G. M. Tuoni. San Francisco: Mercury Press, 1929. Pp. 15-16.

Cross, I. B. *Financing of Banking In California.* 3 vol. San Francisco: The S. J. Clarke Publishing Co., 1927.

_____. *A History of the Labor Movement in California.* Berkeley: University of California Press, 1935.

Drennan, A. A. "Italians in California". In *Attività In California.* Edited by G. M. Tuoni. San Francisco: Mercury Press, 1929.

Dana, J. A. P. *Giannini: Giant in the West.* New York: Prentice-Hall, Inc., 1947.

Dickinson, S. *San Francisco Is Your Home.* Stanford: Stanford University Press, 1947.

Dobie, C. C. *San Francisco: A Pageant.* Illustrated by E. H. Snydow. New York: D. Appleton-Century Co., 1933.

Dore, M. Catalog of Valuable Business and Residence Property. In deposit: California Historical Society, San Francisco.

Estavan, L., editor. *The Italian Theatre in San Francisco.* San Francisco Theatre Research Series. Vol. 10. San Francisco: W.P.A., 1939.

Evans, A. S. *A la California: Sketches of Life in the Golden State.* San Francisco: A. L. Bancroft and Co., 1873.

Facts About the Port of San Francisco. San Francisco: San Francisco Chamber of Commerce, 1921.

Falbo, E., translator and editor. *California and Overland Diaries of Count Leonetto Cipriani From 1853 to 1871.* Portland, Oregon: Champoeg Press, 1962.

Filippi, M. "I Distretti Italiani di San Francisco". In *Attività Italiane in America.* Edited by G. M. Tuoni. San Francisco: Mercury Press, 1930. Pp. 180-181.

Forester, R. F. *The Italian Emigration of Our Times.* Cambridge, Mass.: Harvard University Press, 1924.

Cagey, E. M. *The San Francisco Stage: A History.* Based on the annuals compiled by the Research Department of the San Francisco Federal Theatre. New York:

Cambridge University Press, 1950.

Gilliam, H. *San Francisco Bay*. New York: Doubleday and Co., 1957.

Gontad, J. *A travers la Californie*. Paris: Pierre Roger et Cie, 1922.

Gregory, W., editor. *Union List of American Newspapers, 1821-1936*. New York: H. W. Wilson Co., 1937.

History of Journalism. *History of Foreign Journalism in San Francisco*. W.P.A., 1939.

Hittell, T. H. *History of California*. 3 vols. San Francisco: N. J. Stone and Co., 1898.

Holmes, C., and I. Shepard. *History of the Physical Growth and Technological Advance of the San Francisco Press*. San Francisco: W.P.A., 1940.

Irwin, W. *The City That Was: A Requiem of Old San Francisco*. New York: B. W. Huebsch, 1906.

Jackson, W. L. *The San Francisco Wholesale Fruit and Produce Market*. 1926.

James, M., and B. R. James. *Biography of A Bank: The Story of the Bank of America*. New York: Harper Bros., 1954.

Kapsner. O. L. *Catholic Religious Orders*. 2 ed. Collegeville, Mass.: St. John's Abbey Press, 1957.

Kavanagh, D. J., S.J. *The Holy Family Sisters of San Francisco*. San Francisco: Gilmartin Co., 1922.

Kellogg, E. *The Awakening of Poccalito: A Tale of Telegraph Hill and Other Tales*. San Francisco: The Unknown Publisher, 1903.

Kemble, J. H. *San Francisco Bay*. Cambridge, Maryland: Cornell Maritime Press, 1957.

Kennedy, J. C. *The Great Earthquake and Fire: San Francisco, 1906*. New York: William Morrow and Co., 1963.

Kinnaird, L. *History of the Greater San Francisco Bay Region*. 3 vols. New York: The Lewis Historical Publishing Co., 1966.

Knight, R. E. L. *Industrial Relations in the San Francisco Bay Area, 1900-1918*. Berkeley: University of California Press, 1960.

Lewis, O. *Bay Window Bohemia*. San Francisco: Doubleday and Co., Inc., 1956.

_____, editor and compiler. *This Was San Francisco*. New York: David McKay Co., 1962.

Lloyd, B. E. *Lights and Shades in San Francisco*. San Francisco: A. L. Bancroft and Co., 1876.

London, J. *Tales of the Fish Patrol*. New York: Macmillan Co., 1905.

Lord, E.; J. J. D. Trevor; and S. J. Barrows. *The Italian in America*. 2nd ed. New York: Young People's Missionary Movement, 1905.

MacBride, R. L., editor. *West From Home: Letters of Laura Ingalls Wilder to Almanzo Wilder San Francisco 1915*. New York: Harper and Row, 1974.

MacMinn, G. R. *The Theatre of the Golden Era in California*. Illustrated. Caldwell, Idaho: The Caxton Printers, Ltd., 1941.

Millard, B. *History of the San Francisco Bay Region*. 2 vols. Chicago: The American Historical Society, Inc., 1924.

McGloin, J. B., S.J. *California's First Archbishop: The Life of Joseph Sadoc Alemany*. New York: Herder and Herder, 1966.

_____. *Jesuits By the Golden Gate*. San Francisco: University of San Francisco, 1972.

Myrick, D. F. *San Francisco's Telegraph Hill*. Berkeley, California: Howell-North Books, 1972.

Nash, G. D. *State Government and Economic Development*. Berkeley: University of California Press, 1964.

Nicosia, F., et al. *Italians Pioneers of California*. Published by the Italian American Chamber of Commerce of the Pacific Coast, 1960.

Nordhoff, C. *California For Health, Pleasure and Residence: A Book for Travellers and Settlers*. New York: Harper and Bros., 1882.

Norris, F. *Frank Norris of "The Wave": Stories and Sketches from the San Francisco Weekly 1893 to 1897*. San Francisco: Westgate Press, 1931.

O'Brien, R. "Riptides: The Story of Telegraph Hill — Part II". July 16, 1947. no. 223. California Historical Society Scrapbook 2. Part 3, July 18, 1947, no. 224; Part 4, July 21, 1947, no. 225; Conclusion, July 15, 1947, no. 227.

Patrizi, E. *Gl'Italiani in California*. San Francisco: L'Italia Publishing Co., 1911.

Peixotto, E. *Romantic California*. Illustrated. New York: Charles Scribner's Sons, MCMX.

Pioneer Firms Established In San Francisco Prior to 1900 and Still In Existence. Reported to the Research Department. San Francisco Chamber of Commerce, 1953.

Radin, P. The Italians of San Francisco: Their Adjustment and Acculturation. Abstract from the SERA Project. Parts 1 and 2. 1935.

Rider, F., compiler. *Rider's California: A Guide Book for Travelers*. 2nd ed. New York: Macmillan Co., 1927.

Riesman, D., et al. *The Lonely Crowd*. New Haven: Yale University Press, 1950.

Rolle, A. F. *The Immigrant Upraised: Adventure and Colonists In An Expanding America*. Norman, Oklahoma: University of Oklahoma Press, 1968.

Rose, P. M. *The Italian in America*. New York: George H. Doran, 1922.

"I Salesiani a San Francisco — The Salesians in San Francisco". In *New Italian Church of Ss. Peter and Paul*. Dedicatory Pamphlet, 1924.

San Francisco, Oakland and Other Bay Cities: A Visitor's Guide. Chicago: Rand McNally, 1923.

San Francisco Theatre Research. *The History of Opera in San Francisco, Part 1*,

Monograph 17. L. Estavan, editor. San Francisco: W.P.A., 1939.

Santini, F. *Figli D'Italia In America*. Lucca, Italy, 1958.

Scott, M. *The San Francisco Bay Area: A Metropolis in Perspective*. Berkeley: University of California Press, 1959.

"La Stampa Italiana In California". In *Attività Italiane In California*. San Francisco: Mercury Press, 1929.

Sherman, È. A., compiler and editor. *Fifty Years of Masonry in California*. 2 vols. San Francisco: George Spaulding and Co., 1898.

Tays, G. *Telegraph Hill*. California Historical Landmark Series, edited by V. A. Neaham. Berkeley: W.P.A., 1936.

Todd, F. M. *The Story of the Exposition*. 5 vols. New York: G. P. Putnam's Sons, 1921.

Turco, R. "La Cultura Italiana In California". In *Attività Italiane In California*. Edited by G. M. Tuoni. San Francisco, 1929.

Two Letters By An Anonymous Friulian Merchant During the Gold Rush. One Hundred Anniversary of the Unification of Italy. In deposit: California Historical Society, San Francisco.

Voiles, J., editor. *Reminiscences of Old Newtown by John Gardella*. Placerville, California: Pioneer Press, 1968.

Warner, C. D. *The American Italy: Our Italy*. London: James R. Osgood, McIlvaine and Co., 1892.

Wilson, N. G. *Here Is The Golden Gate*. New York: William Morrow and Co., 1962.

Young, J. P. *San Francisco: A History of the Pacific Coast Metropolis*. 2 vols. San Francisco: The S. J. Clarke Publishing Co., 1912.

Zabaldino, E., et al. *The Contributions of a Great Race*. San Francisco: Canessa Printing Co., c. 1929.

9. Selected Periodical Articles

"A Paladin [sic] of the Fish Nets". *Pacific Marine Review*, pp. 40-41. Jan., 1925. In deposit: San Francisco Maritime Museum.

Baker, H. S. C. "The Book Trade in California, 1849-1959". *California Historical Society Quarterly*, eo:353-367. Dec., 1951.

Bohme, F. G., translator and editor. "Vigna Dal Ferro's Un Viaggio Nel Far West Americano". *California Historical Society Quarterly*, 41:149-162. June, 1962.

Brooks, W. "Fishing Boats of San Francisco". *The Rudder*, pp. 237-239. June, 1900. In deposit: San Francisco Maritime Museum.

Chu, G. "Chinatown in the Delta: The Chinese in the Sacramento-San Joaquin Delta, 1870-1960". *California Historical Society Quarterly*, 49:21-37. March, 1970.

"Christmas at Ghirardelli Square". *Rassegna Commerciale*, pp. 6-7. Dec., 1968.

Collins, J. W. "Fishing Vessels and Boats of the Pacific Coast". *Bulletin of the United States Fish Commission*, 10:40-44. 1890.

"Il Comitato di Soccorso". *L'Era Democratica*, 36:13-14. July, 1922.

"Comitato di Socorso e di Patronato Per Gli Emigranti". *Rassegna Commerciale*, 24:6. Feb., 1909.

"Il Comitato di Soccorso e il Patronato di Protezione". *Il Topo*, 1:4. Sept. 3, 1904.

Coletti, U. "The Italian Immigrant". *Proceedings of the National Conference of Charities and Corrections*, 39th Annual Session, Cleveland, Ohio, 1920. Pp. 249-254.

Dahl, A. L. "Fishing Fleets of San Francisco". *Overland Monthly and Out West Magazine*, 81:17. Aug., 1923.

"La Dante Alighieri". *Rassegna Commericale*, 23:5. Jan., 1908.

DePaulis, J. "Tony's Foreign Market at Home". *Western Advertising*, 19:30-31. Jan. 7, 1932.

Dondo, A. "A Fisherman's Wage". *Overland Monthly*, 82:271-282. June, 1924.

Falbo, E. S., translator and editor. "State of California in 1856: Federico Biesta's Report to the Sardinian Ministry of Foreign Affairs". *California Historical Society Quarterly*, 52:311-333. Dec., 1963.

Fisk, H. A. "The Fishermen of San Francisco Bay". *Proceedings of the National Conference of Charities and Corrections*, 32nd Annual Session, Portland, Oregon, 1905. Pp. 383-393.

"The Frightful Calamity on the Pacific Coast". *Leslie's Weekly*, 102:418. May 3, 1906.

Giovincio, J. "Democracy In Banking: The Bank of Italy and California's Italians". *California Historical Society Quarterly*, 47:195-212. Sept., 1968.

Greene, C. S. "The San Francisco Waterfront". *Overland Monthly*, 19:337-346. April, 1892.

Hill, M. "A Tune In Court: A Study of the Italian Quarter in San Francisco". *McClure's Magazine*, 15:168-176. June, 1900.

Hogan, E. "Hills and Corners of San Francisco". *The Californian*, 5:63-71. Dec., 1893.

"Italian Fishermen In San Francisco". *Bulletin of the United States Fish Commission*. 5:281-282. Washington: Government Printing Office, 1885.

"Italian Immigrants". *San Francisco Real Estate Circular*, 19:2. Jan., 1884.

"The Italians in California". *The California Mail Bag*, 1:xxii-xxv. June, 1871.

Lenz, F. B. "San Francisco's Immigrants". *The Immigrants in America Review*, 2:67-69. July, 1916.

Levi, C. "Italy's Myth of America". *Life*, 23:84-90. July 7, 1947.

Levick, M. B. "Interesting Westerners: A Man With 3,000 Monuments". *Sunset*, 30:93-98. Jan., 1913.

Lynch, R. N. "La California e l'Emigrante". *Il Monitore California*, 1:11-12. Oct. 15, 1913.

Mangono, A. "The Effect of Emigration Upon Italy: Hard Lives of the Peasants the Reasons for Emigration, Misery, Misery, Misery!" *Charities and the Commons*, 19:1475-1486. Feb. 1, 1908.

Marvin, C. "De-Bunking Banking". *Sunset*, 40:15, 65-66. Feb., 1928.

Moore, D. "The Saving of Telegraph Hill". *Proceedings of the National Conference of Charities and Corrections*, 32nd Annual Session, Portland, Oregon, 1905. Pp. 375-382.

Norris, F. "Italy In California". *The Wave*, 15:8-9. Oct. 24, 1896.

Peixotto, E. "Italy In California". *Scribner's*, 48:75-85. July, 1910.

Porter, E. K. "Notre Dame Hospital". *Bulletin: Official Bulletin of the San Francisco County Nurses Association*, 9:1. Dec., 1957.

Russo, N. "Three Generations of Italians In New York City: Their Religious Acculturation". *The International Migration Review*, 3:3-17. Spring, 1969.

Sbarboro, A. "La California, La Vera Italia D'America". *Il Monitore California*, 1:7-8. Feb. 15-March 1, 1914.

_____. "The Vines and Wines of California". *Overland Monthly*, n.s. 35:65-76. Jan., 1900.

Scanland, J. M., compiler. "Evolution of Shipping and Ship Building in California, Part 1". *Overland Monthly*, 25:5-16. Jan., 1895.

_____. "Evolution of Shipping and Ship Building in California, Part II". *Overland Monthly*, 25:122-129. Feb., 1895.

_____. "An Italian Quarter Mosaic". *Overland Monthly*, 47:326-334. April, 1906.

_____. "On The Roofs of the Latin Quarter". *Overland Monthly*, 57:330. March, 1911.

Scott, W. "Old Wine In New Bottles: When Italy Comes to California Through the Panama Canal, Then What?" *Sunset*, 30:519-524. May, 1913.

Shinn, M. W. "Poverty and Charity in San Francisco, Part 1". *Overland Monthly*, 14:535-547. Nov., 1889.

Speroni, C. "The Development of the Columbus Day Pageant of San Francisco". *Western Folklore*, 7:325-333. Oct., 1948.

Spinello, M. J. "Italians of California". *Sunset*, 14:256-258. Jan., 1905.

"Telegraph Hill Railroad". *San Francisco Real Estate Circular*, 19:4. March, 1884.

Thompson, K. "Aux Italiens". *Overland Monthly*, 44:604-607. Dec., 1904.

"To Our American Friends". *Rassegna Commerciale*, 17:cover article. July, 1902.

Turano, A. M. "The Speech of Little Italy". *The American Mercury*, 26:356-359. July, 1932.

Van Dusen, J. "Francesca, A Tale of Fisherman's Wharf". *Overland Monthly*, 28:661.

Feb., 1901.

Weaver, P. L., Jr. "Salt Water Fisheries of the Pacific Coast". *Overland Monthly*, 20:149-163. Aug., 1892.

Wheat, C. I. "Pioneer Visitors to Death Valley After the Forty-Niners". *California Historical Society Quarterly*, 18:195-216. Sept., 1939.

Whittle, R. "The Humbler Restaurants of San Francisco". *Overland Monthly*, 41:363-366. May, 1903.

"The World in California". *Hutching's California Magazine*, 1:392. March, 1857.

Index

A. Galli and Company, 103
A. Paladini Company, 91
A. Petri Cigar Company, 135, 137
Agenzia Fugazi, 141
Aguglia, Mimi, 67
Alaska Packers Association, 135, 139
Alder Sanitarium, 169
Alemany, Archbishop Joseph, 163, 171
Alioto, Crivellos, 81
Alioto, Gandolfos, 81
Alioto, Sabellas, 81
Allied Grape Growers, 131, 133
Almagia, G., 53
American National Bank, 145
American Progressive Association, 177
Americanization School, 177, 183
Americans All Committee, 199
Andriano, Sylvester, 199
Apollo Hall, 59, 61
Arata, Frank, 145
Armer, Elizabeth, 163
Asino, L', 175
Associated Wine Dealers, 125-127
Asti Grape Products Company, 131
Atlas Company, 93
Attività Italiane in America, 195
Attività Italiane in California, 195
Auxiliary Institute of Young Ladies, 177

Bacigalupi, Teodoro, 193, 195
Badaracco, John, 197
Baker's Union, 137
Banca Colombo, 141, 143, 145, 151
Banca d'Italia, 101, 145, 149, 151-153, 155
  the Columbus Branch, 151-153

Banca Italo-Americana, 141-143, 153
Banca Popolare
  see Banca Popolare Operaia Italiana
Banca Popolare Operaia Italiana, 55, 151, 153, 155
Bank of Italy
  see Banca d'Italia
Barbieri, Paul, 101
Beach Theatre, 63
Bulletti, 101
Berino, 147
Bersaglieri Guards, 27, 45, 165, 169
Bertola, Dr. Mariana, 167
Biesta, Federico, 9, 51
Bijou Theatre, 63, 65
Bolla, Alfreda Margherita, 173
Borzone Fish Company, 91

Caglieri, George, 145
Caglieri, Guido, 197
California Fish and Game Commission, 89
California Fruit Canners' Association (CalPak), 103, 135
California Gold Rush, 1, 3, 19, 21, 57, 103
California Scavenger Company, 135
California Wine Association, 121-127, 129, 131
California Wine Makers Corporation, 121-127
Camera di Commercio, 201
Capitalo Investor Corporation, 155
Caruso, Enrico, 69
Casa Marittima of Genoa, 105
Casassa, Charles, 101
Cassini, Valentino, 173-175
Castagnola, Tomaso, 93
Catholic Women's Professional Club, 177

Cavagnaro, James, 145
Cavalleria Rusticana, 59
Cavour, Camillo Benso di, 27
Cenacolo, 195
Census of 1870, 2, 97
Census of 1930, I, 209
Central Pacific Railroad, 115
Cesare Company, 65
Chichizola, Antonio, 145
Church of Our Lady of Guadalupe, 163, 171
Church of St. Francis of Assisi, 23, 63, 163, 169
Church of Sts. Peter and Paul, 29, 31, 35, 173, 211
  Altar Society, 173
  Holy Angels Society, 173
  Holy Childhood, 173
  League of the Sacred Heart 173
  Sts. Peter and Paul Society, 173
  Sts. Peter and Paul Young Men's Society, 173
  Sanctuary Society, 173
Church of the Fishermen, 181-183
Cipriani, Leonetto, 9
Circolo Famigliare Pisanelli, 29, 61, 63
Circolo Italiano, 195
Citizens Committee to Aid Italians Loyal to the United States, 199
Claus Schilling and Company, 125
Colonia-svizzera, La, 57
Colombo Market, 99-101
Columbia International Fair, 129
Columbus Day, 47-49, 57
Columbus Savings and Loan Society, 141
Comitato d'Immigranti, 167
Comitato di Soccorso
  see Committee of Relief
Committee of Relief, 165-167
Compagnia Comica Drammatica, 67
Compagnie filodrammatiche, 59
Corpus Christi Church, 35, 175
  Altar Society, 175
Corriere del Popolo, Il, 55, 57, 105
Cort Theatre, 67
Costa, Giacomo, 145
Crab Fishermen's Protective Association, 91
Croce, Benedetto, 197
Cronica, La, 49
Cronica Italiana, 49
Cuneo, Joseph, 153
Curran Theatre, 67

D'Ancona, 197
Dante Alighieri Club, 193
D. deBernardi Company, 105
DeCarolis, Raffaele, 173
Del Monte Cannery, 135

Del Monte
  see California Fruit Canners' Association
DeMartini, Luigi, 145
DeRomanis, Cherubino, 173
Dessery, Edna, 191
DeWitt, John L., 199
diDomenconini, Domenico, 3
Disaster Relief Committee, 199
Discovery Day
  see Columbus Day
Discrimination, 5, 7, 53, 73, 113-115, 127, 193
Don Bosco Council, 177, 181

Eco della California, L', 55
Eco della Patria, L', 51
Eco d'Italia, L', 57
Elvezia, L', 51
Emanuele, Margherita, 27
Emanuele, Umberto, 27
Emanuele, Vittorio, 27
Enterprise Company, 93
Examiner, The, 193

Fagan, James, 145
Fanciulla del West", "La, 9
"Farfariello", 67-69
Farina, Antonio, 91
F. Daneri and Company, 105
Fight for True Temperance, The, 131
Fish Patrol, 89
Fishermen's Association, 89
Fishermen's Mutual Aid Society of San Francisco, 89
Fishermen's Protective and Benevolent Association, 89
Fontana, Marco J., 103, 135, 137
Franchi, Carlo, 171, 173
French Mutual Provident Savings and Loan Society, 147, 153
Frisco Standard Company, 93
Fugazi, John J., 55, 141, 145, 151, 153, 155
Fugazi Hall, 27

Galli, Antonio, 101
Garfield Elementary School, 191
Garibaldi, Giuseppe, 27
Garibaldini Guards, 27, 45, 165, 169
Garment Workers Union, 137
"Gianduja", 63
Ghirardelli, Domingo, 3, 135
Giannini, Amadeo Peter, 55, 101, 103, 143, 151-155
Giannini, Attilio, 197
Godi, 67
Golden Grain Macaroni Factory, 3
Goldtree Theatre, 71
Grand Lodge of Masons, 171

Index

Grape Growers of California, 131
Grondona, Charley, 145, 147
Gundbach-Bundschu and Company, 125

Hanna, Edward, 181
Heublein and Company, 133
Hibernia Bank, 175
Hicks Engine, 93
Hicks, Frank, 93

Iacchieri, G., 145
Imielinski, Nicholas, 173-175
Imperial Association, 93
Independent Fish Company, 91
International Exposition at Turin, 129
International Workers of the World (IWW), 137, 139
Iris Theatre, 63
Italia, L', 53, 55, 57, 201
Italia e La Voce del Popolo, L', 57
Italian American Bank, 129
Italian American Political Club, 177
Italian Board of Relief, 167
Italian Catholic Union, 177-179
Italian Chamber of Commerce, 103
Italian Commercial Museums, 103
Italian Consul of San Francisco, 167
Italian emigration to the United States, 1, 5-7, 9, 11-13
Italian Fishermen's Union, 89
Italian French Banking Company, 137
Italian Hospital, 163-165
Italian Hospital and Benevolent Association, 169
Italian Illustrated News, 51
Italian Labor Society, 133
Italian Ladies Aid Society, 165
Italian Mutual Benevolent Society
    see Società di Mutua Beneficenza
Italian National Unity Day, 53
Italian population in California
    distribution, 1-3, 5, 19-21, 25, 33, 79, 83
    distribution from areas of origin in Italy, 3, 5, 29, 33, 81, 97, 99
Italian Reali Carabinieri, 165
Italian Sausage Manufacturing Association, 139
Italian Sharpshooters of the Alps, 165
Italian Swiss Agricultural Colony
    see Italian Swiss Colony
Italian Swiss Colony, 115-121, 125, 127, 129, 131-133, 143, 165
Italian Swiss Agricultural Association
    see Italian Swiss Colony
Italian Swiss Hospital, 165
Italian Swiss Mutual Loan Association, 143
Italian Touring Club, 195
Italian Workingman's Society of Mutual Relief, 133
Italy-America Society, 195

J. Cuneo Company, 31
J. P. Tenthoney Firm, 105
Jadeau, Charles, 129
Jean Parker Elementary School, 191

Larco, Nicholas, 105
L. Arata Company, 101
Lark, The, 163
Lastreto, Carlos, 105
Lastreto, Luigi, 105
Lavoratore Industriale, Il, 139
Layman, Frederick O., 21-23
Levaggi, G. B., 101
Liberty Theatre, 69
Libro d'Oro della Nobilità Italiana, 195
Ligurian Club, 195
Littlefield Bill, 131

"La Madonna del Lume di Porticello", 47
Maguire, Tom, 57
Maori, Antonio, 67
Maraschi, Anthony, 191
Marche Club, 195
Marini, Frank, 195
Marshall Plan, 201
Martini, C., 53
Martinoni, J. F., 105
Mazzini, Giuseppe, 27
"Meneghino", 63
Merchant's Exchange Building, 105
Merola, Gaetano, 71
Micheletti, Alfred A., 147
Migliaccio, Edoardo, 67
Milano Theatre, 71
M. J. Fontana and Company, 103, 143
Monitor, The, 53
Mussolini, Benito, 197-199
Mutual Benefit Italian Catholic Society, 177
Muzio, Luigi, 53

National Distillers, 131
New Buon Gusto Restaurant, 181
1906 earthquake and fire, 29-31, 35, 55, 63, 101, 149-151, 177, 179
Nobili, Giovanni, 191
Noce, Angelo, 47

Oreini, Joseph, 173-175
Ottino, Giovanni Baptista, 171
Overland Monthly, 61, 163

Pacific Consolidated Paste Company, 105
Palace Theatre, 71

Paladini, Achille, 95, 153
Panama Pacific International Exposition, 33
Paradiso, Il, 183
Patria, La, 51
Patrizi, Ettore, 55, 199, 201
Patronato degli Emigranti, 167, 201
Paulucci, Lelio, 101
Pedretti, Carlo, 55
Peixotto, Ernest, 163
Pescia, Joseph, 195
Petri Italian American Cigar Company
  see A. Petri Cigar Company
Phare, Le, 49
Piemonte Club, 195
Piggyback newspapers, 49-51
Pioneer Macaroni and Vermicelli Factory, 105
Piperni, Raffael, 173-175, 181
Pisanelli, Antonietta, 59-63, 65, 67, 69, 71
Pisanelli Circolo Famigliare
  see Circolo Famigliare Pisanelli
"Pisquino", 63
Podesta, J. J., 105
Prati, Enrico, 131
Prendergast, Msgr. John, 163
Prestami Tua Moglie Per Dieci Minuti, 59
Prohibition, 129-131
Proletario, Il, 139
Puccini, Giacomo, 9
"Pulcinella", 63

Quilici, Anania, 147

Radin, Paul, 197
Rancoueri, Alfredo, 197
Ravenna, Ghirardelli and Company, 105
Redahan, Bernard, 175-177, 179
Regionalism, 7, 45-47, 63-64, 81
Registro Italiano, 105
Remigration to Italy, 7, 11
Riordan, Patrick, 173, 181
Rock Cod Association, 91
Roma Hall, 27
Rossi, Angelo, 197
Rossi, Edmond, 129, 131
Rossi, Pietro Carlo, 119, 121, 127
Rossi, Robert, 129, 131
Royal Italian Emigration Department, 135, 167
Ruef, Abe, 65
Ryan, Johnny, 57

Sabello, Augusto, 95
Sabello, Frank, 95
Sabello, John, 95
Sabello, Luciano, 95
St. Francis Day Home, 163
St. Francis School, 183
St. Gemma Galgani, 47

St. Ignatius College, 169, 191
St. Mary's Church, 171
Sts. Peter and Paul Grammar School, 183
Salesian Club, 179
Salesian Council of the Young Men's Institute, 175-177
Salesian Fathers, 35, 173-177, 179, 181, 183
Salesian Hall, 181
San Francisco and Oakland Mutual Loan Association, 143
San Francisco Board of Supervisors, 87
San Francisco Gardeners and Ranchers Association, 99
San Francisco International Fish Company, 91
San Francisco Trades Assembly, 89
San Francisco Mutual Loan Association, 143
Sanitarium Dante Hospital, 169
Sanitary Reduction Works, 135
Santa Clara College, 191
Sasia, Joseph, 173
Sbarboro, Alfred, 127
Sbarboro, Andrea, 115-121, 127, 129-131, 133, 135, 141-143, 149, 151, 155, 171, 191-193
Scanland, J. M., 61
Scarpa, Mario, 63
Scatena, Lorenzo, 101, 103, 145
Scavenger's Protective Union, 135
Scuola Italiana, 201
Selna, 101
Serantino, Augustino, 69
Shinn, M. W., 163
Shields, 197
Sisters of the Holy Family, 163, 179
Società di Mutua Beneficenza, 163, 165
Società Operaia Italiana, 193
Sons of Italy, 195
Southern Pacific Railroad, 35, 125, 139
Speranza Italiana Loggia, 171
Spinello, Marius J., 155
Splivalo, A. D., 53
State Federation of Labor, 137
"Stenterello", 63-64, 67
Striped Bass Association, 91
Sunset Magazine, 155

Tarantino, Gaetano, 81
Teatro Alessandro Eden, 69, 71
Teatro Apollo Hall
  see Apollo Hall
Teatro Bersaglieri, 61
Teatro Italiano, 59, 61, 67, 71
Tosca, La, 71
Tribuna, 53
Trinchieri, Oreste, 179
Truck farming, 33-35

Union Association, 93
United Vintners, 131
University of California, 191, 195
University of San Francisco, 191
Unione, L', 53, 57
Unione e la Tribuna, L', 53
United States Commission of Fish and Fisheries, 79-81
United States Department of Health, 91
United Vegetable Dealers Association, 99

Valente, Maria, 171
Valentini, 169
La Veneta, 195
Verita, La, 53
Vita, La, 55
Vita Nuova Lodge of the Sons of Italy, 195
Vittoria Colonna Club, 167, 195

Voce del Popolo, La, 51, 53, 55, 57

"War of the Crabs", 91-93
War Memorial Opera House of San Francisco, 71
Warren, Earl, 199
Washington Elementary School, 191
Washington Square Theatre, 65, 69, 71
Western California Fish Company, 91
West Oakland Masonic Hall and Building Association, 143
West Oakland Mutual Loan Association, 143
Win the War Committee, 199
Wine War of the 1890s, 121-127
Women's Christian Temperance Union, 131

"Zacometto", 63
Zocchi and Giannini Firm, 101